Bis zum Ende der Welt

Bis zum Ende der Welt

© Verlag Kastanienhof

Hauptstraße 59, 01796 Struppen
E-Mail: anfrage@verlag-kastanienhof.de
Homepage: www.verlag-kastanienhof.de

ISBN 978-3941760141

Fotos und Karten: Kai Grimmel & Ulrike Teutrine
Umschlagsgestaltung: © Verlag Kastanienhof
Lektorat: Monika Welz
Gesamtkonzept: Manfred Hoffmann
Gedruckt in Deutschland

2. überarbeitete Auflage, Februar 2010

Kai Grimmel, 1958 geboren, ist auf Reisen nicht von seiner Kamera zu trennen. Seine erste Spiegelreflexkamera, eine russische Kiew, hat er inzwischen in eine Nikon F90 eingetauscht. Auf seinen vielen Reisen mit dem Motorrad in Europa wollte er sehen, ob die Welt wirklich so ist, wie sie uns im Fernsehen präsentiert wird. Heute ist Kai freiberuflicher Ingenieur und züchtet Jack-Russel-Terrier. Hunde, die klein genug sind, um mit auf dem Motorrad zu reisen.

Ulrike Teutriene, Jahrgang 1965, konnte schon als Kind stundenlang über dem Atlas sitzen und mit dem Finger über die Landkarte fahren. 2003 kündigte sie ihren Job als Marketing Manager in einer internationalen Anwaltskanzlei und fuhr das erste Mal mehr als 500 km auf einem Trip. Der Spruch des Tourguides „Hang on, keep on moving", den er ihr zurief, als sie das erste Mal durch tiefen Sand im Australischen Outback fuhr, ist zu ihrem Lebensmotto geworden.

Nach 18 Jahren im Beruf wollte Kai endlich alles hinter sich lassen, und nicht mehr auf die Uhr schauen müssen, geschweige denn in den Kalender, wann das nächste Meeting ruft. Ulrike, ganz bodenständig im Westfälischen aufgewachsen, überkam immer wieder die Lust auf Reisen zu gehen. Die Koffer packen und weiter durch die Weltgeschichte zu bummeln - das war die schönste Vorstellung vom Leben.

Die Begegnung mit den Menschen, die von Respekt bis Bewunderung ohne eine Spur von Neid geprägt war, hat sie am meisten beeindruckt. Die Erfahrung, dass in jeder Situation Hilfe nah ist und es immer eine Lösung gibt, lässt sie heute das Leben leichter nehmen.

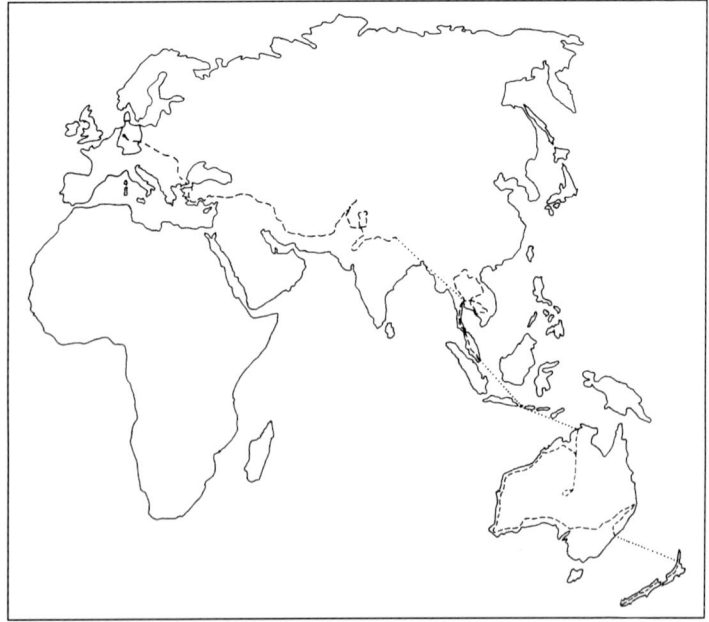

70.000 Kilometer bis zum Ende der Welt

Kurze Erlebnisse einer langen Reise

Kai Grimmel & Ulrike Teutriene

INHALT

Vorstrecke

Zur Motorradreise von Ulrike Teutriene (38 Jahre, BMW F 650) und Kai Grimmel (45 Jahre, BMW R 1100 GS) vom 01.05.2003 - 22.02.2005 70 000 Kilometer in 22 Monaten durch 3 Kontinente und 18 Staaten.

Zu einer erfolgreichen, weiten Reise gehören eine Menge Dinge: Den „Entschluss zur Reise" zu fassen (vielleicht der schwierigste Teil überhaupt), das Durchstehen der Vorbereitung (mit all den unlösbaren Fragen - zumindest glaubt man das oft genug), die Durchführung der Reise (mit allen Höhen und Tiefen) und das glückliche Ankommen am Reiseziel und zuhause. Auch das Verarbeiten der Reise hinterher im eigenen Kopf und das Klarkommen mit der Umwelt (die gewöhnlich viel zu wenig wissen will): z. B. durch ein eigenes Buch.

Ulrike und Kai haben mich freundlicherweise gebeten, ein Vorwort zu schreiben für eine Motorradreise, die schon viele Male vorher gemacht wurde. Und doch immer wieder etwas Besonderes ist. Und sie kann noch besser werden: für die Autoren durch das Nacherleben / Vertiefen der Reise und für die Leser, wenn sie in einem so angenehmen „Ulrike-Stil" geschrieben ist. Aber ohne „Macher Kai" wäre dieses Buch nicht erschienen. Ulrike hat meine jahrelangen „Aufforderungen", die fantastischen Schilderungen in ihren E-Mails in einem Buch zu veröffentlichen, nicht erhört. Kai hat jetzt den Startschuss für die Veröffentlichung abgegeben.

Ich habe bisher in der Literatur keine Übersicht gefunden über die historischen Reisen der Strecke Europa > Asien > Australien > Neuseeland inklusive Motorradreisen.

Alexander der Große war um 336-323 v. Chr. der erste bekannt gewordene Mensch, der mithilfe seiner Mannen zu Fuß und per Ross kämpfend Indien erreichte (Griechenland > Persien > Indien). Ich bin mir aber ganz sicher, dass auf dem gesamten Überlandweg bis Indien auch andere Menschen verkehrten. Und sei es nur von Oase zu Oase und dann wieder weiter auf Karawanenwegen: so - wie das immer schon war: Handels - und Liebeswege zu den Nachbarn. Aber davon weiß man nichts mehr.

In 1298 publiziert der Geschichtsschreiber Rustichello unter dem Titel "Beschreibung der Welt" Marco Polos Überlandreise mit Karawanen und Schiffen 1271-1295 von Venedig nach Shanghai (Europa >.Persien > Afghanistan > China).

„Schon" 1931 reisten die in Deutschland sehr bekannte Rennfahrerin Hanni Koehler (Köhler) und der Pressefotograf Max Rischka mit zwei Gespannen als erste Überland bis Indien - und zurück (Deutschland - Indien – Deutschland (20.000 Kilometer auf zwei 500 ccm Ardie-Maschinen 18 PS mit Jap-Motor). Der Sohn von Hanni Köhler schrieb mir, dass Hanni ein Buch mit sauber geordneten Fotos von ihrer Indien-fahrt besaß. Es ist verloren gegangen.

Max Reisch behauptet in seinem Buch „Lockende Ferne" mit Beifahrer Herbert Tichy der erste Motorradreisende gewesen zu sein, der in 1933 Überland bis Indien fuhr (Österreich - Indien mit einer 250er Puch, 6 PS). Richtig ist, dass er der Erste mit einer Solomaschine war.

Wann aber fuhr der erste Motorradfahrer Überland von Australien nach Europa oder umgekehrt? Ich kenne niemand, der es genau weiß. Die vermutlich ersten waren die Motorrad-Weltumrunder John Gill und Walter Stephens (British), die nach 19.000 Kilometer mit einem

HRD-Noxal-Sidecar in 02.1930 Australien erreichten. Aber es ist nicht bekannt, ob sie durch Persien fuhren oder es umschifften.

Fest steht, dass über die erste Motorradreise von Deutschland nach Australien in 1951 (erst in 2006 in Buchform) berichtet wird: „Feuerschlucker in Afghanistan" von Dr. Gustav Pfirrmann (NSU-Gespann).

Und erst nach 1959 berichtet der italienische Weltumrunder Cesare Battaglini (Vespa 16.000 Kilometer) im italienischen Buch „Ceylon. India. Oriente Misterioso ed Africa esplorati col mio scooter" auch über den Teil „Europa – Asien – Australien bis Neuseeland".

Dieser erstmalige Durchblick über Literatur in Buchform zu diesen Überlandstrecken zeigt, wie wenig es darüber gibt. Und wie neu und einzig diese Reise ist!! Von 1885 (Motorradbau) - 2003 (Abreise) waren schon 118 Jahre vergangen und alleine in 2003 hätten ca. 6,5 Milliarden Menschen „theoretisch" abreisen können!!!

Aber Ulrike und Kai gehörten zu den wenigen Menschen, die es getan haben. Und alles unterwegs mit viel Einsatz aufgeschrieben haben. Das geht nur mit Disziplin und Können. Ich wünsche ihrem Buch einen großen Erfolg. Dir als Leser wünsche ich, dass Du das Buch wirklich durchliest und nicht wieder aufhörst, bevor Du weißt, wie die Reise ausgegangen ist! Am Besten nicht nur von einer „solchen Reise fürs Leben" träumen, sondern selber losfahren: Du musst nur WOLLEN !

Ich wünsche allen Abenteuer, das kommt von „Adventura". Es ist eigentlich das, was sich noch ereignen wird.

Bernd Tesch, Motorrad-FERNREISE-Experte, www.berndtesch.de

Vorwort

„Wenn einer eine Reise tut, dann hat er was zu erzählen." Stimmt, dem wollen wir nicht widersprechen. Und nachdem uns viele Freunde und auch Fremde dazu ermuntert haben, unsere Erfahrungen zu teilen, haben wir uns entschlossen, unsere Geschichten in ein Buch zu fassen.

Wir sind von Mai 2003 bis Februar 2005 von Deutschland auf dem Landweg nach Neuseeland gefahren. Dass wir einen Monat nach dem Ende des zweiten Irakkrieges durch den Iran und Pakistan gefahren sind, haben viele für verrückt gehalten. Wir haben es gemacht und es waren interessante, unvergleichliche, wundervolle, kurz: Erfahrungen der Superlative. Schon während unserer Reise haben wir Berichte geschrieben und auf unserer Homepage im Internet veröffentlicht. Nun haben wir diese Texte in einem Buch zusammengefasst. Es ist kein reines Reisetagebuch, sondern eine Sammlung kleiner Geschichten von Begegnungen und Beschreibungen von Ländern und Situationen, die wir unterwegs erlebt haben. Es sind sozusagen Kurzgeschichten einer langen Reise.

Ulrike Teutriene und Kai Grimmel

Ulrike

Wie der Gedanke entsteht,
mit dem Motorrad um die Welt zu fahren

Wir haben normale Bürojobs, morgens um 9.00 Uhr rein, abends um 7.00 Uhr wieder raus. So ist es jedenfalls bei mir. Wenn mich meine Mutter fragt, was ich eigentlich den ganzen Tag arbeite, fällt es mir immer schwerer, es ihr in einfachen Worten und verständlich zu erklären. Entfremdung vom wirklichen Leben pur, sagt mir mein Gefühl. Kai geht es ähnlich. Ein Job, in dem einem ein Handbüchlein, genannt der Memory Jogger, mit Werkzeugen für „kontinuierliche Verbesserung und erfolgreiche Planung", zur Standardausstattung gereicht wird, braucht doch kein Mensch. So fühlen wir jedenfalls, und besonders Kai, nach 18 Jahren Ingenieurs-Leben. Und dann lernen wir uns kennen und die Fantasie schlägt Purzelbäume. Nix mit „endlich Mann fürs Leben" gefunden und endlich in das schöne Eigenheim ziehen, nein, endlich den Mann fürs Leben gefunden, der die gleiche Sehnsucht hat wie ich. Raus und weg, fahren bis die Sonne untergeht. Schlafen, wo es einem gefällt. Städte besuchen, deren Namen wir aus den „1000 und eine Nacht" kennen. Endlich, endlich, endlich.

Am Wochenende sitzen wir zu Hause und sprechen den Ernstfall durch. „Also, wenn wir die Seidenstraße entlang fahren wollen, dann brauchen wir dazu mehr als 3 Monate."

„Mehr sollte es eh dauern, sonst lohnt es sich ja nicht loszufahren."

„Schaffst Du denn das, so eine Strecke mit dem Motorrad zu fahren?"

„Du willst doch nicht wirklich mit dem Auto los? Wenn schon, denn schon." So geht es hin und her. Mögliche Reiserouten überlegt, Zeit-pläne geschmiedet. Es wird immer deutlicher. Einfach nur kurz mal weg wollen wir nicht. Es soll eine richtige Reise werden. Egal wohin, egal wie lange.

Irgendwann sitze ich abends allein in meiner kleinen Wohnung in Frankfurt, Kai in Hilden, und grübele. Will ich das wirklich? Klappt das mit Kai, den ich gerade erst ein halbes Jahr kenne? Wenn ich jetzt meinen Job kündige, wie sieht dann mein Lebenslauf aus? Werde ich je wieder einen Job finden? Mensch, bin ich klein und unsicher! Familie, Freunde, alles bleibt zurück. Will ich das, schaff ich das?

Und langsam, während ich immer kleiner und unsicherer werde, sehe ich Bilder vor mir. Bilder aus den tollen Reisebüchern, die zuhauf bei mir stehen. Da kann ich hin, wenn ich jetzt nur ja sage. Da werde ich selber stehen, neben meinem Motorrad.

Ulrike

An was zu denken ist

Sich ein großes Ziel zu stecken, ist die eine Sache, sich auf die Durchführung vorzubereiten, eine andere. Wir bereiten uns vielfältigst und in den unterschiedlichsten Bereichen vor. Erst einmal kümmern wir uns um die Streckenführung. Reiseführer, Reiseberichte, Karten, nichts ist vor uns sicher. Besonders Kai liest und streicht an und liest wieder. Ich mache die Stadtbücherei unsicher, um für Nachschub zu sorgen. Aber die wirklich aktuellen Informationen finden wir im Internet.

Das ist ein Teil der Reise. Aber fast noch wichtiger ist es, uns mit unseren Motorrädern auf die Gegebenheiten einzustellen. Da ist ein Endurotraining genau das Richtige. Jetzt im August ist es erst unerträglich heiß und staubig, dann regnerisch und matschig. Bei Matsch lernen Kai und ich doch die Grenzen unserer kleinen Mopeds kennen, besonders Kais Motorrad tut sich schwer, was bei 250 kg nicht sehr verwunderlich ist. Waren die Steigungen bei Trockenheit noch einfach und locker zu fahren, so kehren sich die Verhältnisse durch den Regen in der Nacht um. So ein Dickschiff im Schlamm zu manövrieren, fordert volle Konzentration. Schon leichte Steigungen oder ein wenig unebenes Gelände degradieren Kai zum Copiloten. "Hier wirst du gefahren."

Schotterpiste, Steilhänge hoch und runter, Spurrillen: Nichts bleibt uns erspart. Aber das ist auch gut so. Denn kurze Zeit später, bei unserer Feuertaufe in den Pyrenäen, brauchen wir doch so einiges von dem Gelernten. Denn um uns und unsere Ausrüstung einmal unter realen Bedingungen zu testen, wird unser Urlaub uns nach Frankreich und Spanien führen.

Und Offroad-Fahren macht doch viel mehr Spaß, wenn frau das Gefühl hat, die Maschine zu beherrschen. Ob ich meine Maschine wirklich immer beherrscht habe? Ich mag das bezweifeln. Wenn ich nur an die vielen Oh-nein's, Oh-Mist's und Ah's denke, die ich in meinen Helm gestöhnt habe, als es dann in den Pyrenäen den Pic Negre auf 2600 m hochgeht, da glaube ich, dass wir unsere Schutzengel ganz schön in Anspruch genommen haben.

Dass ich ganz viel von Astrid Althoff gelernt habe, ist nicht einfach nur so dahergesagt. Das Sicherheittraining, das ich bei ihr genießen konnte, hat mich meinem Motorrad sehr viel näher gebracht. Dass wir eine reine Weiberrunde waren, ist ein Umstand, der dabei nicht unterschätzt werden darf.

Wann kommen wir wieder und wohin? Wissen wir nicht und deswegen lösen wir die Wohnung auf. Krankenversicherung benötigen wir nicht in Deutschland, also wird die gekündigt und nur eine rudimentäre Auslandskrankenversicherung abgeschlossen. Wenn wir länger als ein Jahr weg sind, haben wir vorsichtshalber schon mal die Anschlussverträge in der Tasche. Die Impfungen sind wohl der kostspieligste Teil. Aber hier wäre für uns eindeutig an der falschen Stelle gespart. Hätten wir allerdings jetzt schon gewusst, was wir so während der Reise erfahren, hätten wir einiges an Geld sparen können. So kann man sich ganz einfach in Indien Hepatitis A und B impfen lassen, für so richtig kleines Geld in Dharamsala. Ob wir die Tollwutimpfung, die nicht gerade als Schnäppchen bezeichnet werden kann, wieder machen lassen würden? Uns hat kein Hund gebissen, nichts und niemand ist uns mit Schaum vor dem Mund zu nahe gekommen.

Eine ganz wichtige Vorbereitung darf nicht unerwähnt bleiben: unsere Abschiedsparty. Sie ist ein besonderes Ereignis zu Beginn unserer

Reise. Wir haben viele Leute eingeladen, viele, die wir schon lange nicht mehr gesehen haben, viele, die wir lange nicht wiedersehen werden.

Für uns ist es nicht nur ein Abschied von Familie und Freunden. Es ist auch ein Abschied vom bisherigen Leben. Denn wir werden verändert wiederkommen, da sind wir beide uns sicher. Daher sollten wir auch nicht Abschied feiern, sondern die Fahrt in eine neue Ära begießen. Das meinen auch unsere Gäste und feiern ganz kräftig mit uns. Die Party ist fulminant, wir genießen es, noch einmal mit unseren Freunden und Verwandten zusammen zu stehen und zu schwatzen. Und die genießen es, mit zwei echten Weltenbummlern zu sprechen. Es geht viel ums Reisen, noch mehr um den Sinn des Lebens und am meisten darum, dass wir es richtig machen. Jedenfalls in den Augen unserer Leute. Nicht nur davon träumen, um die Welt zu fahren. Nein es machen. Wie gern würden viele ...

Die Wohnungsauflösung ist dann ein weiteres Highlight. Erstaunliche, wenn nicht sogar philosophische Erkenntnisse haben wir übrigens beim Sperrmüllherausstellen gesammelt. Es gibt sie doch noch: kleine, wohl funktionierende kommunistische Biotope, mitten in Hilden. Was der Einzelne nicht mehr benötigt, stellt er an die Straße und damit der Allgemeinheit zur Verfügung. Wer etwas benötigt, nimmt, was er braucht. Nicht mehr, nicht weniger. Um den Rest kümmert sich die öffentliche Hand und führt es einer sinnvollen Verwendung zu. Ein Geben und Nehmen: ob Marx sich das so vorgestellt hatte?

Ulrike

Der Pyrenäen-Test

Testphasen sind bei einer Reisevorbereitung unerlässlich. Allerdings war uns im Vorhinein nicht ganz klar, was und wer genau getestet wird.

Als wir in die Pyrenäen aufbrechen, wollen wir unsere Offroad-Festigkeit und unsere Ausrüstung ausprobieren. Neue Koffer, Kleidung, Funkanlage: Funktioniert alles und besonders, ist alles für eine lange Reise geeignet? Schnell haben wir raus, was noch ein wenig optimiert werden muss, welche Dinge wo in den Koffern verstaut werden sollten und wie sich eine Stunde Schotterpistenfahren auf den Inhalt eines halbgefüllten Metallkoffers auswirkt.

Die Feuertaufe im Gelände hatten wir am Pic Negre in Andorra. Es lag eine ausgewaschene Schotterpiste mit zum Teil fußballgroßen Gesteinsbrocken vor uns. Wie wir mit unseren nicht gerade kleinen Motorrädern dort hoch sind, ist für uns eine Bestätigung, dass wir es können, wenn wir nur ein wenig auf die Technik achten. Selbst die schwere 1100'er, die Kai an einem besonders ekligen Stück weggesprungen und dann umgekippt ist, bekommen wir mit „gewusst wie" einfach, aber schweißtreibend wieder hoch und in die richtige Richtung manövriert. Zur Belohnung gibt es an diesem Spätsommertag auf dem Gipfel Fernsicht satt.

Positive Testergebnisse liefert auch unsere Funkanlage (Lautsprecher und Mikrofon sind im Helm eingebaut, Walkie-Talkies befinden sich im Tankrucksack). Wir können jeder unser Tempo fahren und durch ein kurzes „Hallo – alles klar bei Dir?" uns sicher sein, dass wir beruhigt weiterfahren können.

Die Technik funktioniert also. Aber da ist ja auch noch der zwischenmenschliche Faktor, der die Kommunikation erheblich stören kann. Beide haben wir Erwartungen an den anderen, was das Verhalten in kniffeligen bzw. anstrengenden Situationen angeht. Zieht der andere mit, wenn wir Strecke machen müssen, aber es nur noch anstrengend ist? Ich habe den Test bestanden, denn ich habe bei Regen den ganzen Tag auf dem Moped verbracht, ohne zu murren! Kann der andere einen unterstützen, wenn mal einfach nichts richtig läuft und man sich nur über sich selber ärgert? Kai hat den Test bestanden, da er mir immer wieder gut zugesprochen und, wenn ich zu sehr rumgegrummelt habe, mich schlicht in Ruhe gelassen hat. Dann hat das Funkgerät auch seine verdiente Pause.

An anderen kleinen Ausrüstungsverbesserungen und Kommunikationskorrekturen arbeiten wir nach dem Urlaub. Wer glaubt, dass ein gemeinsames Ziel schon alle Schwierigkeiten in einer Beziehung mühelos überwinden lässt, hat falsch geglaubt. Auch dieser Teil der Reise ist spannend.

Ulrike

Sanfter Ausstieg

Wir haben es geschafft: Wir haben unsere Wohnungen renoviert, den Inhalt zweier Wohnungen auf 25 m² eingelagert (inkl. der Keller-inhalte), zweimal den Sperrmülltag voll ausgenutzt und das Kamener Kreuz Richtung Nord-Osten überwunden, um uns auch von meiner Familie zu verabschieden. Wir haben den sanften Ausstieg aus der An-zugs- und Kostümchenwelt gewählt. Also fahren wir erst nach Würz-burg, um uns bei einem Freund breitzumachen. Den ersten Abend ver-bringen wir in einer der vielen unvergleichlichen Heckenwirtschaften. Gute Hausmannskost für kleines Geld und leckerer, eigener Wein, mehr brauchen wir nicht für einen guten Abend.

Von Würzburg aus geht es noch einmal zurück nach Frankfurt, die Visa für Pakistan und Indien beantragen. Klappt ausgezeichnet. Besonders, da meine beste Freundin jemanden kennt, der den pakistanischen Konsul kennt. Den Abend in Frankfurt verbringen wir urgemütlich in Angelikas kleiner Küche. 5 Leute + 2 Hunde um einen kleinen, reichlich gedeckten Tisch. Das Leben kann so schön sein.

Wieder zurück nach Würzburg, wieder ab in die Hecke. Am 21. Mai 2003 nehmen wir Abschied, um Deutschland Richtung Tschechien zu verlassen. Wir reisen langsam und nehmen Landstraßen in Richtung Prag. Das Erzgebirge hat seinen Charme und wir bleiben gern eine Nacht in Oberwiesental, der Heimat von Jens Weissflog. dem drei-fachen Olympiasieger, zweifachen Weltmeister und viermaligen Gewinner der Vierschanzentournee und damit der erfolgreichste Skispringer aller Zeiten.

Donnerstags ist es dann soweit, wir verlassen Deutschland und erreichen Bubovice, kurz vor Prag, der Wahlheimat von Anne, Martina, Anna und Robin. Auch dort werden wir wie zu Hause aufgenommen. Anna, die Tochter von Martina, kommt morgens in unser Bett für ein kleines Schmusi. Robin, ihr kleiner Bruder, füttert uns abends mit seinem angekauten Brot. Da wir bereits eine leichte Erschöpfung spüren, lassen wir die Motorräder zwei Tage stehen und amüsieren uns auf andere Weise. Wir helfen im Garten und bauen eine kleine Brücke aus Holz; schrecklich symbolträchtig, nicht wahr? Aber nicht nur das, sondern auch nützlich. Wie wir später erfahren, hat Martina insgesamt 200 kg selbst gewonnenen Honig über diese Brücke getragen. Und wir nehmen die Mountainbikes und erkunden die Gegend. Kai ist begeistert und denkt sich schon Touren in die Wildnis aus, ich bin einfach nur kaputt und sonnenbrandig.

Montag, den 26. Mai 2003 machen wir uns schweren Herzens auf den Weg. Zu schön waren die vier Tage im Garten in Bubovice. Ab nun gilt es, neue Freundschaften zu schließen. Niemand, der auf uns wartet. Das Abenteuer beginnt.

Ulrike

Beinahe-Unfall am Anfang der Reise

Jetzt geht es schon los: Strecke machen, damit wir zum nächsten Ziel kommen. Dabei durchqueren wir Ungarn auf kürzestem Wege. Sollen wir noch über Budapest fahren? Großstädte ziehen uns nicht an und so ist die Antwort schnell gegeben. Und damit auch der Streckenabschnitt durch Ungarn. Wir kreuzen es nordöstlich und sind in anderthalb Tagen durch. Das hat keinen besonderen Grund, außer dass es dort wo wir langfahren, sowieso nicht so viel zu sehen gibt. Ungarn ist flach und hat Störche. Davon aber eine ganze Menge. Und auch wild gewordene Autofahrer.

Kai ist immer noch kalkweiß, der Schock steckt ihm noch in den Knochen. Wir lassen bei einem Glas Wein die Situation noch einmal vor unseren Augen ablaufen. Wir suchen also eine Übernachtungsmöglichkeit und sehen ein Hotel auf der anderen Straßenseite. Langsam fahre ich an das Hotel heran, will von außen erst einmal schauen, bevor ich abbiege, ich zögere und bleibe fast auf dem Mittelstreifen stehen. Ist o. k., also brav den Blinker gesetzt und noch einmal vorsichtig links über die Schulter geschaut. Verdammt, kommt so ein Ungar aus dem Nichts an mir vorbeigeschossen. Kai schreit in seinen Helm: „Mensch, halt an!", aber das Funkgerät versagt.
Einfach ohne jede Reduzierung der Geschwindigkeit zieht der Typ an mir vorbei, ich schmeiße den Rettungsanker und falle fast um. Kann die Maschine kaum halten, der Ungar ist weg, ich fluche, halb über mich, halb über diesen rücksichtslosen Autofahrer, ärgere mich über mein

zögerliches Abbiegen. Kai steht am Straßenrand und peilt vorsichtig die Lage, alles frei, er kann abbiegen. Erst einmal das Motorrad abstellen und das Adrenalin herunterfahren.

Kai erzählt mir von den Dramen, die sich in seinem Kopf innerhalb von Sekunden abgespielt haben. Das mit den gebrochenen Beinen war dabei noch das Harmloseste, das andere das mit der Holzkiste ... Gefahr lauert überall, immer und jederzeit. Nicht so einfach, aber es war ein erster Warnschuss.

Ulrike

Die erste Überraschung – Rumänien ohne Räuber

Zu Anfang unserer Reise haben wir uns vorgenommen, immer nur über ein oder zwei Highlights zu berichten. Aber wir können uns einfach nicht entscheiden. Ist/sind es

- die Frau, die am Dorfbrunnen Wasser holt
- der uralte, langsame Zug, den wir überholen
- die frei herumlaufenden Pferde, Kühe, Ziegen, Schafe und Wasserbüffel, die nur durch einen Graben von der Transitstrecke getrennt sind
- die Orte an der Transitstrecke, deren Häuser links und rechts im Staub und Lärm untergehen. Oftmals ist keine andere Straße asphaltiert und selbst der Kirchplatz besteht aus gestampftem Lehm
- die rasenden Lkws von uralt bis super modern, die uns immer wieder überholen
- die Schlaglöcher, die riesig sind und wir uns nie ganz sicher sind, ob nicht doch mein kleines Moped komplett darin verschwindet
- die alten Ömmakens (Lippsscher Plural von Oma), ganz in Schwarz gehüllt, mit Kopftuch und krummem Rücken
- die hyper-modernen Tankstellen, die genauso aussehen wie in Deutschland, mit Shop und allem Schnickschnack
- die Pferdekarren, die hier noch ein gebräuchliches Fortbewegungsmittel sind
- die drei Jugendlichen an einer Tankstelle, die erst neugierig aber vorsichtig um unsere Motorräder herumschleichen und die uns,

als wir mit ihnen ins Gespräch kommen, ihre Ringermedaillen voller Stolz zeigen, die sie an dem Wochenende bei einem Wettkampf gewonnen haben

- die Zigeuner in ihren Palästen im Süden, die aussehen wie aus Tausend und einer Nacht oder Disneyworld

- die Polizisten, die uns anhalten, weil wir angeblich über eine rote Ampel gefahren sind, uns je erst 3 Mio. Lei (ca. 80 Euro) abknöpfen wollten und die plötzlich, ohne dass wir irgendetwas gesagt haben, nur noch jeweils 500 000 Lei wollten

- der Mann auf der Post, der uns dabei geholfen hat, unser Strafgeld zu bezahlen und uns dafür durch die ganze Stadt geführt hat und es sich außerdem nicht nehmen ließ, die 2000 Lei (= 5 Euro Cent) für die Kopien der Belege zu zahlen

- der ältere Mann, der auf den ersten Blick ein wenig ungepflegt wirkte, und sich unsere Motorräder anschaute, als wir in der Stadt etwas zu erledigen hatten. Nach einer ganzen Weile schaut er auf, und fragt mich in akzentfreiem Deutsch: "Wie viel PS hat diese Maschine?" Noch ein kleines Schwätzchen über die Technik, dann wünscht er eine gute Weiterreise und verabschiedet sich. Ein echter Siebenbürger Sachse.

Wir können uns nicht entscheiden, denn die Liste wird immer länger. Also versuchen wir es einmal ganz allgemein.

Wir kamen nach Rumänien mit einem Bild, geprägt durch die deutschen Medien, welches eigentlich nur Armut und klauende Banden zeigte. Inzwischen schwärmen wir von dem Land, seiner Schönheit, seinen offenen und hilfsbereiten Einwohnern und seinem Überlebenswillen.

Auf den ersten Blick sieht alles Verfallen und kaputt aus. Aber als wir genau hinschauen, sehen wir, dass überall gebaut und renoviert wird. Jeder, wie er kann und wie er Geld zur Verfügung hat. Manche Dörfer, besonders die in den Siebenbürger Karpaten sehen so aus, wie um die Jahrhundertwende (letztes, nicht dieses).

Pferdefuhrwerke sind durchaus üblich in Rumänien.

Und dann fahren wir ein Stück weiter und halten an einer super-modernen Tankstelle, die unseren in keiner Weise nachsteht. Eine Frau, die uns am Straßenrand anspricht, da sie so gerne deutsch spricht, hat einen guten Vergleich. Als sie auf einer dieser ganz neuen Tankstellen auf Toilette geht und sieht, dass alles automatisch funktioniert, glaubt sie, sie wäre in einem UFO. Wir befinden uns auf einer Zeitreise, vor-zurück, vor-zurück.

Wenn wir durch Ortschaften fahren, kommen wir uns vor, wie Queen Elisabeth und Prinz Charles. Ständig winken uns die Leute zu und wir winken gern zurück. Wenn wir Pause machen, kommen die Menschen und schauen sich die Motorräder an. Aber es ist Interesse und Begeisterung und nicht Neid, was wir spüren.

Wir lesen nach, dass Rumänien nicht eins der üblichen Ostblockländer war. Ceausescu hat das Land mit seinem Größenwahn wahrlich in den Ruin getrieben. Es lässt einen wütend werden, besonders wenn man sieht, wie die Menschen bei 35 Grad im Schatten mit Haken auf dem Feld arbeiten und abends müde mit dem Pferdekarren nach Hause fahren. Das Leben kann hier sehr mühsam sein.

Wir fahren weiter und haben eine überraschende Gastfreundschaft erlebt, die uns ein Gefühl von Geborgenheit gibt. Auch echtes Interesse und nicht die Suche nach der schnellen Mark (äh Euro) überraschen uns. Wir fühlen uns hier sicher.

Ulrike

Wo ist der zündende Funke geblieben?

Auch Bulgarien wollten wir einfach nur durchqueren. Unser Ziel heißt ja schließlich Neuseeland. Nur eine kurze Übernachtung in Gabrovo / Etora kurz vor dem Shopka Pass. Wir finden ein schönes kleines Hotel, essen sehr gut, unterhalten uns mit dem Vermieter und haben eine ruhige Nacht. Nach dem Frühstück packen wir auf, alles wie immer. Helm auf, das letzte Winken, das Starten der Maschinen und … nix is. Mein Motorrad springt nicht an. Früher soll das wohl oft so gewesen sein. Aber heutige Maschinen zeichnen sich eigentlich durch eine gewisse Zuverlässigkeit aus. Was ist das also?

Wir ziehen die Jacken aus, spielen an den Kabeln herum, versuchen dieses und jenes, aber immer mit dem gleichen Ergebnis: nix. Letztendlich ziehen wir erneut bei unserem freundlichen Hotelbesitzer Bobby und seiner Familie ein und wissen nicht, wie wir den Fehler finden sollen. Kann das denn wirklich nur die Zündbox sein, von der es immer heißt, dass sie nicht kaputtgeht? Dieses kleine schwarze Kästchen unter der Sitzbank, das sich nicht mal aufschrauben lässt, weil man ja eigentlich nie ran muss?

Erste Motorradfahrerpflicht: Ruhe bewahren, zweite Pflicht: Infos einholen. Bobby bringt uns mit seinem Fiat Uno zum nächsten Internetcafé. Zwischen Ballerspielen und guter Hardrockmusik versuchen wir, Infos aus dem Netz zu bekommen. Wir kontaktieren unseren Händler zu Hause, der aber eine längere Lieferzeit ankündigt.

Da hast du alles aufgeladen und dann springt sie nicht an.

Solange wollten wir eigentlich nicht bleiben. Hmhmhm, was tun? Irgendwann kontaktieren wir Halil in Istanbul. Woher wir Halil kennen? Unsere Homepage eilte uns voraus und Halil hatte uns schon geschrieben, als wir noch in Deutschland waren, dass er auch von so einer Reise träumt. Klar gibt es einen BMW Händler in Istanbul, er macht sich mal schlau. Unter Motorradfahrern sind manche Dinge so einfach. Nicht dass das alles so schnell geht, wie diese Zeilen geschrieben sind. Es vergehen die Tage, die Nachmittage verbringen wir an der Poolbar, die direkt gegenüberliegt und genießen, dass wir keinen Termindruck haben.

Wir haben uns entschieden, das vermeintlich kaputte Bauteil, die Zündbox, aus Istanbul zu besorgen. Kai macht sich also am fünften Tag unseres Nothalts in der Morgendämmerung auf den Weg, die 480 Kilometer bis Istanbul zu fahren, beim freundlichen BMW Händler zu shoppen und dann nachmittags direkt zurückzufahren. Was sind schon 14 Stunden auf dem Motorrad? Bei der Hitze anscheinend eine ganze Menge, er sieht abends total geschafft aus.

Am nächsten Morgen kommt der Moment der Wahrheit. Blackbox rein, Motor starten und? Wieder nix, jetzt ist Zeit für ein paar starke Flüche. Zwischenzeitlich sind Rainer und Violeta eingetroffen. Er ist Elektriker und Tüftler und bietet uns direkt seine Hilfe an. Also alles noch mal von vorn. An jedem Kabel wackeln, Zündkerzenstecker runter, gewechselt, und wieder drauf. Und letztendlich stellt sich heraus, dass ein Zündkerzenstecker defekt ist (der kleine Einzylinder hat zwei Zündkerzen), und wir können beim Mofahändler im Ort auch Ersatz bekommen. Bei der Fehleranalyse haben wir noch reichlich Verbesserungspotenzial.

Aber genießen können wir schon jetzt, und so machen wir das Beste aus der Situation. Immer wenn wir uns gerade nicht um die Reparatur des Motorrads kümmern können, belagern wir das Internetcafé, liegen am Pool und genießen abends die sehr leckere Küche von Milena. Kai macht einen Ausflug mit der Tochter des Hauses, die auch mal auf so einem großen Motorrad sitzen will. Als die beiden zurückkommen und Tanja strahlt wie ein Honigkuchenpferd, will Mutter Milena nicht hinten anstehen, zieht sich meine Motorradjacke an, stülpt den Helm über und will auch mal fahren, bzw. sich fahren lassen. Die beiden kommen zurück: gleiches Ergebnis. Die Damenwelt ist begeistert.

Bobby macht sich so seine Gedanken. „Jetzt bin ich über 20 Jahre mit dieser Frau verheiratet, und ich habe sie nie so begeistert gesehen." Ups.

Ulrike

Der Beginn des Orients

Kaum hatten wir die Grenze von Bulgarien zur Türkei passiert, trifft es uns wie mit einem Hammer: Der Liter Benzin kostet 1,08 Euro. Das hatten wir doch schon in Deutschland. Auch so scheint das Leben hier sehr teuer zu sein. Zu den Fernsehhits des letzten Jahres gehörte eine Variante der "Big Brother"-Show, bei der zwei Teilnehmer um die Wette sparten, um mit dem offiziellen Mindestlohn von 102 Millionen Lira, etwa 80 Euro, über die Runden zu kommen. "Untersteht euch zu gewinnen", warnte ein Zuschauer einen der beiden Contestanten: "Sonst glaubt die Regierung noch, die Armut macht uns Spaß."

Richtung Osten und dann immer geradeaus.

Die Wirtschaftskrise 2001 hatte die Türkei an den Rand des Bankrotts gebracht. Dass gerade der 11. September die Rettung darstellen würde, ist sarkastisch. Aber es stimmt. Die Türkei als wichtiger NATO-Partner wurde nun vom IWF und der USA unterstützt. Dass die Türkei 2003 den Preis für die Unterstützung der USA im Krieg gegen den Irak zahlt, war wohl nicht so von den türkischen Politikern vorhergesehen worden. Aber zurzeit fließen fast keine Touristen-Dollars oder besser - Euros mehr ins Land. Es gibt einfach keine Touristen mehr. Ganze Hotelanlagen in Antalya bleiben geschlossen. Es kommt öfter vor, dass wir die einzigen Gäste im Restaurant oder Hotel sind. Die Türken sagen uns, dass sie den Irakkrieg nicht gewollt hätten. Aber da der Westeuropäer nun mal nicht gern in Regionen fährt, die nah an Krisenregionen liegen, ist es eigentlich egal, was die Türkei zum Krieg sagt. Sie liegt einfach zu nah am Iran, jedenfalls wenn man in Deutschland auf dem Sofa sitzt und sich die Nachrichten anschaut. Vor Ort sieht es anders aus und wir haben absolut kein Sicherheitsproblem.

Im Osten (ungefähr ab Kappadokien), dort wo nur noch wenige Touristen hinfinden, hört für uns das "einfache" Reisen auf. Die touristische Infrastruktur machte doch vorher alles leichter. Es gibt nicht mehr so viele Hotels bzw. Campingplätze, alles ist nicht so sauber und gepflegt und die Verständigung wird auch schwieriger. Im Westen werden wir vor den Kurden gewarnt. Lass euch nicht übers Ohr hauen, hören wir mehr als einmal. Interessanterweise fragen uns die Kurden im Osten auch mehr als einmal: Haben euch die Türken nicht übers Ohr gehauen? Und somit sind wir mitten im nächsten Problem der Türkei: die Kurden. Ab Van-Gölü haben wir fast den Eindruck, durch ein besetztes Land zu fahren. Überall Militärkontrollen.

Die netten Soldaten, die uns sogar mit Cola und Brot versorgen, sagen uns, dass sie da sind, um die Grenze zum Iran zu sichern, zu viele Schmuggler und illegal Einreisende. Aber wenn wir bedenken, dass erst im November letzten Jahres in einigen Gebieten hier der Ausnahmezustand aufgehoben wurde, wissen wir nicht, ob diese Straßensperren nur extern ausgerichtet sind. Es wird gesagt, dass das Militär nicht mehr die Kurden als Gefahr für den Staat ansieht, sondern die Korruption und Rückschrittlichkeit. So reisen wir aus der Türkei mit gemischten Gefühlen aus.

Die Straßen sind in der Hitze schrecklich. Legt doch mal eine ausgerollte Lakritzschnecke in die Sonne und fahrt mit einem Matchboxauto drüber. Ekelig, nicht wahr? Aber auch sehr gefährlich beim Motorradfahren.

Gastfreundschaft haben wir oft erlebt. Auf dem Campingplatz mit Essen und Getränken versorgt zu werden ist keine Seltenheit. Tee an den Tankstellen zu bekommen, auch nicht. Die Krönung ist, zu einer Familie eingeladen zu werden. Auch das ist vorgekommen und wir haben gern angenommen. Die Landschaft ist großartig und sehr vielfältig. Da wir keine Trümmer-Junkies sind, lassen wir manches sehenswerte Denkmal einfach links liegen. Es ist aber auch einfach zu warm, mit den Motorradklamotten durch die Ruinen zu stiefeln. Im Moment sind wir uns sicher, dass wir zurückkommen werden, allein schon um die schönen Wanderungen machen zu können, die wir jetzt wegen der Hitze lieber haben sein lassen. Wie weit es uns dabei allerdings in den Osten treiben wird, wissen wir nicht. Wir hoffen, der Benzinpreis wird uns dann nicht zu stark bremsen.

Ulrike

Wir treffen einen Motorradklub

Schon in Bulgarien ist Kai klar geworden: Mit dem Motorrad in die Istanbuler Innenstadt zu fahren, wird Herausforderung und Chance zugleich sein. Chance, da wir hier die asiatische Fahrweise frühzeitig kennenlernen werden. Herausforderung, da wir hier die asiatische Fahrweise kennenlernen werden. Wir nehmen die Herausforderung an und meistern die Chance. Allerdings haben wir auch einen Vorfahrer. Schon in Bulgarien war Halil uns eine besondere Hilfe, da er sich direkt mit BMW Istanbul in Verbindung setzte, um uns bei der Ersatzteilbeschaffung zu helfen. Nun in Istanbul angekommen, kommt er uns entgegen und leitet uns in die Stadt. Mit drei Motorrädern durch die Stadt zu cruisen, ist schon ein tolles Gefühl. Den Istanbuler Autofahrer lernen wir dann auch als äußerst wagemutig kennen und immer auf der Suche nach der Lücke, die er auch gnadenlos nutzt.

Halil nimmt uns auch weiterhin unter seine Fittiche und abends staunen wir nicht schlecht beim wöchentlichen Treffen des Ikiteker Motorradklubs in der Istanbuler Innenstadt. Alles an Motorrädern vertreten, wovon die kleine Biker-Seele träumt. Sogar eine Suzuki Hayabusa (als sie 1999 auf den Markt kam, war sie mit 151 PS das schnellste Serienmotorrad der Welt) glänzt in der Abendsonne. Dass wir von einem bis dahin Fremden mit Namen angesprochen werden, ist für uns bis heute unvergessen. Wie schon gesagt, unsere Homepage kursierte schon früh im Ikiteker Klub.

Man glaubt es kaum, aber eine Suzuki Hayabusa geht auch in Istanbul.

Istanbul selbst ist eine tolle Stadt. Wir gehen abends mit Halil und seinen Freunden aus und haben einen interessanten Abend. Denn wir bleiben nicht in dem Touristenviertel sondern ziehen weiter und sitzen in einer kleinen Seitenstraße vor einer Kneipe und sind uns nicht sicher, ob wir in Istanbul oder Kreuzberg sind. Am nächsten Tag raffen wir uns zur Touritour auf. Wir verlaufen uns fast im Basar und ringen und zu einer Bosporus Bootsfahrt durch. Aber wir sind überhaupt nicht mehr an Touristenattraktionen und Menschenmengen gewöhnt. So ist uns alles zu viel und wir verlassen quasi fluchtartig die Stadt. Zwei Tage in der Zivilisation reichen uns.

Ulrike

Bei Hirten's zu Hause

"Bon jour, Monsieur, parlez vous français?" So werden wir begrüßt, als wir an der Hirtenhütte ankommen.

Gestern sind wir in die Berge bei Antalya gefahren, um auf den Kizlarsivrisi (3086 m) zu klettern. Wir hatten unser Zelt in einer Talmulde oberhalb der Baumgrenze auf ca. 2500 m aufgestellt. Morgens und abends zogen die Hirten mit ihren Ziegen- und Schafherden an uns vorbei. So war es auch heute. Allerdings kam heute einer der Hirten direkt auf uns zu. Kai holt Kekse aus dem Zelt, um etwas anzubieten, wir unterhalten uns in Zeichensprache. Es ist wirklich nett, wir verstehen uns gut. Zum Abschluss lädt uns Musa zu sich zum Tee ein. Wir schauen auf die Uhr, 15.00 Uhr, abgemacht. Da wir nicht genau wissen, wie weit es zu seinem Lagerplatz ist, nehmen wir unsere Motorräder. Außerdem macht es ja nun doch mehr Eindruck.

So kommen wir nun also an der Hütte an und werden von einem älteren Herrn in perfektem Französisch begrüßt. Die ganze Großfamilie ist anwesend, denn heute ist Schlachttag. Das Tier hängt noch am Gerüst, wir sind froh, dass uns nicht der Kopf zum Suppekochen eingepackt wird. Die Frauen sind gerade dabei, die Ziegen zu melken, es kommt uns alles vor, wie vor hundert Jahren. Als wir aber sehen, dass jeder der Männer ein Handy am Gürtel trägt, ist die Illusion ganz schnell vorbei.

Wir werden in die Hütte gebeten. Sie besteht aus ein paar Holzstangen über die Decken geworfen sind, innen liegen Bastmatten und an den Seiten Kissen und Matratzen. Alles spielt sich am Boden auf der 2x4 m großen Fläche ab. Ein kleiner Ofen hält die Kälte der Nacht ab. In unserem Zelt haben wir nicht so einen Luxus, und als wir morgens den Raureif auf unseren Motorrädern sehen, wissen wir, warum uns in der Nacht doch recht kühl war.

Der typisch türkische Tee wird uns serviert. Der Hausherr unterhält sich mit Kai. Er hat 30 Jahre in Paris gelebt, daher sein Französisch mit leichtem türkischen Akzent. Kai hat nie in Frankreich gelebt, daher sein Französisch mit starkem deutschen Akzent. Wir werden gefragt, wohin wir wollen, was wir so machen, und wer heute Morgen denn mit dem Motorrad umgekippt ist. Wir schauen etwas verblüfft, denn heute Morgen, als wir Wasser holen wollten, habe ich den Hang mit dem losen Geröll nicht ganz überwinden können. Mit Schwung hatte mich mein Moped in den Dreck geschmissen. Bis auf ein paar blaue Flecke ist nichts passiert. Da es mir ein wenig peinlich war, waren wir ganz froh, dass niemand es gesehen hatte. Dachten wir, aber wie wir feststellen mussten, bleibt den Hirten nichts verborgen. Auch dass wir auf dem Berg waren und die Aussicht genossen haben, hatte sich nachmittags schon in der Hütte herumgesprochen.

Wir bieten unseren Kuchen an, den wir als Gastgeschenk mitbringen. So recht greift keiner zu. Erst später erfahren wir, dass man in der Türkei von einem Gast kein Geschenk akzeptiert. Aber da die Türken inzwischen die westlichen Kulturbanausen kennen, nimmt sich jeder höflich ein Stück. Nur das Töchterchen langt zu und verputzt munter drei Stück.

Als wir unsere dritte Tasse Tee ausgeschlürft haben, denken wir, dass es nun höflich wäre zu gehen. Wieder falsch. Nein, es gibt noch Essen, frisch gebraten vom Schlachtvieh. Wir müssen bleiben. Da wir heute keine andere Einladung mehr haben, sagen wir nicht Nein. Wir nutzen die kleine Pause zwischen Tee und Hauptgang, um uns ein wenig draußen umzuschauen. Es werden uns die zwei Prachtziegenböcke vorgeführt. Wir wussten gar nicht, dass die sooo groß sein können. Dann müssen wir noch Fotos von dem jungvermählten Paar machen. Wir haben nicht ganz herausfinden können, in welchem verwandtschaftlichen Verhältnis sie zum Hirten stehen.

Gemütlich ist es bei Hirten's.

Die Frauen rufen und machen Handzeichen, das Essen ist fertig. Wieder ab in die Hütte, Schuhe ausziehen nicht vergessen. Es wird ein Tischtuch auf den Boden gelegt, auf der Mitte steht eine riesige Schüssel mit Fleischstücken. Wir setzen uns alle um die Tischdecke, die Enden werden über die Füße bzw. den Schoß gelegt. Jeder bekommt ein papierdünnes Fladenbrot, das in Stücke gerissen wird, um darin das Fleisch einzuwickeln. Es ist köstlich und wir haben keine Mühe, immer wieder zuzugreifen. Der frische Tomaten- und Gurkensalat zeigt uns, dass bei Hirtens kein Mangel herrscht. Aber das Köstlichste für uns ist das eiskalte Wasser. Die Hirten haben Schnee gebunkert, den sie sogar jetzt noch im Juni für ihre Drinks benutzen.

Nachdem die dritte Portion Fleisch aufgetragen und verputzt ist, wird noch Nachtisch gereicht. Wir können erkennen, dass der Brei aus etwas Mehl und ganz viel Honig ist. Er ist süß und damit gut. Wir sitzen alle wohlgenährt um das Tischtuch, als der Hausherr das Dankgebet spricht. Wir werden gefragt, ob es das in unserer Religion auch gibt, und Kai, unser kleiner Heide, erklärt das christliche Ritual. Dass das Tischgebet in Deutschland allerdings so gut wie gar nicht mehr gepflegt wird, lassen wir unter den Tisch bzw. die Tischdecke fallen.

Nun ist es Zeit für uns aufzubrechen. Alle schütteln uns die Hände und wünschen uns alles Gute. Ich bekomme sogar von der Hausherrin noch ein Küsschen links und rechts. Die Hirtenhunde werden extra für uns festgehalten, denn die Jagd auf Motorradfahrer ist ein beliebter Sport bei den Hunden.

So fahren wir zurück zu unserer bescheidenen Hütte und beschließen, das Abendessen ausfallen zu lassen. Und das nicht, weil wir keine Tischdecke haben.

Ulrike

Die Sache mit dem iranischen Transit Visum

Erst in Istanbul haben wir uns um das Visum für den Iran gekümmert. Dort verließen wir die Iranische Botschaft mit einem Lächeln, wir hatten unsere Transitvisa in der Tasche. Die 30-Tage-Touristenvisa waren wegen des zweiten Irakkrieges im 1.Quartal 2003 gerade nicht verfügbar. Schade, denn das hätte uns im Nachhinein betrachtet jede Menge Ärger erspart.

Jeder, wirklich jeder, mit dem wir sprachen, bestätigte uns sofort, dass das 7-Tage-Transitvisum im Land einfach in ein normales Touristenvisum umgewandelt wird. So ist auch die Einreise in den Iran kein Problem. "Welcome to our country." So freundlich werden wir hier von den Zöllnern begrüßt.

In Tabriz, im Norden des Iran, gehen wir zur Ausländerpolizei, die regelt hier die Visaangelegenheiten. Noch sind wir voller Hoffnung, dass unser 7-Tage-Visum ohne Probleme verlängert wird. Denn sieben Tage Aufenthalt bedeuten fast ausschließlich Fahren und wir glaubten, dass das Land mehr zu bieten hat als gut asphaltierte Landstraßen und Autobahnen. Aber wie in Tabriz wurde unser Begehren auch in Qazvin, Esfahan und Yazd entlang unserer Route nach Pakistan abgelehnt. Transitvisa werden nicht mehr verlängert. Punkt, aus. Ein Beamter schiebt es zum nächsten in der nächsten Provinzhauptstadt. Nur nicht selbst eine Entscheidung treffen.

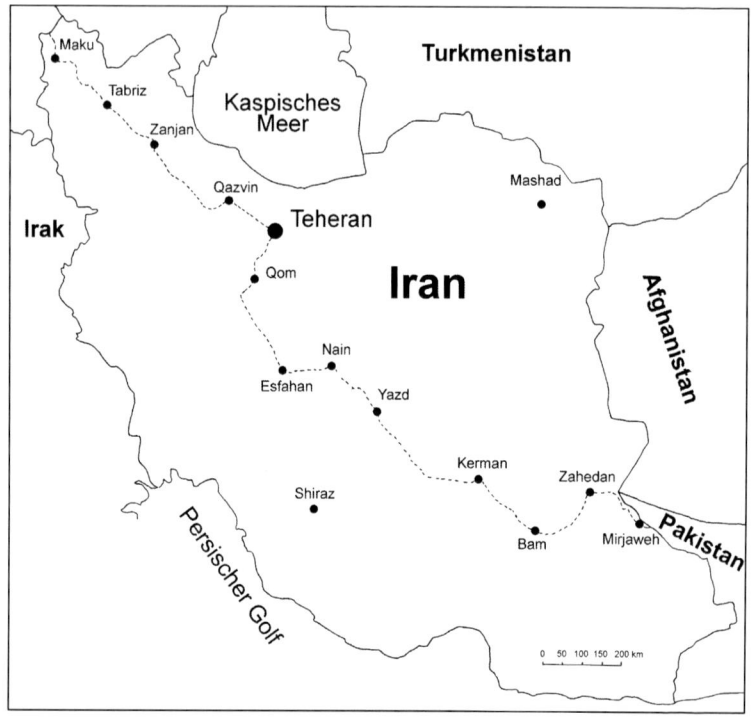

Probleme mit meinem Motorrad und eine Magen- und Darm-verstimmung bei Kai lassen uns stranden. Die Hitze der Wüste mit über 40 Grad im Schatten, den wir verzweifelt gesucht haben, taten ihr Übriges dazu, um so richtig kaputt und leer zu sein. So wurden die Tagesetappen immer kürzer. Und Rubbeldiekatz (rubbelthecat für die Cosmops unter euch) sind unsere schönen Transitvisa abgelaufen und wir hängen in Yazd fest. Hinter uns liegen schon 2500 Kilometer iranischer Schweiß, vor uns noch 1000 Kilometer Wüste.

Auf Empfehlung der Deutschen Botschaft fahren wir mit dem Nacht-
zug von Yazd nach Teheran, um dort mit allen diplomatischen Mitteln
eine Visaverlängerung zu bekommen. Das bedeutet, mit einem
Petitionsschreiben der Botschaft zum Außenministerium zu gehen, um
dort ein Unterstützungsschreiben für die Ausländerpolizei (Innen-
ministerium) zu bekommen. Allein dies nimmt schon einen Tag und
fast all unsere Nerven in Anspruch.

Am nächsten Morgen geht es frohen Mutes zur Ausländerpolizei. Dort
herrscht für uns das absolute Chaos, kaum einer spricht Englisch
(warum auch bei der Ausländerpolizei), geschweige denn, dass uns
jemand erklären kann, was wir zu tun haben. Doch mitten im dicksten
Schlamassel treffen wir einen freundlichen, englisch sprechenden
Iraner, der uns weiterhilft. Schnell haben wir unsere Papiere zusammen
und stellen uns an Schalter Nr. 7 an, da dort jemand Englisch sprechen
kann. Auf der anderen Seite des Schalters ist die Stimmung eher miss-
mutig bis gelangweilt, frau verlässt schon mal den Arbeitsplatz, um mit
Kollegin ein Pläuschchen zu halten, dienstlich natürlich, obwohl sich
vor dem Schalter die verschiedenen Nationalitäten um die besten Plätze
prügeln.
Während wir so stehen und warten, dass wir Aufmerksamkeit von-
seiten der Behörde bekommen, erzählt uns eine Iranerin mit
argentinischem Pass, dass es vor einem Jahr nicht so schlimm gewesen
sei. Früher haben viele Ausländer in Teheran gelebt, nun scheinen sie
aber nicht mehr erwünscht zu sein. Jedenfalls ist die Behandlung nicht
gerade von Respekt und Würde geprägt. Dabei hängt an den Wänden
der Spruch "Hejab is dignity" (der Umhang der iranischen Frau ist
Würde). Als endlich unsere Unterlagen bearbeitet werden, passiert zu

Anfang das Übliche: Unterlagen zu, Visum kann nicht verlängert werden. Wir müssen auf das beigefügte Schreiben des Außenministeriums hinweisen und dürfen nun wenigstens beim Kommandeur vorsprechen. Aber leider hatte er wohl schon Mittagspause oder einen anderen wichtigen Termin, jedenfalls ist nicht mehr zu sprechen. Macht nichts, dann kommen wir doch einfach morgen wieder.

Tag Nummer drei beginnt dort, wo Nummer zwei aufgehört hat, bei der Ausländerpolizei. Allerdings müssen wir noch einen Zwischenschritt einlegen, zum Kommandeur kommen wir nicht durch. Wir müssen mit einem Abteilungsleiter vorlieb nehmen. Der regt sich fürchterlich darüber auf, dass Beweise für unsere Schwierigkeiten fehlen. Da kann ja jeder sagen, dass er Magen-Darm-Probleme hatte. Im Zweifel also gegen den Visaverlängerungsantragssteller.

Mit dem Kommandeur handelt er einen Deal aus: Wir sollen nach Zahedan an der pakistanischen Grenze bei dem dortigen Kommandeur vorsprechen und sollen dann ein Ausreisevisum bekommen. Ob das alles so einfach ist? Ein letzter Check bei der Deutschen Botschaft versichert uns, dass es so passieren soll. Der freundliche Mitarbeiter der Konsularabteilung klärt uns auf: Wir sind zwischen die Räder des Außenministeriums (liberal) und der Ausländerpolizei (konservativ) geraten. Und um die eigene politische Position klar zu machen, werden kleine Touristen schon mal zum Spielball.

Aber wir sind nur ein kleines Problem. Einige Fälle sind weitaus komplizierter, werden wir aufgeklärt. So gibt es Leute, die ohne Visum und ohne Geld über die irakische Grenze kommen (wir wollen nicht wirklich wissen, warum).

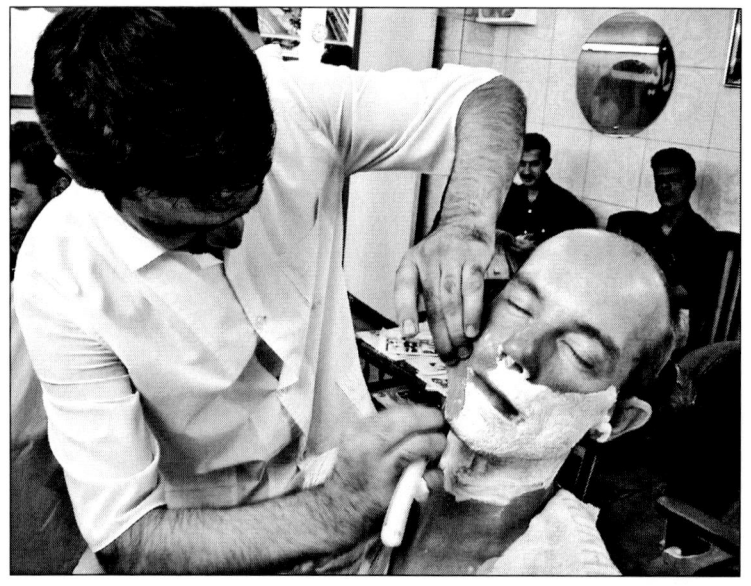

Bei soviel Visumstress muss Kai erst einmal bei einer Rasur entspannen.

Die werden erst mal nicht aus dem Land gelassen, und es kann auch schon mal Monate dauern, bis solch ein Fall geklärt ist. Wir erinnern uns an den deutschen Angler Donald Klein, der 2007 nach etwas mehr als einem Jahr Haft freigelassen wurde, weil er in iranische Gewässer driftete. Schwer zu verstehen für uns schengenverwöhnte Europäer, aber hier sind Grenzen nicht nur Linien auf der Landkarte sondern echte, schwer zu überwindende Reisehindernisse.

Das beruhigende Gefühl, dass wir nur eine Ordnungswidrigkeit begangen und kein Gesetz gebrochen haben (und deswegen auch nicht direkt ins Gefängnis müssen) lässt uns nach drei Tagen Teheran und Bürokratie nachts im Schlafwagen zurück nach Yazd wie Engelchen schlafen. Die angedrohte Geldstrafe zahlen wir gern, wenn wir dafür nur ordentlich ausreisen dürfen.

Ulrike

Die Begegnung mit der Welt des Islam

Noch auf der türkischen Seite der Grenze treffen wir Agnes und Skip, die gerade aus dem Iran kommen und auf dem Weg nach Hause, Richtung Holland sind. Sie erzählen so enthusiastisch und lebhaft, dass wir uns noch mehr freuen, in den Iran zu reisen.

Und es ist in der Tat ein interessantes Land. Für uns hat es zwei Gesichter. Auf der einen Seite die Bürokratie und Verwaltung, mit Beamten, die uns nicht helfen wollen oder können, Polizeibeamte, die wegschauen, wenn wir nach dem Weg fragen. Auf der anderen Seite die Menschen, die wir unterwegs treffen. Immer wieder werden wir von Menschen freundlich angesprochen. Wir werden gefragt, ob wir Hilfe brauchen, oder wir werden zum

47

Essen eingeladen. Gerade Frauen stehen immer wieder um mich herum und staunen, dass ich Motorrad fahren darf. Im Iran sind eh nur Mopeds bis zu 180 ccm Hubraum zugelassen und nur in Teheran ist es Frauen erlaubt, damit zu fahren. Wir haben allerdings keine gesehen. Es soll aber eine Fahrschule für Frauen geben.

Eine besondere Herausforderung für mich war die Anpassung an die Kleiderordnung. Aber das lässt sich für uns leichter an als gedacht. In Maku kurz hinter der iranisch-türkischen Grenze wollen wir das obligatorische lange Jäckchen kaufen. Wir checken im Hotel ein, fragen nach einem Shop. Es wird nicht lange erklärt, sondern der gute Freund des Hoteliers wird mit uns auf den Weg geschickt. Und so klappern wir einige Läden ab, denn so recht kann ich mich nicht mit dem iranischen Schick anfreunden. Dass ich nicht mehr lang und schwarz tragen muss und erst recht nicht auf dem Motorrad, haben wir schon in der Türkei gehört. Nun stehe ich also im Laden und probiere eine beige Jacke nach der anderen an. Jede Jacke wird ordentlich aus dem Regal genommen, für mich ausgebreitet, unserem iranischen Begleiter die Besonderheiten dargelegt, ich darf probieren, und wenn es nicht gefällt, wird alles ordentlich zusammengefaltet und wieder ins Regal gelegt. Beige ist dieses Jahr die Farbe der Saison, letztes Jahr hüllte sich die Damenwelt in Hellblau, wird uns erzählt. So finde ich mich schnell damit ab, in einer beigen, knielangen Jacke mit 70er Jahre-Kragen und möglichst wenig Taille, dafür aber aus 100 % Plastik in der kommenden motorradfreien Zeit herumzulaufen. Auf dem Motorrad bleibe ich meinem langen Motorcrossshirt treu, und wenn der Helm ab muss, einer Kappe für die schnelle Rast. Sonst ist natürlich das Kopftuch angesagt. Ich trage schön grün, in voller Harmonie mit der Jacke. Und trotzdem werden wir angestarrt. Es liegt nicht an unserer Kleidung, die ist ja nun absolut regelkonform. Wir sind Westerner, ich bin eine Frau und dann auch noch blond. Da können viele ihre Blicke nicht abwenden. Wir gewöhnen uns nicht leicht daran, aber da es uns auch in Pakistan und Indien so ergeht, haben wir viel Gelegenheit, uns in Langmut zu üben. Einige sprechen auch sehr offen mit uns über Politik und die Situation im Land. Die Mullahs werden oft mit dem A-Wort bedacht, sie sind es, die das Land bremsen, so wird uns erzählt. Nach dem Sturz des Schahs flossen viele Gelder in Stiftungen, die nun von den Mullahs verwaltet werden. Und da riecht es wohl ganz kräftig nach Korruption und Vetternwirtschaft.

Das Land steckt 2003 an allen Ecken und Enden in wirtschaftlichen Schwierigkeiten. Benzin muss importiert werden und wird unter Einstandspreis verkauft. Iran hat zwar reichlich eigenes Öl, aber an der Veredlung hapert es. Es besteht die Gefahr, dass die bestehenden Ölquellen bald versiegen und das Land nicht selbst fähig ist, neue Quellen zu erschließen, haben wir in einer iranischen Zeitung gelesen. Die jungen Leute, die mit uns ein Abteil auf der Rückreise von Teheran nach Yazd teilen und mit uns diskutieren, sind wie alle Iraner sehr stolz auf ihr Land. Sie gehören der gebildeten Mittelschicht an und sind über die wirtschaftlichen Verhältnisse sehr verärgert. Der Iran könnte sehr viel besser dastehen, wenn die da oben es nur zulassen würden. Präsident Khatami hat schon einiges gelockert, aber er kann sich gegen die Hardliner nicht so schnell durchsetzen. Würde er die Reformen zu schnell vorantreiben, würde er gestürzt. Aber der vorsichtige Weg ist vielen in der Bevölkerung zu langsam.

Ab dem Iran fangen wir an, unsere FAQ?-Liste zu führen. Im Iran gibt es 4 FAQ?s (häufig gestellte Fragen)

1.   Woher kommt Ihr?
2.   Wie ist euer Name?
3.   Was ist euer Beruf?
4.   Sind das BMW Motorräder?

Wenn die Iraner hören, dass wir aus Deutschland kommen, geht ein Strahlen über ihr Gesicht, denn wir sind doch ein Volk, die Arier eben. Hitlers ominöse Rassentheorie geistert hier immer noch herum. Persien hat sich 1934 selbst in Iran umbenannt, das Land der Arier, um seine Verbundenheit zu Deutschland zu demonstrieren und zu zeigen, wie wenig sie mit den Engländern am Hut haben. Aber auch dass wir im letzten Irakkrieg gegen die Amerikaner gestanden haben, wird uns hoch angerechnet. Hier ist die Meinung über die Amerikaner sowieso sehr schlecht. Es ist eine weitverbreitete Annahme, dass die Amerikaner den 11. September selbst inszeniert haben, nur um es den Moslems anzuhängen und einen Grund zu haben, die islamische Welt anzugreifen. Aber diese Verschwörungstheorie gibt es ja auch in Deutschland und Andreas von Bülow hat dazu ein Buch herausgebracht, das aber selbst der Spiegel als hanebüchenen Unfug abtut. Interessanterweise hatten sich wohl viele iranische Frauen gewünscht, dass die Amerikaner nicht nur in den Irak einmarschieren, sondern auch gleich weiter in den Iran: endlich frei und unverschleiert. Ob sich dies die Frauen noch immer wünschen, mögen wir bezweifeln. Zu schlimm sind die Berichte aus dem Irak und Afghanistan darüber, was dort mit den "befreiten" Frauen passiert.

Ach ja, Frauen im Iran. An das Kopftuchtragen kann ich mich nicht gewöhnen. Dafür ist es einfach zu heiß. Mit ist auch klar geworden, dass mein Nacken frische Luft braucht. Es kostet mich einige Überwindung und Disziplin, trotz der herrschenden Temperaturen ein Kopftuch tragen zu müssen. Beim Motorradfahren bleibe ich während der notwendigen Pausen bei meiner Kappe. Weder hat sich jemand beschwert, noch wurde ich respektlos behandelt. Kai als Mann hatte nie Schwierigkeiten mit dem respektvollen Behandeln. Er ist sogar ein paar Mal von Frauen gegrüßt worden, obwohl sich das doch eigentlich gar nicht gehört. Respektvolle Behandlung war für die einheimischen Frauen nicht immer selbstverständlich. Im Reiseführer steht, dass Frauen nach der islamischen Revolution endlich nicht mehr auf der Straße belästigt werden.

Wenn wir hören, dass die Frauen unter dem Umhang ja viel mehr Freiheiten hätten, sich viel freier auf der Straße bewegen könnten und letztendlich auch an den Umhang gewöhnt wären, werde ich wirklich wütend. Wer so etwas behauptet, sollte einmal bei über 35 Grad im Schatten mit langer Hose, langem schwarzen Übermantel, einem schwarzen Kopftuch und dazu noch einem schwarzen Umhang, die Einkaufstaschen nach Hause tragen. Wenn die Frauen dann auch noch den Umhang zwischen die Zähne klemmen müssen, wie wir es oft gesehen haben, nur damit alles am rechten Fleck bleibt, hätte ich ihnen am liebsten die Einkaufstaschen abgenommen und den Männern in die Hand gedrückt.

In den Großstädten befreien sich die Frauen langsam vom langen schwarzen Umhang. Wir haben sehr viele, sehr elegant gekleidete

Iranerinnen gesehen mit Absätzen so hoch, höher ging es fast nicht. Das Kopftuch scheint heute mehr ein modisches Accessoire zu sein. In der Großstadt Tabriz werde ich im Eiscafé auch von zwei jungen Frauen gefragt, warum sich die westlichen Frauen nicht schminken. Hm, ich bin doch geschminkt, denke ich. Denn, das hatte ich mir trotz kleinen Gepäcks und Motorrad-Männerwelt nicht nehmen lassen: Puder, Lidschatten und Wimperntusche und sonntags Lippenstift, das ist für mich ein Stück Zivilisation. Also schaue ich die beiden an. Was meint ihr denn genau? Also das bisschen, was ich aufgetragen habe, zählt hier nicht. Immer, wenn sie westliche Frauen in der Stadt sehen, sind die auch eher dezent geschminkt. Tja, vielleicht halten wir uns so zurück, weil wir denken, dass wir mit dem Kopftuch auch alles andere Weibliche daheim lassen müssen. Aber eines ist für mich auch klar. Mit dem rabenschwarzen Lidstrich und der Masse von Wimperntusche und Make-up, wie es hier getragen wird, würde ich mich Deutschland maßlos überschminkt fühlen.

Im Iran lernen wir auch endlich den Straßenverkehr Asian-Style in seiner ganzen Ausprägung kennen. Wir haben das Gefühl, nur von liebenswerten Chaoten umgeben zu sein. Oder das Allah-Vertrauen ist so groß, dass sie glauben, ihnen kann nichts passieren. Auf der Landstraße wird vor der Kuppe und in völlig unübersichtlichen Kurven überholt. So werde ich von zwei entgegenkommenden Lkws von der Straße gedrängt und darf eine große Portion Staub inhalieren. Ergebnis: ein Koffer abgerissen und zerbeult, Verkleidung zerschrammt, Reifen von der Felge gesprungen, Ventil des Schlauches abgerissen und alle Klamotten staubig. So ein Malheur ist aber auch gleichzeitig eine Gelegenheit für die Iraner, ihre Gastfreundschaft und Hilfsbereitschaft zu demonstrieren. Kai fährt in das nächste Dorf, um dort den Schlauch mit dem abgerissenen Ventil reparieren zu lassen. Reparieren? Worte, die wir nicht mehr wirklich kannten. In Deutschland wird meistens ausgetauscht. Kann man einen Schlauch reparieren, wenn das Ventil abgerissen ist? Erstaunlicherweise wird dann einfach ein Ventil eines alten Schlauches einvulkanisiert. Kai darf im klimatisierten Friseursalon bei einer kalten Limonade warten, während die Männer des Dorfes sich das große Motorrad aus Deutschland anschauen. Das Angebot, für die Reparatur zu zahlen, wird fast als Beleidigung gewertet und das Geld selbstverständlich nicht angenommen.

Verkehrsregeln scheint es auch in der Innenstadt nicht zu geben. Rote Ampeln? Hat keiner gesehen. Eine Lücke auf der Gegenfahrbahn? Das bringt den entscheidenden Vorsprung, also nichts wie rein. Dass dann nichts mehr vorangeht? Egal, Hauptsache der Vorsprung ist gesichert. Wirklich zum Haare raufen, bzw. für Kai mehr zum "Aus der Haut fahren", sind die Jugendlichen mit ihren Mopeds.

Wenn wir in eine neue Stadt einfahren, können wir davon ausgehen, dass wir von ihnen umringt werden. Möglichst eng ran, möglichst zeigen, was für tolle Fahrer sie sind. Dass wir zum Teil kaum manövrieren können, wenn wir voll bepackt sind und wir einfach nur nach dem Weg suchen, können sie sich in ihrer jugendlichen Naivität kaum vorstellen. Die Älteren fragen uns schon mal, wohin wir wollen, und fahren vor. Das versöhnt uns dann wieder.

Auf der Autobahn ein Buch lesen, geht nur im Iran.

Zum guten Schluss hat es sogar noch Vorteile, als Frau erkannt zu werden. Kurz vor der pakistanischen Grenze stehen wir in langen Schlangen an der Tankstelle an. Benzin ist hier rationiert, da sich die pakistanischen Benzinschmuggler zu gern mit dem billigen Nass eindecken. Also stehen wir, nehmen den Helm ab, setzen unsere Kappen auf und schauen uns so um. Kai steigt ab, um die Lage auszukundschaften. Ich bleibe sitzen, und schaue weiter. Da steht plötzlich einer von diesen großen bärtigen Männern vor mir. In Deutschland wäre er gut für einen Auftritt in den 20-Uhr-Nachrichten. Er schaut, ich schaue, er fragt: „Mister?" Ich schüttle den Kopf. Er fragt: „Missis???" Ich nicke.

„Oh! MISSIS!" Und dann schüttelt er meine Hand, dass ich fast vom Moped falle. Aber das mache ich gern, denn nun ist Eitel-Fratz mal wieder im Mittelpunkt. Ich werde nach vorn gewunken, um bevorzugt tanken zu dürfen und gehöre natürlich mit drauf, auf das obligatorische Gruppenbild mit Dame.

Gruppenbild mit Misses kurz vor der pakistanischen Grenze.

Kai

In Pakistan auf dem Weg zum Karakorum Highway

Wir fahren durch Kerman im Iran, auf der Suche nach einen Hotel. Von hier sind es noch ungefähr 670 Kilometer zur pakistanischen Grenze. Die Hauptstraße ist menschenleer, einige Autos sind unterwegs, es ist heiß. Ich sehe im Augenwinkel ein Pärchen, das westliche Kleidung trägt. Ich schaue in den Rückspiegel, der Mann springt auf die Straße und winkt wild mit den Armen. Was für ein Verrückter ist das denn?

Ich denke an einen geschäftstüchtigen Hotelbesitzer. Aber er hat knielange Hosen an, das muss ein Westerner sein. Also drehen wir um und so treffen wir Simon und Georgie. Sie sind auf dem Weg zurück nach Hause in England. Wir staunen und tauschen die ersten Fakten aus. Aber da wir ziemlich fertig sind, verabreden wir uns abends zum Dinner, um Benzingespräche zu führen.

Sie erzählen, dass sie zu zweit auf einem Motorrad über Russland – Japan – Südostasien – Indien bis hier in den Iran gefahren sind. In Nepal hat sich Georgie einen Traum erfüllt und sich eine Royal Enfield samt Ersatzteile für den Trip nach Hause gekauft. Die Geschichten eilen den Royal Enfields voraus, was bei einem Motorrad mit einer Höchstgeschwindigkeit von 110 km/h allerdings nicht besonders schwierig ist. So sind wir uns nicht ganz sicher, ob es nicht eher ein Albtraum ist. Die Enfield mit der englischen Technik der 50er Jahre, jetzt hergestellt in Madras in Süd-Indien, ist nicht gerade für ihren Komfort und ihre Zuverlässigkeit bekannt. Aber immerhin fährt sie jetzt selbst und das mit einem Motorrad der ältesten, noch produzierten Motorradmarke der Welt.

Nach dem Abendessen liegen wir über der Straßenkarte von Pakistan und löchern Simon und Georgi mit unseren Fragen. Pakistan, das ist für uns die große Unbekannte. Was erwartet uns? Im Südwesten liegt Belutschistan, entspanntes Reisen wird mit dieser Gegend weniger in Verbindung gebracht. Es steht eher für eine Wüstenregion direkt an der afghanischen Grenze, in der Schmuggel und Entführung zu den gängigen Geschäftsmethoden gehören. Dies gilt auch für die Nordwestprovinz. Und durch diese Gegenden wollen oder müssen wir fahren, um zum Karakorum Highway an der nördlichen Grenze zu China zu gelangen.

Wenn schon nicht entführt, werden wir im Land angefeindet oder sogar bedroht, weil unsere amerikanischen Brüder in Afghanistan die islamischen Brüder Pakistans bekämpfen?

Was dem Deutschen seine Fototapete ist,
ist dem Pakistani sein Schwarzwalddorf auf der Türverkleidung.

Simon gibt ein paar echt gute Geschichten zum Besten. Besonders wenn er über Indien erzählt, läuft er zur Hochform auf. Aber vorher kommt Pakistan und beide sind von diesem Land und seinen Leuten begeistert.

Den Karakorum-Highway müssen wir unbedingt fahren! Wir bekommen wertvolle Etappen- und Übernachtungstipps. Langsam weicht die Angst dem Gefühl von Neugier für diese Welt, das uns hat losfahren lassen. Jetzt sind wir uns sicher, dass wir mit unserem 15-Tage-Transitvisum (Touristenvisa waren auch hier mal wieder ausgegangen) das schaffen werden.

Zwei Tage später stehen wir am pakistanischen Grenzübergang. Das Zollgebäude ist in englischen Kolonialstil erbaut mit hohen Decken, an denen quietschende Ventilatoren ein wenig Kühlung verschaffen. Links in der Ecke liegt ein ca. ein Meter hoher Stapel großer Bücher, in denen vermutlich alle Grenzübertritte seit Alexander dem Großen eingetragen worden sind. Vor uns sitzen vier Männer, die einer nach dem anderen unsere Fahrzeugdaten vom Carnet in eines dieser gigantischen Bücher eintragen.

Die Stimmung ist gelassen, uns wird Tee und Gebäck angeboten, wir plaudern ein wenig. Deutsche sind bei den Paschtunen, der vorherrschenden Bevölkerungsgruppe hier, bei der eine Waffe zur Kleiderordnung gehört, als mutige Krieger geachtet.

Nicht überall wird unsere deutsche Geschichte kritisch gesehen, lernen wir. Wir haben den Papierkrieg hinter uns und das Abenteuer Pakistan kann starten.

Auf den ersten Kilometern ist die Straße in einem exzellenten Zustand und zweispurig. Der Seitenwind wird immer stärker, Sandverwehungen machen die Fahrt zusätzlich pikant. Nach 170 Kilometern erreichen wir das Zollgelände von Nokkundi, wo wir kampieren wollen. An dem Tor neben dem hohen Zaun mit Stacheldrahtverzierungen und Glasscherben stehen bewaffnete Wachen und bitten uns freundlich herein, als ob es das Selbstverständlichste von der Welt ist, dass zwei Deutsche auf Motorrädern fragen, ob sie hier übernachten können. Wir dürfen uns einen Zeltplatz aussuchen. Kochen ist in einer einfachen Küche möglich, gegessen wird auf der Sitzbank unserer Motorräder.

Die Nacht haben wir wenig geschlafen. Es wütet der Sandsturm und wir sind in unserem Zelt von oben bis unten gepudert. Wie das? Nun, es ist heiß und da dachten wir, ganz schlau zu sein und das Überzelt nicht zu benötigen. Und so rieselt es die ganze Nacht durch das Fliegengitter des Innenzeltes.

Zum Frühstück bietet uns ein Zöllner frisches Fladenbrot und Tee an. Das Wetter hat sich wenig geändert und so fahren wir auf der nun einspurigen Straße durch eine scheinbar menschenleere Gegend. Wir durchqueren verlassene Dörfer, alles versinkt in ein dumpfes, trübes Grau, das der Sandsturm zurückgelassen hat. Rechts und links der Straße sollen über 2000 m hohe Bergketten sein. Wir sehen nichts, außer einem Schild, das zu einem UNO-Flüchtlingscamp weist. Die aktuelle Geschichte holt uns ein.

Überall am Straßenrand stehen die Benzinschmuggler mit ihren 20-Liter-Kanistern und verkaufen dort das Benzin, das sie vom Iran billig hergeschafft haben. Die staatlichen Tankstellen machen keinen Schnitt und sind deshalb geschlossen.

*Bei den Benzinschmugglern im Osten Pakistans setzen wir unseren
Spezialfilter aus Baumwolle ein.*

Hier in der Wüste tragen die Männer einen Turban, der so gewickelt ist,
dass auch der Mund verdeckt ist, um sich vor Staub zu schützen. So
fremdartig aussehenden Menschen sind wir auf der ganzen Reise nicht
begegnet. Wenn wir in der Wüste halten, um ein wenig zu trinken und
verzweifelt den Busch zu suchen, hinter dem wir uns hocken können,
kommt plötzlich jemand aus dem Nichts, grüßt freundlich, schaut sich
die Motorräder an, sagt "Auf Wiedersehen" und verschwindet wieder.
Gespenstisch.

Ulrike

Über wilde Pisten in das Karakorum Gebirge bis zur chinesischen Grenze

Eine ganz besondere Faszination geht für uns von diesem Namen aus – Karakorum Highway. Wilde, fast unzähmbare Natur, der Kampf, die Straße zu erhalten, die unbeschreiblichen Berge. Fast 1300 Kilometer ist der KKH lang, davon über 800 Kilometer in Pakistan, der Rest führt durch das befreundete China. 12 Jahre hat der Bau gedauert und an manchen Stellen scheint es, dass die Straße einfach nicht fertig werden will. Sie führt durch eine Ecke der Erde, an der drei große Gebirgsketten zusammenstoßen: der Himalaja, der Karakorum und das Pamirgebirge. Erdrutsche und auch Erdbeben sind keine Seltenheit.

Auf diesen Teil der Reise hat Kai regelrecht hingefiebert. Zwischendrin sah es ja so aus, als ob wir es rein zeitlich nicht schaffen. Aber Simon und Georgie haben uns Mut gemacht. Und so sind wir halt durch West-Pakistan geknüppelt, um möglichst schnell hierhin zu kommen. Und jetzt sind wir drauf, auf dem Karakorum Highway.

Wir spüren ein unbeschreibliches Glücksgefühl. Die ersten Kilometer sind sehr anstrengend. Schlaglöcher, Erdrutsche, Steinschlag, die Straße sieht ganz schön mitgenommen aus.

Eigentlich sollte unsere erste Tagesetappe auf dem KKH nur bis Besham führen. In einem Restaurant, das aussieht wie eine kleine englische Villa, genießen wir ein spätes Mittagessen. Als Abschluss und sozusagen fast als Betthupferl gönnen wir uns einen Tee. Der zieht uns aber fast die Schuhe aus, bzw. macht uns so munter, dass an Schuhe ausziehen nicht zu denken ist und wir uns entschließen, noch mal zwei Stunden zu fahren. Der Wirt gibt uns einen Übernachtungstipp für Dassu. Sein Cousin hat dort ein Hotel. Hier in Pakistan, aber später auch noch in Indien, lernen wir das „Empfehlungsmarketing" in Perfektion kennen. Immer hat jemand einen Cousin in dem Ort, in welchem wir eine Übernachtungsmöglichkeit, ein Restaurant oder eine Werkstatt suchen. Als wir ankommen, ist es jedoch nur eine Absteige. Dassu ist aber groß genug. So finden wir ein anderes Hotel, genießen die sauberen Betten und lassen den Abend früh enden.

Nach der Hetze im Iran müssen wir uns auch hier in Pakistan wieder ranhalten. So hatten wir uns unsere Reise nicht vorgestellt. Wir wollen ja schließlich nicht in achtzig Tagen um die Welt rasen. Aber es nützt nun mal nichts, und wenn wir es bis zur chinesischen Grenze schaffen wollen, müssen wir morgens früh los. Auf der nächsten, mit Simon und Georgie ausgearbeiteten, Tagesetappe erwarten uns 290 Kilometer Piste. In Deutschland ist das an einem Vormittag zu schaffen. Hier ist das eine anstrengende, lange Tagesreise. Langsam wechselt die Landschaft. Während weiter unten die Berge noch grün sind, wird es jetzt nun grau und karg. Das Grün der Reisfelder war eine Augenweide nach so langer Zeit in wüsten Gegenden.

Der KKH führt meistens entlang des Indus. Wir kommen an Stromschnellen vorbei, die uns schaudern lassen. Das Wasser ist wild und sehr schlammig. Dann wird der Indus wieder etwas ruhiger, dafür werden die Erdrutsche beeindruckender. Wenn wir an den Geröllfeldern vorbeifahren und dabei hochschauen, bekommen wir Gänsehaut. Riesige Steine hängen noch im Hang.

Jetzt wissen wir, warum Karakorum "bröckelnder Fels" heißt.

Tatsächlich scheint auch kurz vor uns einiges heruntergekommen zu sein. Wir kommen um die Kurve und alles steht. Eine uralte Planierraupe schiebt gerade Massen von Geröll in den Abgrund. Daher ist das Wasser auch so schlammig. Die Situation scheint nicht ungewöhnlich zu sein. Die Leute steigen aus ihren Lastern, Bussen oder Kleinwagen und warten in aller Ruhe. Die Touristen erkennen wir daran, dass sie interessiert und fasziniert zuschauen. Die Einheimischen interessieren sich mehr für ein Pläuschchen und schauen nicht mal mehr hin, wenn es schon wieder am Berg raschelt.

Der letzte Teil nach Gilgit führt durch ein weites Tal. Wir machen Strecke, die Kurven sind schön lang gezogen, es geht voran. Trotzdem können wir unseren Blick nicht von den Bergen lösen. Nicht nur wegen des möglichen Steinschlages. Nein, der KKH führt quasi unten im Tal entlang, unterhalb der Sieben- und Achttausender. Wir können den Nanga Parbat (8125 m hoch) sehen. Beeindruckend, sehr beeindruckend. Leider ist nicht immer die Sicht so gut. Der Monsun hat begonnen. Wir haben zwar keinen Regen, aber die Wolken hängen tief. Wer Berge liebt, ist hier genau richtig. Ich komme schon wieder ins Schwärmen. Aber leider bleibt nicht viel Zeit, jeden Anblick zu genießen. Auf der nächsten Weltreise werden wir wiederkommen. Und dann haben wir ein ordentliches Visum in der Tasche.

In Gilgit fahren wir schnurstracks zu Madina's Guesthouse. Eine wahre Oase für uns. Ruhig, sauber, andere Reisende, mit denen wir uns austauschen können. Dass der Herbergsvater uns schon am Ortseingang sieht und aus dem Laden, in dem er gerade einkauft, heraus und uns hinterherläuft, finden wir zuerst merkwürdig. Aber er wollte uns den

Weg zeigen, damit wir nicht lange suchen müssen. Wir könnten es unter geschäftstüchtig oder unter aufmerksam im Gedächtnis ablegen. Wir entscheiden uns für aufmerksam, denn das prägt die gesamte Atmosphäre hier.

Ulrike

Von Mangos und Ritzeln

Die Mangos sind köstlich. Sie duften, sie schmecken und sie sind so saftig, dass uns der Saft die Ellenbogen herunterläuft. Alles klebt. Einer schneidet die Früchte auf und macht sie essfertig, beide genießen. Schmecken sie jetzt doppelt so gut, weil wir sie direkt am Straßenrand hier in Pakistan am Karakorum Highway kaufen können? Oder weil wir sie direkt für kleines Geld am Straßenrand kaufen können? Oder weil es einfach die besten Mangos der Welt sind?

Die kleine Verschnaufpause ist zu Ende. Kai fährt schon los, ich will auch, aber es gibt einen lauten Knall und mein Motorrad fährt nicht mehr, gar nicht mehr. Dafür kommen aber die freundlichen pakistanischen Jungs mit meinem Ritzel in der Hand auf mich zu und grinsen. Endlich ist es vorbei, das freche Beobachten der Fremden. Endlich passiert etwas.

Nun ja. Da ist es, das Ritzel. Eigentlich sollte es zwischen Antriebswelle und Kette sitzen und somit für die Kraftübertragung auf das Hinterrad meiner BMW sorgen. Eigentlich sollte ein Ritzel nicht so einfach abspringen und besonders nicht in Pakistan.

Kai kommt zurück. Ich bin schon dabei, das Motorrad an den Seitenrand zu schieben. Da diese Situation sehr nach Reparatur aussieht, beginne ich abzupacken. Zurzeit haben wir noch jeder über 50 kg Gepäck dabei. Bei mir ist es verteilt auf zwei Seitenkoffer, ein Topcase und zwei Taschen auf der Bank hinter mir. Die müssen runter, damit ich an die Werkzeugrolle komme.

Verkleidung abgeschraubt, Ritzel aufgesetzt, mit dem Sprengring, den Kai in seinem Portemonnaie findet befestigt, alles wieder zugeschraubt, aufgepackt und weiter geht's. 10 Meter, denn dann fliegt das Ritzel wieder durch die Gegend. Die Dorfjugend schaut immer interessierter

Ruck-Zuck ist so ein Motorrad auf den Anhänger geladen.

zu. Kai ist sauer, ich entsetzt. Was nun? Kann nicht jemand mal jemanden holen, der mein Motorrad abschleppt? Entweder verstehen uns die Jungs nicht oder sie wollen nicht einen Teil der Show verpassen, jedenfalls rührt sich keiner. Also fährt Kai zurück ins nächste Dorf und holt Hilfe. Ein netter Kleinlaster wäre schön. Einfach das Motorrad hinten auf die Ladefläche heben und irgendwohin fahren. Wie wir die 200 kg des Motorrades auf eine Ladefläche bekommen sollen und wohin wir dann fahren, sind Fragen, die ich jetzt noch nicht beantworten kann. Kai sicherlich schon. Bei ihm ist die „Problemlösungsroutine" schon wesentlich ausgeprägter als bei mir. Nach 3 Monaten Motorradreise habe ich gelernt, dass eine Lösung sich dann findet, wenn das Problem akut ist. Und da wir ja noch nicht mal einen Kleinlaster auftreiben konnten, brauch ich mir nun wirklich noch nicht den Kopf zerbrechen.

Trau ich meinen Augen? Muss ich ja. Da kommt Kai und hinter ihm der Dorfschmied auf seinem Trecker samt Anhänger und Dorfjugend. Endlich ist was los. Und wie bekommen wir jetzt das Motorrad auf den mindestens einen Meter hohen Hänger? Ich kann gar nicht so schnell erklären, wo die kräftigen Jungs anfassen sollen, wie es schon, schwuppdiwupp, aufgeladen ist. Jetzt noch schnell Gepäck und Dorfjugend dazu und zurück geht es zur Schmiede unter dem Rakaposhi.
Kai kann dem Schmied verständlich machen, dass er mit drei Punkten das Ritzel einfach anschweißen soll. Die Pakistani sind gute Handwerker, wenn nur das Werkzeug nicht wäre. So fällt die Schweißarbeit ein wenig grob aus. Aber darum geht es nicht, es soll nur halten. Kai testet die Qualität, indem er eine Runde dreht. Es sollte eine Runde werden, er kommt zu Fuß zurück. Entsetzen bei mir, lebhaftes Interesse bei der Bevölkerung. Natürlich ist inzwischen das ganze Dorf versammelt. Das ist besser als Fernsehen.
Und nun? Schnell sind die Verhandlungen mit dem Kleinbusfahrer geführt, in dessen Suzuki-Minivan wir mein Motorrad verladen. Dann bringt er uns zurück nach Gilgit in Madina's Guesthouse, von dem wir morgens aufgebrochen sind.

Noch am gleichen Abend zermartert Kai sich den Kopf, wie wir das Ritzel so fest bekommen, dass es mir nicht immer um den Helm fliegt. Als pfiffiger Ingenieur findet er eine Lösung und zeichnet auch alles auf. Am nächsten Morgen hilft uns der Inhaber des Guesthouses. Er bringt uns zum Dorfschlosser, erklärt ihm den Notfall, steht den ganzen Vormittag als Übersetzer zur Verfügung und tut alles mit einem lapidaren „Das ist doch selbstverständlich" ab. Es ist eben seine Aufgabe, seinen Gästen zu helfen. Tolle Einstellung, finden wir. Der Dorfschlosser geht die Aufgabe professionell an, diskutiert mit Kai ein paar Verbesserungsvorschläge, die er mangels Papier einfach an die Wand malt. Und dann geht es ans Reparieren: Drehen, Schweißen, Feilen, Festziehen, fertig.

Als das Ritzel abgesprungen war, wurde auch die Kette in Mitleidenschaft gezogen. Bei der Testrunde am Rakaposhi hat sich die Kette zwischen Hinterrad und Schwinge verfangen. Dabei hat sie sich verdreht.

Hatten wir schon gesagt, dass wir in Deutschland so etwas nicht mehr reparieren würden, sondern einfach wegschmeißen? Nun ja, hier in Gilgit gibt es halt keine Ersatzkette. Daher nehmen zwei starke Gehilfen die Kette in die Mangel und biegen sie wieder gerade. Und das wird halten. Bis Thailand hoffen wir!

Endlich geht es wieder los. Es ist ein besonderer Tag, denn heute ist Nationalfeiertag. Gestern haben wir uns auf dem Markt mit einer Pakistanflagge ausgestattet, und am Moped flatternd im Fahrtwind kommt sie richtig gut an.

Unser Dreher bei der Arbeit. Man beachte seine Berechnungen an der Wand.

Um das Glück nicht zu sehr herauszufordern, haben wir meine Maschine in Madina's Guesthouse stehen lassen und fahren nun mit einer Maschine und kleinem Gepäck weiter. Es geht früh los, das erste Stück kennen wir ja schon. Als wir beim Schmied vorbeifahren, der uns so herzlich Erste Hilfe geleistet hat, winken wir. Nun geht es an ein neues Stück KKH. Mal schauen, ob es nun ohne Pannen weitergeht.

Es geht durch das Hunza-Tal. Es wundert mich nicht, dass es schon 1933 James Hilton zu seinem Roman „Lost Horizon" inspiriert hat, in dem er das mystische Tal Shangri-La beschreibt. Zwischendurch halten

71

wir an, um ein paar frisch gepflückte Aprikosen, die die Kinder hier an der Straße verkaufen. Sie sind köstlich und es macht Spaß mit den Kindern zu sprechen, soweit das möglich ist. Keiner von ihnen kann englisch sprechen, aber Zeichensprache geht. Und das Strahlen auf dem Gesicht des kleinen Aprikosenverkäufers ist großartig, hat er sich doch 10 Rupien verdient und den Handschlag eines fremden Motorradfahrers überlebt.

Als wir um eine Kurve herumgesäbelt kommen, steht er auf einmal vor uns, der Rakaposhi (Mutter des Nebels), 7788 m hoch, schneebedeckt und in Wolken gehüllt. Hier, unterhalb der Nordwand, machen wir in einem kleinen Restaurant Mittagspause. Wir haben freien Blick auf den Gletscher und schauen fast ununterbrochen den Berg hinauf. Wir sind schier gefesselt von dem Anblick. Dass der freundliche Restaurantbesitzer uns fragt, ob wir das Problem mit dem kaputten Motorrad gelöst haben, zeigt uns, dass der Dorffunk funktioniert und auch die kommenden Dörfer haben schon von uns gehört.

In Sost, dem letzten Dorf vor der chinesischen Grenze, suchen wir uns ein Zimmer für die Nacht. An der Tankstelle gibt es kein Benzin, da sich der Tankwagen verspätet hat. Es wundert uns nicht. Aber der Hotelwirt fragt herum und so kann Kai fünf Liter aus den privaten Beständen eines ortsansässigen Händlers ergattern. Reisen in Pakistan ist halt immer wieder eine Herausforderung.

Und dann geht es zur Schlussattacke. Wir fahren hoch zum Khunjerab-Pass auf 4800 m. Wir haben uns ordentlich warm angezogen, aber 10 Grad Außentemperatur sind wir einfach nicht mehr gewohnt. Den fetten hellbraunen Murmeltieren scheint das gar nichts auszumachen.

Selbst das heransausende Motorrad veranlasst sie kaum, die Straße etwas schneller zu kreuzen.

Die Chinesen sind schon ein lebensfrohes Völkchen.

Auf der Passhöhe an der chinesischen Grenze fotografieren wir die wild fotografierenden Chinesen. Den kurzen Gedanken, die 7000 Kilometer bis Peking einfach weiterzufahren, verwerfen wir schnell, der Wind ist zu kalt. Auch die letzten 500 Kilometer bis Kashgar wollen wir nicht versuchen, wir würden eh nicht über die Grenze kommen. China lässt einen nicht so einfach mit eigenem Reisegefährt einreisen. Wenn wir einen Guide nehmen würden, der uns 200 US-Dollar am Tag kosten und die genaue Strecke im Vorhinein festlegen würde, ließen die Grenzer sich mit sich reden. Aber das ist nicht unsere Art zu reisen und so freuen wir uns, unseren ersten Eintrag in unser persönliches Guinnessbuch machen zu können. Wir stehen an dem höchsten befestigten Grenzübergang der Welt. Den höchsten Pass können wir noch nicht eintragen, aber vielleicht schaffen wir das auf der indischen Seite des Himalajagebirges.

Da der Pass das Ziel war, geht es ohne großen Zwischenhalt wieder herunter. Die 270 Kilometer bis Gilgit wollen wir in einem Stück schaffen. Es ist herrlich klares Wetter und wir halten immer wieder an, um die Berge anzuschauen. Sonnenuntergang am Rakaposhi, diesmal ohne Wolken, was ganz selten ist, wie wir später erfahren. Kai fotografiert sich fast einen Wolf.

Erst nach Einbruch der rabenschwarzen Nacht erreichen wir wieder Gilgit. Total müde, aber glücklich über so einen gelungenen Ausflug trinken wir noch einen Tee. Alkohol zum Feiern gibt es in einem ordentlichen muslimischen Guesthouse nicht.

Gern würden wir noch länger bleiben und die außergewöhnliche Atmosphäre in Gilgit genießen. Abends sitzt eine Gruppe Wanderer mit uns am Tisch, die vom K2-Basecamp zurückgekehrt sind. Sie sehen müde und ausgezehrt aus. Aber das Strahlen in den Augen, wenn sie von der Tour erzählen, sagt mir, dass ein paar ordentliche Butterbrote die Anstrengung schnell vergessen lassen. Ob wir auch noch einmal hierher zurückkommen können, um diese Drei-Wochen-Tour zu wandern?

Leider lässt uns unser Visum keine Wahl, wir müssen weiter bergab fahren. Und mein Motorrad verursacht doch einiges Herzklopfen am

Morgen. Hält Kais Konstruktion? Ich fahre übervorsichtig, immer auf der Suche nach einem verdächtigen Geräusch. Aber es hält. Toi, toi, toi.

Die Straße ist größtenteils o. k., so läuft es ganz gut. Zwischendurch noch ein kleiner Halt, um den Nanga Parbat anzuschauen. Er ist nur von einer Stelle entlang des KKH gut zu sehen, ein kleines handgeschriebenes Holzschild weist die Richtung, keine Aussichtsplattform, kein Fernglas, wir sind ja auch nicht in den Alpen. Er wirkt nicht so beeindruckend wie der Rakaposhi, hat es aber faustdick hinter den Ohren oder besser Flanken. Er ist einer der schwierigsten Achttausender. 1939 wurden Heinrich Harrer und Peter Aufschnaiter auf dem Rückweg ihrer Erkundungsexpedition von den Ereignissen des Zweiten Weltkrieges eingeholt und, da sie sich auf indischem und somit britischem Territorium befanden, interniert. Dies ist der Beginn des weltberühmt gewordenen Buches „Sieben Jahre in Tibet" von Heinrich Harrer.

Weiter geht es abwärts und es wird immer wärmer. Vom Tal weht ein heißer Wind hoch und es ist bald wie Fahren im Heißluftofen. Wir machen wieder öfter Pause, um zu trinken und eine Kleinigkeit zu essen. Ein Trinkrucksack mit Schlauch, der direkt in den Helm führt, wäre jetzt auch nicht schlecht. Aber dann hätten wir nicht einfach an der Straße haltgemacht, und den alten Mann, der mit seinen Ziegen an der Leine die Straße hochkommt, gegrüßt. Erst schaut er sehr ernst, seriös und uninteressiert. Aber dann nicken wir und heben die Hand zum Gruß, da bricht es aus ihm heraus. Ein strahlendes Grinsen breitet sich auf seinem Gesicht auf und er zeigt uns seine zahnpastareklameweißen Zähne. Er kommt zu uns herüber und wir unterhalten uns. Nun ja, wir versuchen es wieder einmal mit non-verbaler

Kommunikation, da er kein Englisch und wir kein Urdu sprechen. Aber es klappt auch so. Indem er einen Stein hochnimmt, auf den Helm damit klopft und fragend in den Berg hoch schaut, fragt er uns, ob wir die Helme wegen des Steinschlags tragen. Kais simulierter Unfall mit Aufprall auf dem Boden soll ihm klar machen, dass der Helm vor einem Unfall schützen soll. Ob sein herzliches Lachen Zustimmung oder Spaß über die Pantomime ist, wissen wir nicht. Aber wir haben Kurzweil, er im Dorf was zu erzählen und zum Schluss dürfen wir noch ein Foto machen, bei dem wir heute noch lächeln müssen.

Das letzte Stück KKH ist sehr anstrengend. An manchen Stellen sehen wir Steinklopfer am Straßenrand sitzen. Hier werden die Steine noch per Hand zerkleinert, um damit anschließend die Straße zu reparieren. Wir erwischen einige Schlaglöcher frontal, was direkt bis unter die Schädeldecke durchschlägt. Die letzten 20 Kilometer fahren wir wieder im Dunkeln. Absolute Vorsicht ist angesagt. Ungesicherte Lkws stehen am Straßenrand. Steine und Schlaglöcher lassen sich nur schwer erkennen. Und immer wieder sind Menschen auf der Straße, die noch nicht mit reflektierendem Material ausgerüstet sind.

Das war er nun, der Karakorum-Highway. Die letzten Tage waren interessant. Wir sind fast die gesamte Strecke des pakistanischen Teils des KKH abgefahren, ein gewaltiger Trip. Das Wort Highway vermittelt allerdings ein falsches Bild. An sich ist es eine zweispurige Landstraße, die an manchen Stellen auch mal einspurig werden kann, je nach Wetter- und Steinschlaglage. Sehr unterschiedliche Landschaften haben wir gesehen, tropisch grün unten, Sand- und Steinwüste zwischendurch, Hochebenen gespickt mit Oasen, Felsen unterschiedlichster Form und Farbe weiter oben. Auch die Menschen sind sehr unterschiedlich. Mindestens ein Dutzend Volksgruppen mit unterschiedlichen Sprachen leben hier.

Den Abschluss feiern wir in Islamabad. Wir feiern mit Ian den KKH und Pakistan, das wir das alles in der kurzen Zeit geschafft haben und dass sich all unsere Ängste und Sorgen in Luft aufgelöst haben. Ian arbeitet beim British Council (das englische Pendant zum Goethe Institut) in Islamabad und er ist eine nicht ganz typische Reisefreundschaft. Auf dem Hinweg sitzen wir in Besham im Restaurant und essen zu Mittag. Da kommt ein junger Mann hereingesprungen, fragt uns, ob wir Englisch sprechen, und planen nach Islamabad zu fahren. Wir bejahen und so gibt er uns seine Visitenkarte mit dem Kommentar, dass er auch ein Motorrad besitzt, leider nur sehr wenig Zeit hat, aber wir sind herzlich eingeladen bei ihm zu übernachten, wir sollen vorher nur kurz anrufen. Das hat alles keine fünf Minuten gedauert, und wir konnten kaum etwas erwidern. Aber wir haben die Karte gut aufbewahrt. Und so rufen wir ihn kurz vor Islamabad an. Wir sollen kommen, er ist gerade nicht da, aber sein Wächter weiß Bescheid.

So kommen wir in Islamabad an, und werden vom bewaffneten „Hausmeister", den in diesem Wohnviertel jeder hat, begrüßt. Kaum haben wir die Motorräder abgestellt, kommt Ian heim, er hat einen Ausflug auf seinem Moped gemacht. Die erste offizielle Handlung ist der Begrüßungshandschlag, die zweite der Gang zum Kühlschrank und das Öffnen der Bierflaschen. Ist zwar holländisches Schädelpils, aber nach drei trockenen Wochen sind wir nicht mehr so wählerisch. Nach dem Bier und dem ersten Abklären der Reisedaten (woher, wohin, wie lange, wie toll!) planen wir den Abend. Wir werden in ein italienisches Restaurant gehen. Ein Gläschen Wein wäre auch nicht schlecht, so nimmt Ian eine Flasche mit und gibt sie dem Kellner versteckt an der Eingangstür des Restaurants. Ian grinst, so geht das halt in Expert-Kreisen.

Am nächsten Morgen verabschieden wir uns und sind wirklich traurig. So gern hätten wir noch ein paar Tage hier verbracht und noch mehr von Ian über das Land und seine Leute erfahren. Aber das Visum treibt uns an. Wie gesagt, beim nächsten Mal …

Ulrike

Begegnungen im Swat-Valley

"Mein Mann ist ein Lügner!" Das sind harte, aber deutliche Worte aus dem Mund der zierlichen Frau. Ich hatte doch nur gefragt, ob es stimmt, was ihr Mann über das Leben der Frauen in Pakistan erzählt hat.

Aber fangen wir vorne an. Als Kai und ich in Pakistan einreisen, fällt uns als Erstes auf, dass so gut wie keine Frauen auf den Straßen zu sehen sind und wenn dann nur verhüllt durch die Burka. Die muss zwar nicht unbedingt schwarz sein, weiß gibt es auch ein paar Mal zu sehen, aber verhüllt bleibt verhüllt. Im Swat-Valley, in der North-West Frontier Provinz treffen wir auf Hassan, einem Pakistani, der seit 20 Jahren in England lebt und gerade 6 Wochen in seinem Heimatort ist, um dort sein Arztpraktikum zu absolvieren. Er lädt uns zu sich ein, was in dem Augenblick nicht nur unser Hotelsuchproblem löst sondern uns auch einen sehr guten Einblick in das pakistanische Leben abseits der Motorradrouten ermöglicht. Wir werden zwei Tage lang bestens umsorgt und Hassan und sein Cousin Nasser stehen uns Rede und Antwort.

Ja, und warum sehen wir nun keine Frauen auf der Straße? Die Antwort für den nordwestlichen Teil Pakistans ist recht einfach. Dort ist das Leben stark von den Stammesriten geprägt. Es ist die Aufgabe der Männer, ihre Frauen vor Belästigungen zu schützen. Und das geht am einfachsten, indem der Mann sie ins Haus verbannt. Die Männer gehen zur Arbeit, einkaufen, auf einen Tee. Die Frauen gehen ... nirgendwohin. Wenn sie aus einer vermögenden Familie sind, können sie mit dem Chauffeur auch mal zu einer Freundin fahren und dort im Haus Tee trinken und ein wenig plauschen. Es gibt Schulen und Universitäten für Frauen und es soll sogar praktizierende Ärztinnen geben. Uns wurde mehr als einmal versichert, dass die Frauen nicht unterdrückt, sondern beschützt werden. Auch sind die Frauen es ja auch von klein auf gewöhnt und empfinden es als angenehm, nicht in die feindliche Männerwelt hinaus zu müssen. So die Aussage von unserem Gastgeber. Als Frau habe ich sogar das Privileg, seine Ehefrau zu besuchen, die sich im Haus ihrer Eltern aufhält. Kai muss außen vorbleiben, da nur die Männer der engsten Familie, also Vater, Brüder und Söhne Zugang haben.

Und dort sitzen die Damen und schwatzen. Gerade ist ein wenig Zeit. Später muss das Abendbrot zubereitet werden. Nur mit einem Holzfeuer keine leichte Aufgabe. Gasleitungen sollen in den kommenden Jahren verlegt werden, dann wird dieser Teil der Hausarbeit ein wenig leichter. Wenig Kommunikation ist möglich, da nur Hassans Frau Englisch spricht. Die anderen schauen mich nur an. Ob ich wirklich mit dem Motorrad fahre? Ob das überhaupt geht als Frau? Wie mir Pakistan gefällt? Wie die Männer mich behandeln? Und dann werden die Damen langsam offener. Sie beneiden mich und wünschten sich auch so "frei" zu sein. "Wir sind die ärmsten Frauen der Welt. Wir können nicht raus und sitzen den ganzen Tag hier nur rum." Aber Hassan hat doch gesagt, die Frauen wollen es gar nicht anders und dass sie daran gewöhnt sind? Nur in der Deutlichkeit verwundert mich die Antwort: "Mein Mann ist ein Lügner! Wir würden gern rausgehen, einen Beruf haben, aber die Männer lassen uns nicht."

Wir dachten, dass die Frauen im Iran schon ein hartes Leben haben. Aber dort hatten wir doch das Gefühl, das sie fast gleichwertig am öffentlichen Leben teilnehmen. Sie arbeiten in der Bank, in der Verwaltung, sind als Nachrichtensprecherinnen im Fernsehen zu sehen. Immer nach Vorschrift gekleidet, aber doch präsent. Dass Pakistan so viel schlimmer ist, hatten wir nicht erwartet. Und wir haben nur einen sehr kurzen Einblick in die Gesellschaft nehmen können. Die Stammesriten, besonders der Paschtunen, sind so streng, da ist ein Abweichen nur schwer möglich. Gern würde Hassan seiner Frau ermöglichen, in England zu studieren. Aber was würde die Dorfgemeinschaft daheim in Pakistan denken? Natürlich könnte sich Kai mit seiner Frau unterhalten, wenn sie in England wären. In Pakistan einen Mann in das "Frauenhaus" zu lassen ist undenkbar. Das hat überhaupt nichts mit dem Koran zu tun. Das ist eine Frage der Ehre.

Eine Frage der Ehre ist es auch, alte Traditionen hochzuhalten. Und dazugehört hier auch das Tragen von Waffen. Wir finden es nach kurzer Zeit nicht mehr ungewöhnlich, dass besonders abends viele mit geschultertem Gewehr rumlaufen. In einem Land, wo noch die Blutrache praktiziert wird, muss man eben gewappnet sein. Es ist hier eine andere Welt, eine Welt, die Europäer des Mittelalters vielleicht sofort verstehen würden. Wir tun uns zu Anfang ein wenig schwer. Aber je länger wir uns mit Hassan und Nasser über die Paschtunen unterhalten, umso mehr verstehen wir bzw. können wir nachvollziehen.

Im Land der Paschtunen sieht man keine Frauen auf der Straße.

Wir sind überwältigt von der Freundlichkeit und Gastfreundschaft der Menschen hier, hatten wir doch eher ein unfreundliches und ungastliches Land erwartet. Oft werden wir eingeladen und immer freundlich und mit Respekt behandelt. Neid haben wir keinen gespürt, eher Bewunderung, dass wir so weit mit unseren Motorrädern gefahren sind. Wenn wir im Norden von Paschtunen umringt sind, alle groß, dunkel, vollbärtig, mit schwarzen Tüchern um den Kopf geschlungen, ist das schon zu Anfang ein wenig beängstigend. Und dann steht einer von den Jungs, der fast einen Kopf größer ist als Kai, vor uns und lädt uns zu sich ein. Es ist, als ob einem Darth Vader (der Böse bei "Krieg der

Sterne") zur Pizza einlädt. Aber immer wieder machen wir die Erfahrung, dass unser Grüßen und Winken mit einem breiten und strahlenden Lachen erwidert wird. Spricht niemand Englisch, um uns zu helfen, wenn wir eine Frage haben, wird so lange gesucht, bis jemand gefunden wird, der uns antworten kann.

Mehr als einmal werden wir gefragt, wie wir zu den USA und dem Islam stehen. Zwei Hardliner versuchen uns, in eine Diskussion zu verwickeln und uns zu "überzeugen". Aber wir haben unsere Hausaufgaben gemacht und wissen zu antworten. Am besten können wir punkten, wenn wir ihnen deutlich antworten, dass wir Christen sind und dass das heißt, dass wir den gleichen Gott haben, wir nennen ihn Gott, sie Allah. Wir glauben, dass Jesus Gottes Sohn ist, sie glauben, dass Jesus einer der Propheten ist, aber Mohammed eben der letzte der Propheten. Unglaublich, aber wahr, aufgrund dieser Argumentation werden wir in Ruhe gelassen, bzw. sogar zum Tee eingeladen. Wir haben in Pakistan viel gelernt, besonders über unsere eigene Religion.
Es ist uns unterwegs deutlich geworden, dass für viele Moslems hier die Religion das Wichtigste im Leben ist, sie steht an erster Stelle, sie bestimmt das tägliche Leben. Etwas was für die westliche Zivilisation oft unverständlich ist.

Aber dann sind da ja auch noch die Stammesregeln, die, so scheint es uns, genauso wichtig sind. In Pakistan gibt es Gegenden, Tribal Areas (Stammesgebiete), auf die die Regierung (Polizei und Verwaltung) fast keinen Zugriff hat. Dies ist lange Tradition, schon unter den Engländern lebten einige Stämme unter Selbstverwaltung. Die Straßen, wie zum Beispiel der Khyber-Pass zwischen Pakistan und Afghanistan, standen unter zentraler Verwaltung. Rechts und links der Straße, konnten die Stämme tun und lassen, was sie wollten. Das haben sie unter den manchmal mehr, manchmal weniger demokratischen Regierungen Pakistans beibehalten können. Allerdings darf man sie sich nicht als bedrohte Völker vorstellen, die versuchen, in traditioneller Weise weiterzuleben. Das sind keine ethnischen Minderheiten, für die Rüdiger Nehberg über den Ozean paddeln muss. Manche Stämme sind schlicht weg Banditen und Wegelagerer, die sich gar nicht unter die Gesetze des Staates unterordnen wollen, weil sie dann ihrem einträglichen Geschäft des Kidnappings und Drogenhandels nicht mehr nachgehen können. Würde die Regierung versuchen, diese Gebiete zu "beherrschen", würde es wahrscheinlich zum Bürgerkrieg kommen.

Aber davon bekommen wir nur wenig mit. Wir als Ausländer werden umhegt und umpflegt. Besonders wenn uns jemand gegenübersteht, mit der doppelläufigen Schrotflinte über der Schulter und betont: "It's totally safe here!", sind wir totally beruhigt.

Ulrike

Die ersten drei - kleine Philosophie des Weltreisens

Handcreme aus Rumänien, Rasiercreme aus Bulgarien, Deo aus der Osttürkei, Zahnpasta aus Pakistan. Langsam greift die Veränderung um sich. Für uns ist es ein Herübergleiten in neue Dimensionen. Allerdings nicht mit Warp 9 sondern mit langsamer Schleichfahrt. In Osteuropa haben wir uns langsam von westlichen Standards verabschiedet. Ab dem Osten der Türkei haben wir eindeutig die Touristenpfade verlassen. In Pakistan sind wir Menschen begegnet, die auf den ersten Blick so wirken, als ob sie regelmäßig bei ARD und ZDF in den Abendnachrichten auftreten. Und wir stehen ihnen gegenüber und haben noch nicht einmal Angst.

Mehr als einmal haben wir voreinander gestanden und uns klar machen müssen: Hey, wir fahren durch die Wüste im Iran; hey, wir stehen mitten in Pakistan. Kein Kulturschock, kaum Anpassungsprobleme.

Anstrengend waren die ersten 3 Monate schon. Die Bürosesselentwöhnung ging einmal durch den ganzen Körper. Schultern, Rücken, Po, Beine, Füße, alles tat schon weh, einiges immer noch. Auch der Kopf musste ganz schön leiden. Alte Gewohnheiten hinter sich zu lassen, ist nicht immer einfach. Reisen mit möglichst kleinem Gepäck auch nicht. Ein neues T-Shirt können wir nur kaufen, wenn wir ein altes aussortieren. Ständig müssen wir uns um die Ausrüstung kümmern und doch wird alles dreckig. An uns geht die Anstrengung nicht spurlos vorbei, der Wohlstandsspeck verschwindet. Das ist gut. Dass wir uns sogar schon angeschrien haben, ist nicht gut, aber wohl nicht ungewöhnlich. Geholfen hat es aber auch nicht. Schön ist, dass in Momenten, in denen wir nicht wirklich weiter wissen oder mit den Nerven ziemlich am Ende sind, immer wieder Menschen auftauchen, die wirkliche Lichtblicke sind.

- Der Tankwart in der Türkei, der wohl gesehen hat, dass meine Magenverstimmung mich ziemlich mitgenommen hat und mir reichlich von seinem Mittagessen in die Hand drückt. Ich bin zu ausgelaugt, um höflich abzulehnen.
- Der pakistanische Arzt, der uns sein Gästehaus anbietet, als wir in Swat-Valley partout kein Hotel finden.
- Der englisch sprechende Museumsdirektor im Iran, der uns in der Pilgerherberge neben der Moschee für eine Nacht unterbringt und uns damit eine Nacht in einer wahrhaft spirituellen Atmosphäre ermöglicht.
- Der iranische Autofahrer, der uns beide küsst und uns ein Bonbon schenkt, weil wir ihm mit 5 Liter Benzin ausgeholfen haben.

Die vielen Menschen, die uns immer wieder Essen, Tee und freundliche Worte geben und uns ungefragt nicht nur ihre Hilfe anbieten, sondern auch manchmal kilometerweit vor uns herfahren, um uns den Weg zu zeigen. Wir sind offen gegenüber den Menschen und bekommen viel mehr zurück, als wir geben können. Eine schöne Erfahrung.

Es ist eine Reise durch die Geschichtsbücher der Schulzeit. An Vieles erinnern wir uns, allerdings nicht an alle Details. Aber es gibt ja das Internet. Wir erleben Geschichte und Weltpolitik hautnah. Manches stellt sich anders dar, wenn wir mit den Leuten vor Ort sprechen. Kurdistan, Afghanistan, Pakistan, Kaschmir: Wir sehen die Menschen und wie sie leben. Das wirkt anders als die Reportagen im Fernsehen.

Auch die Erdkundebücher aus der Schulzeit haben bei uns einige Erinnerungen hinterlassen.

Wir wussten, dass wir in der Wüste ein Wadi durchquert haben (heißt es der, die oder das Wadi?), dass Sanddünen durch die Wüste wandern und auch vor Straßen nicht haltmachen (wollte Kai mit Schwung nehmen, ging fast daneben), dass Erdrutsche im seismografisch sensiblen Karakorum nicht selten, aber trotzdem ganz schön gefährlich sind, dass die Kollision der kontinentalen indischen mit der kontinentalen eurasischen Platte vor ziemlich langer Zeit, so ca. 50 Mio. Jahren, den Himalaja haben entstehen lassen und wir noch heute von der Schönheit und Vielfältigkeit der Gebirgsformationen begeistert sind.

Das Motorradfahren ist anders geworden. Es geht nicht darum, Kilometer abzureißen und so durch die Kurven zu kommen, dass die Fußrasten Funken sprühen. Wir fahren langsamer. Die Idee, die gleiche Tour mit einem Käfer-Cabrio zu machen, haben wir schnell verworfen, zwar auch gute Rundumsicht, aber nicht cool genug. Die Motorräder sind für uns die richtige Art der Fortbewegung. Besonders wenn wir noch einem längeren Aufenthalt wieder unsere sieben Sachen aufpacken und losfahren, ist es schon ein einmaliges Gefühl, wieder durch die Kurven zu schwingen: als ob einem ein Engelchen übers Herz pillert.

Ein paar Dinge bleiben konstant. Oder sollen wir besser sagen, Dinge, denen wir einfach nicht entkommen? Pepsi, Coca Cola, Nivea, Maggi, Nestle und Danone treffen wir überall. Es gibt kein Entrinnen.

Kai

Goodbuy Grau

Wir kämpfen uns über die viel befahrene Straße von Islamabad nach Lahore, um zur internationalen Grenze zwischen Pakistan und Indien bei Wagah zu gelangen. Wir fahren früh los, ziehen immer ordentlich am Gas und schaffen die 400 Kilometer doch nicht bis 15:30 Uhr. Denn dann wird das Grenzbüro geschlossen und alles bereitet sich auf die rituelle Grenzschließung vor. Ade, du letzter Visumstag! Wir checken im Niagara Falls Hotel ein, dem einzigen Hotel hier an der Grenze. Wir bekommen ein schlichtes, stickiges Zimmer mit Bad und Toilette, die selbst für den abgehärteten Weltreisenden grenzwertig sind. Aber gut, so können wir wenigstens abends noch die Flaggenzeremonie auf der pakistanischen Seite bewundern.

Kurz vor Sonnenuntergang versammeln sich auf pakistanischer und indischer Seite jeden Tag Tausende von Menschen, um dieser Zeremonie beizuwohnen. Auf der pakistanischen Seite werden wir schön nach Frauen und Männern getrennt, auf indischer Seite ist alles bunt gemischt. Der Pakistani neben mir fragt mich zu meiner Verwunderung, ob ich Christ sei, denn er ist auch einer und das verbindet. Kaum haben wir dieses verbundene Gefühl aufgebaut, da fangen die Mengen hier und auf der anderen Seite der Grenze an, sich mit Pakistan- und Hindustan-Rufen gegenseitig zu übertreffen. Das martialische Knallen der Hacken auf den Asphalt, das symbolische Schließen der Tore und das Einholen der Fahnen wird auf beiden Seiten synchron und seit Trennung beider Staaten 1947 unverändert mit stolzer Theatralik vorgetragen.

Auf beiden Seiten werden die Befehle gebrüllt, um den anderen zu übertönen. Die Gardesoldaten lassen die Beine fliegen wie bei uns die Funkenmariechen. Allerdings ist dies hier nicht Karneval in Köln-Nippes sondern purer Ernst zweier verfeindeter Staaten. Das Schließen der Tore ist kein ein einfaches „ins Schloss fallen lassen". Auch hier übertreffen sich die Soldaten damit, wer seine Seite am stärksten zuknallen kann. Dann kommt erst die dicke Eisenkette, dann das große Vorhängeschloss, und die Grenze ist geschlossen.

Am nächsten Morgen sind wir erleichtert, als wir keinen Ärger wegen unserer mal wieder überzogener Transit-Visa bekommen. An dem Grenztor halten wir schnell noch mal an, um ein Foto mit dem Pakistanischen und dem Indischen Grenzsoldat zu machen, die sich jetzt gar nicht mehr feindlich geben.

So verabschieden wir uns vom gastfreundlichen Grau Pakistans und tauchen in den Trubel Indiens ein. Aber auf den ersten Kilometern bis Amritsar ist nichts los auf den Straßen. Kein Wunder, denn zwischen beiden Staaten gibt es seit 2003 keinen Grenzverkehr. Nur Ausländer dürfen diesen einen Grenzübergang benutzen. Im Amritsar, unserer ersten indischen Millionenmetropole, wird uns dann klar, was in Pakistan gefehlt hat: Frauen und Farbe.

Sie sitzen mit ihren bunten Saris und wehenden Schals auf ihren Motorrollern und schlängeln sich elegant durch den pulsierenden Verkehr. Viele fahren selbst, manche sitzen züchtig im Damensitz hinter dem Fahrer. Und keine muss sich mehr verstecken.

Von so viel Trubel und Farbe ganz benebelt, ziehen wir uns zurück in Mrs. Bhandari's Guesthouse. Wir haben das Gefühl, dass der Commonwealth immer noch lebt, hier scheint die Zeit stehen geblieben zu sein. Eines der wenigen Male in Indien bauen wir hier im Garten unser Zelt auf. Von hier machen wir uns mit dem Land vertraut. Tagsüber lassen wir uns mit einer Rikscha durch die Stadt fahren, um mal wieder die ersten Besorgungen wie Geld tauschen und Haare schneiden zu erledigen.

Abends geht es dann zurück hinter die hohen Mauern des Guesthouses, die so wunderbar den Dreck und den Krach draußen lassen. Eine kurze Dusche, und der Abend wird mit einem Bierchen im Pool eingeläutet. Indien, du kannst kommen.

Kai

Manali - Leh, vier Tage geschüttelt und gerührt

Seit Tagen regnet es in McLeod Ganj, dem kleinen buddhistischen Touristennest am Fuße des Himalajas, Sitz des Dalai Lama im Exil. Wir liegen in unserer kleinen Furzfalle im Guesthouse des Tse Chok Ling Klosters und planen unseren Trip nach Leh im äußersten Nordwesten Indiens. Hier liegt das alte Königreich Ladakh mitten im Himalaja.

Um dorthin zu kommen, müssen wir von Manali fast 500 Kilometer durch Steinwüsten und über mehrere 5000 Meter hohe Pässe fahren. 15 Liter Benzin müssen wir zusätzlich mitnehmen. Dafür brauchen wir einige Kanister. Doch die Suche danach gestaltet sich jedenfalls in Amritsar eher schwierig. Wir benötigen fast einen ganzen Tag, um drei Plastikkanister zu erstehen. Davon geht der erste schon kaputt, als er mir versehentlich ohne Inhalt auf den Boden fällt. Schnell noch einige Rupien von der Bank geholt und ein paar Essensvorräte gebunkert, dann kann das Abenteuer starten.

Das Asphaltband schlängelt sich durch Pinienwald zum Rohtang Pass hinauf. Die Straße klebt am Fels. Immer wieder fällt der Blick zurück ins Tal. Wolken ziehen von Manali herauf und vernebeln die Sicht. Auf der Passhöhe (3975 m) machen wir nur kurz Halt, zu ungemütlich ist es hier oben im Nebel. Dann geht es hinab in das Chandra Tal. Nach gut 100 Kilometern erreichen wir Tandi, dem letzten Tankstopp vor Leh. Wir übernachten in Keylong (3350 m), dem letzten nennenswerten Dorf auf unserem Weg mit Hotels, Restaurants und Satellitenfernsehen.

Kurz hinter Manali und dieser Schafherde geht es hoch zum Rohtang Pass.

An unserem zweiten Tag regnet es und es sieht nicht so aus, als wenn dieser Regen schnell vorüberziehen würde. Wir legen unser Regenzeug an und holen die warmen, wasserdichten Handschuhe aus dem Koffer, die dort schon seit Wochen auf ihren Einsatz warten. Ulrikes Maschine zeigt erste Symptome von Atemnot: Das Benzin-Luftgemisch ist zu fett eingestellt. Für die Ebene ist die Vergasereinstellung , obwohl auch hier der Verbrauch schon im Verlauf unserer Reise um etwa 15 % angestiegen ist.

Hier oben auf über 3000 m stehen wir nun im Regen und versuchen, durch Drehen einiger Schrauben am Vergaser das Problem zu lösen.

Erst das Reinigen der pechschwarzen Zündkerzen bringt etwas Besserung, auch stimmungsmäßig.

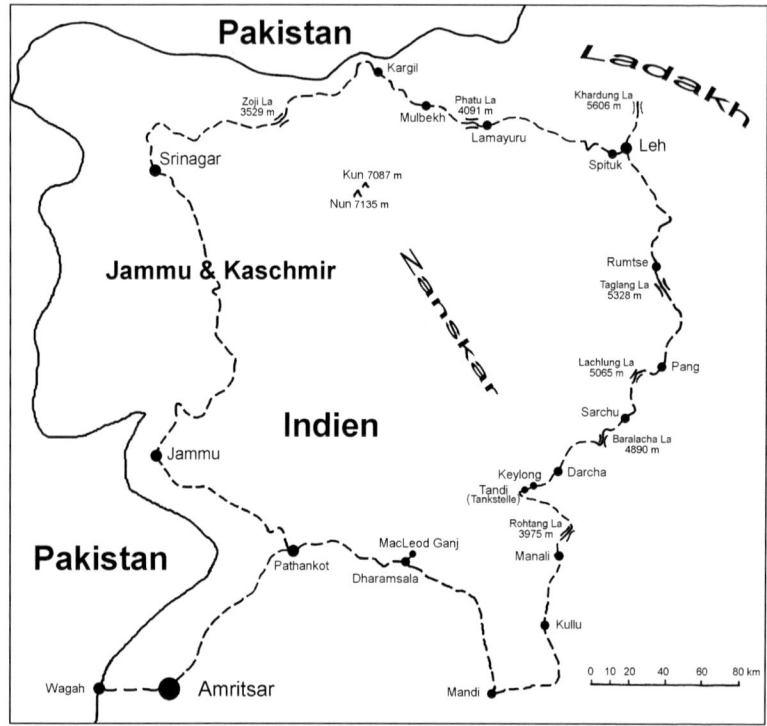

Durch den stundenlangen Regen haben sich große Staubfelder in Schlammlöcher verwandelt. Dank der Enduroreifen und dem festen Untergrund meistern wir diese Stellen ganz gut. Auch die bis zu einem halben Meter tiefen Flussdurchfahrten lassen uns im wahrsten Sinne des Wortes kalt.

In Darcha, einer kleinen Ansiedlung einfacher Zelt-Restaurants, treffen wir Evelyn und Hans aus unserer Heimatstadt Hilden, die ihren 21-tägigen Treck gerade beendet haben. Es ist ein großes Hallo und ein ungläubiges Staunen, dass man soweit mit dem Motorrad fahren kann. Wir dagegen staunen, wie man 21 Tage in dieser Höhe wandern kann. Ich kann bei Ulrike punkten, als ich mit einem Paar trockener Wollsocken aus einheimischer Produktion ankomme.

Wir nähern uns dem Baralacha La (4897 m). Bedrohlich tief hängen die Wolken, und Graupelschauer lassen die Fahrt so richtig ungemütlich werden. Das kalte Wetter erinnert uns daran, dass die Pässe hier nur noch bis Ende Oktober geöffnet sind. Aber es kann auch vorkommen, dass schon Mitte September nichts mehr geht. Zu viel Schnee und eisige Temperaturen machen diese Straßen nur von Juni bis September problemlos passierbar.

Wir übernachten in der Hochebene von Sarchu auf 4500 m Höhe. Hier können wir endlich die ersten Sonnenstrahlen genießen. Auf halber Strecke zwischen Manali und Leh gelegen, haben sich hier etliche Zeltdörfer etabliert. Für 300 Rupien (umgerechnet 6 Euro) pro Person, lassen wir unsere Campingausrüstung eingepackt und genießen die Halbpension. Immer mal wieder in Atemnot spüren wir, dass wir bei Weitem noch nicht ausreichend akklimatisiert sind. In dieser Höhe wird es nachts sehr kalt und der Wind pfeift durch die Zeltritzen. Jetzt rächt sich, dass wir unser kleines Zelt verschmäht haben. Aber wir waren einfach zu bequem.

Morgens nehmen wir schnell ein kleines, einfaches Frühstück, reinigen den Kühler der kleinen Maschine vom aufgesammelten Dreck des Vortages und geben Gas auf der nun schnurgeraden Straße. Doch über 60 km/h kommen wir kaum hinaus, da wir sonst seekrank werden, wenn wir schneller fahren. Uns wundert das nicht, als wir sehen, dass die Straße praktisch in Handarbeit entsteht: Heerscharen von Arbeitern klopfen und verlegen Steine, kochen Asphalt und teeren mit Harken das 10 cm dicke schwarze Band. Immer wieder sehen wir auch kleine Trupps, die die Schlaglöcher reparieren, ebenso in Handarbeit und völliger Hingabe.

Wir genießen unsere langsame Reisegeschwindigkeit. Wer will schon so rasen wie die Jeeps und Busse, wenn sich doch immer wieder ein neuer, atemberaubender Blick auf diese karge Bergwelt Ladakhs eröffnet. Wir halten oft an, um Fotos zu machen oder einfach nur um den Ausblick zu genießen. Wir können unser Glück schlichtweg kaum fassen.

Wir erreichen ein Teilstück mit 21 Spitzkehren, ein Geschenk für jeden Motorradfahrer. Ulrike Maschine nimmt jedoch kein Gas mehr an, das alte Problem holt uns wieder ein. Wir packen alles ab. Das Reinigen der total verrußten Zündkerzen sowie des Luftfilters bringen etwas Linderung. Während wir so unter den Motorrädern liegen, passiert uns ein Konvoi von mindestens 50 Militär-Lkws und nebelt uns mit ihren Dieselabgasen ein: Pseudokrupp lässt grüßen. Schließlich geht es mit Anschieben und im ersten oder zweiten Gang den Lachalung La (5065 m) hoch. Über 3000 Umdrehungen geht nichts mehr bei dem Einzylinder. Ich fahre ganz entspannt, die große Maschine läuft immer noch einwandfrei. Hier oben steht uns aufgrund des geringen Sauerstoffgehaltes der Luft zwar nur noch die halbe Motorleistung zur Verfügung, aber schließlich schafft es auch eine indische Royal Enfield mit 18 PS hier hoch.

Vor mir sehe ich einen Mountainbiker, den ich bergab auf der schlechten Straße kaum einholen kann. Wir treffen ihn am nächsten Versorgungszelt. Als Restaurants möchten wir die Zelte, in denen man einfache Tütensuppen und Tee bekommen kann, nicht bezeichnen. Mark hält an jeder dieser Zelte und versucht mit sechs Mahlzeiten am Tag mindestens 6000 Kalorien aufzunehmen. Wo Andere jetzt wie ein Hefeteig aufgehen würden, nimmt er wegen der großen Anstrengung stetig ab - Lucky Boy.

Wir kampieren die nächste Nacht bei den Nomaden in der Moorebene auf 4700 m. Wenn sie neben uns stehen, wird uns klar, dass das wenige Wasser hier nur zum Trinken verwendet wird. Lkw-Fahrer halten oft an, um die am Straßenrand sitzenden Nomaden mit Wasser zu versorgen. Sie sammeln sich hier, um die Schaf-, Ziegen- und Yakherden ins Tal zu treiben.

Den letzten und zweithöchsten Pass der Welt - den Taglang La mit 5328 m - schaffen wir am nächsten Tag nur noch mit Mühe. Selbst bei der großen Maschine mit elektronischer Einspritzung fällt kurz vor der Passhöhe die Leistung schlagartig in den Keller. Der kleinen Asphaltstufe kurz vor der Passhöhe können wir ausweichen. Der alte Tatra-LKW schafft das nicht und erst beim dritten Anlauf kann er die 10 cm hohe Stufe überwinden. So einen zweithöchsten Pass der Welt nimmt man nicht mal eben so einfach.

Vor uns öffnet sich die Bergwelt Ladakhs, das Dach der Welt, das von vielen auch Klein-Tibet genannt wird.

Wahnsinnige Straßen, hier einmal nicht asphaltiert, ziehen die Pässe hoch.

Jetzt geht es fast nur noch bergab und Ulrikes Motorrad läuft mit jedem Kilometer besser. Bei Upshi erreichen wir das Industal. Jetzt sind es nur noch 50 Kilometer bis Leh.

Leh war vormals ein bedeutender Stopp auf der alten Seidenstraße. Nun ist es zu einer wichtigen Militärbasis und einem Touristenzentrum geworden. Bis 1947 starteten hier am Bazar Yak-Karawanen Richtung Karakorum La (5568 m), um China zu erreichen. Nun sieht man vor lauter Kaschmirschals die Läden kaum.

Ladakh wurde 1975 für ausländische Touristen geöffnet. Seitdem wurden in Leh mehr als 100 Hotels gebaut und die Shops im Bazar verkaufen Handarbeiten und Kunstgegenstände, deren Ursprung heute sicher nicht mehr in Ladakh liegt. Trotzdem haben sich die Gassen der Altstadt ihre Ursprünglichkeit bewahrt.

Wir finden in einem kleinen Guesthouse etwas außerhalb des Zentrums eine gemütliche Unterkunft. Eine freundliche Atmosphäre herrscht im Haus, nur die Biotoilette ist gewöhnungsbedürftig - ein schwarzes Loch im Boden und eine Schippe Erde beschließen das Geschäft.

Die Stadt ist ideal zum Entspannen und durch seine Höhenlage kann man sich auch gleich dabei an die Höhe gewöhnen, liegt sie doch auf immerhin 3500 m. Kleinere Ausflüge zu den nahe gelegenen Bierquellen in romantisch gelegenen Gartenrestaurants erleichtern die Akklimatisation.
Trekking ist die Haupttouristenattraktion hier neben dem Haschischrauchen. Dutzende von Möglichkeiten eröffnen sich in den Bergen Zanskars und Ladakhs. Allerdings ist das hier keine Alpenwanderung. Es müssen fast immer Pässe von über 5000 m überwunden werden. Und bei diesen Höhen ist die Höhenkrankheit ein von vielen Wanderern unterschätztes Risiko. Kopfschmerz und Übelkeit sind erste Anzeichen der Acute Mountain Sickness (AMS). Im schlimmsten Fall kann sie zum Tod führen. Sich Zeit zu lassen, eine gute Akklimatisation, viel Trinken, langsames Steigen und guter Schlaf helfen, nicht zu erkranken. Wir merken es am eigenen Leib. Albträume, Aufwachen, weil wir nicht genug Luft bekommen, gehören zur nächtlichen Routine.

Eine gute Eingewöhnungswanderung führt uns in die „Pumpernickel German Bakery" ein sehr beliebter Anlaufpunkt in Leh. Ein Sikh hatte die Idee zu diesem Café und der Käsekuchen ist nach monatelanger Abstinenz ein wahrer Genuss. Zum Kunden des Monats schaffen wir es aber nicht, da sind wandernde Reisende noch ausgehungerter.

Ende September fühlen wir den bevorstehenden Winter schon ganz deutlich. In unserem Zimmer wird es abends frisch und ungemütlich. Die großen Fensterfronten, die extra für Touristen eingebaut wurden, um die kleinen Zimmer heller zu machen, lassen die Kälte schnell rein, die fingerdicken offenen Fugen tun das ihre dazu. Wie soll das nur im Winter werden? Unsere Gastgeber im Guesthouse erzählen uns, dass sie im Winter alle ins Erdgeschoss in die „herkömmlichen" Zimmer ziehen. Dann wird dort wieder zu viert oder fünft in dem Raum gewohnt und geschlafen, in dem auch gekocht wird. Hat der Winter Einzug gehalten, ist der Ort dann nur noch mit dem Flugzeug erreichbar. Beide Straßen nach Manali und Srinagar sind zugeschneit und isolieren auch ganz Ladakh für mindestens sieben Monate. Die Temperaturen liegen oft weit unter dem Gefrierpunkt und Wasser muss morgens und abends direkt von der Quelle geholt werden. Ein Leben im Einklang mit der Natur ohne Konsumterror, ein schönes Bild, aber nur aus der Ferne.

Ulrike

Nacht-Ralley entlang der Grenze Kaschmirs

Ich sitze in meinem Büro, ich arbeite, aber irgendetwas läuft schief. Ich wollte heute doch nicht arbeiten. Es klopft laut an die Tür: "Sir, Madam, wake up, it's a quarter past twelve."

Ich schrecke hoch, alles Dunkel, kein Strom. Ich weiß nicht, was schlimmer ist - der Traum, den ich hatte oder mitten in der Nacht loszufahren, um über den Zoji La von Ladakh nach Kaschmir zu fahren. Ende September verlassen wir Leh. Da die Straße nach Manali schon gesperrt ist, bleibt uns nur der Weg durch das von Indern und Pakistanis umkämpfte Grenzgebiet Kaschmir.

Jeder sagt einem, bloß nicht nachts in Indien fahren. Lkws, Kühe, Menschen, Schlaglöcher, alles trifft man an auf den Straßen, alles unbeleuchtet. Aber hier ist es anders. Da der Pass immer nur in eine Richtung befahrbar und auch nur für ein paar Stunden geöffnet ist, müssen wir um 5.00 Uhr am Fuße des Passes sein. Da es auf der Strecke dorthin keine gute und sichere Übernachtungsmöglichkeit gibt, müssen wir eben die 80 Kilometer aus in der Nacht fahren. Und dafür kalkulieren wir mindestens 3 Stunden ein. Das Gepäck ist schnell aufgeschnallt. Die Hände sind total dreckig. Die Gurte sind so verstaubt, dass es fast schon knirscht.

Unser Frühstück besteht aus zwei Äpfeln und zwei Kohlrabi-Radieschen. So nennen wir die großen Knollen, die wie Radieschen aussehen und wie Kohlrabi schmecken. Hier in den Bergen gibt es nicht sehr viel frisches Gemüse oder Obst. Die Gegend ist trocken und klimatisch schwierig. Es herrscht fast sieben Monate Winter. Die Gemüsegärten sehen aus wie bei uns: Möhren, Kartoffeln, Kohl, Gurken, Kohlrabi, nichts wirklich Exotisches. Etwas enttäuschend für Indien.

Wir fahren los, es ist 1.15 Uhr nachts. Erst Kai, dann ich, dann der Israeli Ajal mit seiner indischen 350er Enfield. Wir drei sind nicht sicher, wie die Enfield mit ihren satten 18 PS es schaffen wird. Aber uns eint die Zuversicht. Wir haben ihn tags zuvor in Kargil kennengelernt und ihm angeboten, zu dritt zufahren, weil es sicherer ist. Ein netter Kerl, der eines Morgens im Kibbuz aufwachte und plötzlich wusste, dass er von Israel erst einmal genug hat. Innerhalb von zwei Wochen hat er dann seine Sache gepackt und reist nun seit einigen Monaten durch Indien. Er ist nicht der einzige Israeli hier. Ganz Indien ist gespickt mit ihnen. Es ist eines der wenigen günstigen Länder, in die Israelis reisen können. Kein moslemisches Land lässt sie herein. Und trotzdem benehmen sich viele hier wie die Axt im Walde. Jeder beschwert sich über sie. Sie versuchen überall die Preise zu drücken. Es ist wie beim „Leben des Brian": „Du musst feilschen". Na ja, muss jeder selbst wissen.

Kargil ist total dunkel. Nachts gibt es keinen Strom. Elektrizität ist eh ein Problem, seit einem Monat gibt es nur unregelmäßig Strom. Bleibt der Strom wieder mal weg, fangen die Leute schon an mit Steinen zu werfen. Ob das hilft?

Die Straße ist schlecht, der Straßenrand aufgerissen, es werden Telefonkabel verlegt. Dicke Steine liegen auf der Straße. Ganz schön gefährlich. Wenn sie größer als ein Kohlrabi sind, (was habe ich heute nur immer mit Kohlrabi?) kann es ungemütlich werden, besonders wenn wir so einen Stein in der Kurve erwischen. Aber wir können gut ausweichen. Unsere Scheinwerfer sind ganz anständig, denn wir fahren seit dem Iran „östlichen" Standard. Die Birnen haben 90 Watt. In Deutschland

sind nur 55 Watt erlaubt. Wir sehen gut, aber problematisch ist es, wenn uns jemand entgegen kommt. Der hat dann auch „östlichen" Standard, und das blendet. Aber heute Nacht kommt uns niemand entgegen. Heute Nacht geht es nur in eine Richtung, Richtung Pass.
Langsam wird es kälter, es geht bergauf und der Herbst macht sich bemerkbar. In der Zeitung stand, dass es hier oben schon geschneit hat. Wie romantisch. Solange die Straßen offen sind, werden Lebensmittel, Kleidung, Benzin usw. per LKW und Tankwagen in die nordwestlichste Stadt des Landes geschafft. Ab November ist Leh nur noch aus der Luft erreichbar.

Wir halten an und ziehen uns wärmer an. Noch immer ist es stockdunkel und sternenklar. Die Milchstraße ist zu sehen. Mir ist trotzdem kalt. Jetzt ein schönes kuscheliges Schaffell, das wäre nicht schlecht.
Kai fährt recht flott vor, wir kommen gut voran. Ajal bleibt bei den Anstiegen etwas zurück, holt aber immer wieder tapfer auf.
Da vorne sind die ersten Lichter, Lkws, die Richtung Pass unterwegs sind. Rücklichter haben sie nicht, wir können sie nur an den Lichtkegeln der Frontscheinwerfer erkennen. Hier wird an allem gespart. Der deutsche TÜV würde die Hände über dem Kopf zusammenschlagen.

Überholen geht gut, die Lkw-Fahrer machen freundlich Platz, sodass wir einfach an ihnen vorbei huschen können. Ein unschlagbarer Vorteil, bei den schmalen Straßen hier. Wir müssen nicht rangieren und uns am Abgrund entlang drücken. Hier von der Straße abzukommen, ist kein Spaß. Die Schluchten sind an manchen Stellen steil und tief. Da kann man nur hoffen, dass sich im rechten Moment ein stabiles Wurmloch öffnet und einen auf die andere Seite des Universums transportiert.

Die Kälte kriecht immer mehr in meine dicken Motorradklamotten, aber das Wasser in den Pfützen ist nicht gefroren. Sooo kalt kann es also nicht sein. Stopp, anhalten, Ausweiskontrolle. Mal wieder ein Militärposten. Wir sind kurz vor dem Pass, da wird besonders gründlich kontrolliert. Die Angst vor einem Anschlag ist zu groß. Die Jungs sehen wild aus. Schusssichere Westen, Waffen geschultert. Wir befinden uns ganz nah an der pakistanischen Grenze und seit der Trennung Pakistans von Indien 1947 gibt es hier kleinere bis größere Scharmützel. Jeder beansprucht Kaschmir für sich. Zurzeit flammt der Konflikt, trotz der Annäherungsgespräche, wieder auf. Elf Tote bei Überfällen auf indische Militärposten in den letzten Tagen rund um Kargil, das ist die Bilanz. Das Militär ist hier überall präsent. Die Brücken sind massiv gesichert. Auf mich wirkt alles wie im Kriegszustand. Dass nachts die Rebellen über die Pässe kommen sollen, um ein wenig Terror zu verbreiten, macht unsere Nachtfahrt nicht gerade zu einer Ausflugstour.

Und nun steht alles. Der Pass ist noch gesperrt. Zwei- bis dreihundert Fahrzeuge nehmen Aufstellung, um aus guter Position das Rennen zu starten. So scheint es jedenfalls. Es ist ein Gedränge. Ich muss aufpassen, hinter Kai zu bleiben und nicht abgedrängt zu werden, jeder Zentimeter wird genutzt. Ein Soldat versucht, Ordnung in den Haufen zu bringen. Zuerst die Jeeps, mittendrin wir, dann die Busse und Lkws. Es gibt keinen Tee, keine Würstchenbude. Ein paar Inder in Wolldecken und Badeschlappen stromern um unsere Mopeds herum, zu müde, um wirklich interessiert zu schauen. Auf einmal kommt Hektik auf.

Motoren werden gestartet, Lichter flammen auf, Rufe nach fehlenden Passagieren hallen durch die kalte Nacht. Jeder Wagen bewegt sich nach vorne, in die letzte eigentlich nicht mehr vorhandene Lücke. Nur keinen Zentimeter verschenken und besonders nicht an andere. Anscheinend ist es extrem wichtig, in der Poleposition zu sein. Vielleicht gibt es auf der anderen Seite des Passes nicht genug Tee und wer zu spät kommt, wird mit kalter Yak-Milch abgespeist. Wir drängeln mit, da wir nicht in der Riesenstaubwolke hinterherfahren wollen. Der Staub sitzt jetzt schon in jeder Zahnlücke. Ajal, der ohne Helm und Brille fährt, sieht aus, als ob er eine Tonerdemaske aufgelegt hat.

5.20 Uhr geht es tatsächlich los. Ein echter Le Mans-Start. Dass die Reifen nicht quietschen, liegt an der dicken Staubschicht. Die Soldaten schreien und hauen mit Stöcken auf die Wagen, nur um noch einigermaßen Ordnung zu halten. Es darf immer nur einer losfahren. Und der knüppelt auch dann richtig drauf los. An den Indern sind wahre Rennfahrer verloren gegangen. Es wird überholt, was der Mahindra-Jeep mit seinen 55 PS hergibt. Mehr als einmal versuchen sie, mich in ein Schlagloch abzudrängeln. Aber ich halte tapfer dagegen. Ich bin kurz davor, den Jungs richtig kräftig in die Tür zu treten. Kai macht das gerne, pock, mit dem dicken Motorradstiefel in die Beifahrertür. Erst schauen sie ganz verstört und bleiben dann meist zurück, um zu überlegen, was sie falsch gemacht haben. Allerdings bezweifelt Kai, dass sie überlegen, was sie falsch gemacht haben, sondern mehr, was das „Pock" gewesen sein könnte.

Zwischendurch ein kurzer Stopp, Sprengstoffhunde durchschnüffeln die Autos. Hatten wir nicht Krisengebiete meiden wollen? Mutter erzählen wir das lieber nicht. Langsam dämmert es. Bei Sonnenaufgang sind wir auf der Passhöhe. Ein grandioser Anblick, aber keiner hält an, um den Ausblick zu genießen. Wie gesagt, der Tee ist wahrscheinlich knapp.

Die Straße ist wild. Die Inder sprengen eine zweite Trasse in den Berg, dies scheint die alte Straße sehr in Mitleidenschaft zu ziehen. Asphalt sehen wir keinen. Die Steine, die so herumliegen, sind auch etwas zu groß, um sie zu ignorieren. Aber die Landschaft ist auf einmal grün. Es gibt Bäume und Gras satt. Der Zoji La als Wetterscheide lässt den Monsun hier abregnen und nur sehr wenig bleibt für das dahintergelegene Gebirge übrig. Heute regnet es, Göttin sei dank, nicht, es ist einfach nur kalt.

Kurz nach 7.00 Uhr erreichen wir Sonamarg, das erste Dorf hinter dem Pass. Es gibt reichlich heißen Tee und wir gönnen uns ein Frühstück. Die Sonne kommt und ich kann endlich auftauen.

Ulrike

Wer kämpft um was

„Zwei Tote und 36 Verletzte bei Anschlägen in Kaschmir. 17 pakistanische Eindringlinge getötet. Zwei Zivilisten bei Überfall in Kaschmir getötet." Täglich können wir die Schlagzeilen in der Zeitung lesen. In Kaschmir kämpfen mehrere separatistische Gruppen entweder für die Unabhängigkeit der Region oder den Anschluss an das benachbarte Pakistan.

Der Konflikt besteht so lange, wie die beiden Länder existieren. Bevor Indien und Pakistan von Großbritannien in die Unabhängigkeit entlassen wurden, wurde das überwiegend moslemische Kaschmir von einem hinduistischen Maharadscha regiert. Ihm wurde die Entscheidung übertragen, zu welchem Land Kaschmir in Zukunft gehören sollte. Noch bevor er seine Entscheidung getroffen hatte, zogen pakistanische Paschtunen Richtung Kaschmir. Allerdings verloren sie unterwegs so viel Zeit beim Plündern, dass der Maharadscha Hilfe aus Delhi anfordern konnte. Angesichts der Truppen, die bereits über seine Grenzen kamen, entschied er, dass Kaschmir zu Indien gehören soll. Der erste Indien-Pakistan Krieg brach aus. Seitdem ist Kaschmir 1/3 pakistanisch und 2/3 indisch. Die Frage, wohin die Kaschmiris nun aber gehören, ist immer noch nicht geklärt. Ein unabhängiger Staat Kaschmir scheint sehr unwahrscheinlich. Aber zu Pakistan möchten nur 10% der Bevölkerung wechseln, lesen wir in einer indischen Zeitung. Mit Indien stellen sie sich besser, da hier doch wenigstens Demokratie herrscht, sagte uns der kaschmirische Hausbootbesitzer. Seine Familie versucht, ein wenig vom Tourismus zu profitieren, der hier aufgrund der andauernden Kämpfe nicht wirklich eine Chance hat. Das Hausboot, welches schon lange in ihrem Besitz ist, wird mit Mühe instand gehalten. Es gehörte einst Engländern, die am Dal-See lebten, dort aber kein Haus und Grund besitzen durften. So zog der Engländer, nie um eine Lösung verlegen, einfach auf den See. Dass hier die Händler einfach in kleine Boote steigen, um ihre Waren direkt am Boot feilzubieten, zeigt, wie geschäftstüchtig die Kaschmiris sind.

Die starke Militärpräsenz ist für die Bevölkerung nicht sehr angenehm. Auch wenn der Dal-See eine Ruhe ausstrahlt, die wir ein paar Tage genießen, lassen uns die vielen Straßenkontrollen und Soldaten doch nicht vergessen, dass es hier zurzeit täglich Kämpfe gibt.

Jeder, der nur ein wenig verdächtig aussieht, kann plötzlich einer unangenehmen Durchsuchung ausgesetzt sein. Kai bekommt das am eigenen Leib zu spüren. An einer der vielen Kontrollen reagiert er etwas angenervt und will dem Soldaten nicht Auskunft geben, was in seinen Aluboxen ist. Bitte nicht schon wieder alles abpacken, um die Kisten zu öffnen. Da kommt gleich die klare Ansage von dem Officer, dass wenn er nicht kooperiert, es kein Problem ist, ihn erst einmal mit zur nächsten Wache zu nehmen.

Die Straße von Srinagar nach Jammu ist die einzige Verbindungsstraße in den Süden und deswegen wird hier ein extremer Sicherheitsaufwand betrieben. Auf dem 60 Kilometer langen Teilstück durch die Berge grüßen wir alle 100 Meter einen Soldaten, der hier Wache hält.

Jammu & Kaschmir (J&K), so heißt der Bundesstaat offiziell, liegt im Norden Indiens im Himalaja. Es besteht aus den Regionen Jammu, Kaschmir - beide moslemisch - und Ladakh, das überwiegend buddhistisch ist. Auch Ladakh hat sein Konfliktpotenzial, da die Chinesen es als Teil Tibets ansehen und damit als ihr Eigentum. 1960 gab es deswegen Krieg, den Indien gewann. Seitdem ist an der Grenze Ruhe. Allerdings zeigt dort das Aufgebot an Militär auf beiden Seiten, dass die Inder dem Frieden nicht trauen.

Landschaftlich ist J&K sehr unterschiedlich. Jammu ist das Übergangsgebiet von der indischen Ebene zum Himalaja. Kaschmir besteht aus dem sehr grünen und sehr nach Schweiz aussehenden Kaschmir-Tal. Früher wussten wir nicht, warum so viele Filmteams aus Bollywood in der Schweiz drehen. Jetzt, wenn wir durch die Nadelwälder fahren, ist es uns klar. Die Schweiz ist ein kleines Abbild des Kaschmirtals. Oder das Kaschmirtal eines der Schweiz?

Im Osten schließt sich das einsame tibetanische Hochplateau an, das durch seine Wüstenlandschaft im starken Kontrast zu Kaschmir, ja zu ganz Indien steht. Viele sagen, dass es tibetischer aussieht, als Tibet selbst.

Der Tourismus ist eine der Haupteinnahmequellen des Staates. Die Konflikte und Kämpfe verhindern allerdings, dass Kaschmir überlaufen ist. Leh als Herz Ladakhs kann sich allerdings eines wachsenden Touristenstromes erfreuen. Seit 1974, als J&K für ausländische Touristen geöffnet wurde, kamen ungefähr 800 Besucher pro Jahr. 2003 waren ca. 30.000 Ausländer allein in Ladakh, ob jetzt inklusive uns beiden oder ohne, konnten wir so schnell nicht klären.

Ulrike

Gut gepilgert ist halb gewonnen

Wir hatten gehört, dass es in Indien tatsächlich Stellen geben soll, an denen der Ganges, der heilige Fluss der Inder, sauber ist. Wir können uns das nicht so richtig vorstellen und machen uns daher auf den Weg. Und der führt uns zur Quelle des Ganges. Neben dem Bad im Ganges in Varanasi ist eine Pilgerreise zur Quelle eines der wichtigsten religiösen Ereignisse im Leben eines Hindu. Mit dem Bus oder sogar dem eigenen Fahrzeug geht es bis nach Gangotri (3000 m), dann geht es zu Fuß weiter. Zwei Tage dauert die Wanderung bis nach Gaumukh (3890 m), der Stelle, an der der Ganges den Gletscher verlässt. Die Hardcore-Pilger machen sich bereits in Haridwar, ca. 140 Kilometer weiter südlich auf den Fußweg.

Gangotri ist eine auto- und motorradfreie Stadt, etwas was wir im Allgemeinen sehr begrüßen. Hier stellt es uns aber vor das Problem, ein Hotel zu finden, das wir mit den Motorrädern erreichen und in dem sie auch sicher untergebracht sind.
Am Ortseingang hat sich anscheinend ein Hotel auf diese „Problemgäste" spezialisiert. Als wir vorbeifahren, wird uns ein „Safe for Motorbikes" zugerufen. Wir schauen uns das Hotel an, es ist sauber und die Motorräder werden von uns durch das Restaurant auf den Balkon gefahren. Das sogenannte Restaurant ist allerdings ein nur Bretterverschlag und aus der Wand neben der Tür zum Balkon wird schnell noch eine Holzlatte herausgeschlagen, damit Kai seine zwei Zylinder nicht einzeln durchtragen muss.

Unsere Pilgerreise beginnt morgens nach einem ausgiebigen Frühstück mit Porridge (Haferschleimsuppe, bäh für Kai, mmh für mich) und Bratkartoffeln. Dem Koch bei der Arbeit zuzuschauen, erhöht die Vorfreude auf das köstliche Frühstück. Im Gegenlicht der Morgensonne dampfen die Kochtöpfe, Gewürze werden ins heiße Öl geworfen, es duftet exotisch. Kartoffeln brutzeln in der Pfanne, jetzt noch eine dicke Scheibe Butter in das Porridge und wir lassen es uns schmecken. Ich versuche, Kai mit irdischen Düften Marke Pups zu verzaubern (das vegetarische Essen setzt meiner Verdauung mächtig zu), dies stört die göttliche Stimmung zwar gewaltig aber nur kurzzeitig.

Die ersten 14 Kilometer bis nach Bhojbasa bringen wir in sechs Stunden hinter uns. Dort gibt es Zelte, ein Gasthaus und einen Ashram. Wir entscheiden uns für die Übernachtung im Ashram. Nach dem gemeinsamen Abendessen mit den indischen Pilgergästen, inkl. Gebet, Gesang und auf dem Boden sitzen und essen, haben Swami Kai und ich eine warme, ruhige und wahrhaft spirituelle Nacht. Gehört eben alles zu einer Pilgerreise dazu.

Am zweiten Tag gehen wir dann die letzten 4 Kilometer bis zur Quelle, die sich als ganz schön anstrengend herausstellt. Viele Inder können sich vorher wahrscheinlich gar nicht vorstellen, was es bedeutet, auf über 3000 Metern zu wandern.

Mit Badeschlappen stolpern die Frauen über den steinigen Weg. Wenige haben warme Kleidung dabei, obwohl es morgens Minusgrade hat, und sobald die Sonne verschwindet es wieder eisig kalt wird. Die einheimischen Händler haben sich schnell darauf eingestellt und verleihen Schals, Handschuhe und Mützen, die die wärmeverwöhnten

Inder aus dem Süden dann auch Tag und Nacht tragen. Sieht schon witzig aus, wie sich alle mit den gleichen geliehenen Kinder-Skimützen und dem passenden Lächeln im Gesicht Richtung Gletscher schleppen.

Flachlandinder lassen sich auch schon einmal den Berg hinauftragen.

Trotz Alter oder mangelnder Fitness wird die Pilgerreise angetreten. Zur Not kann die Reise auf einem Maultier fortgesetzt werden. Zur allergrößten Not können sich die Leute sogar hoch tragen lassen. Für uns ist das sehr bizarr, aber es ist, wie schon gesagt, eine der wichtigsten Reisen für einen Hindu.

Wir sehen in viele strahlende Gesichter, z. B. in die einer Wander-gruppe, die mit dem Bus aus dem 1500 Kilometer entfernten Kalkutta gekommen war und die wir unterwegs überholen. Besonders auf dem Rückweg scheinen die Qualen vergessen zu sein.

Wir kommen mit einem freundlichen, älteren Pilger ins Gespräch. Sein von Wind und Wetter zerfurchtes Gesicht ziert ein großes Pflaster. Eher beiläufig schildert er, wie er auf dem Weg zur Quelle gestürzt ist. Aber das macht ihm nichts aus, er ist glücklich, diese Reise wenigstens ein-mal in seinem Leben gemacht zu haben. Als er merkt, dass wir aus Deutschland kommen, geht ein Strahlen über sein Gesicht. Natürlich kennt er Deutschland. Er ist Arzt und ein großer Anhänger von Samuel Hahnemann, dem Erfinder der Homöopathie. So lernen wir, dass selbst in Indien deutsche Heilkunde Anwendung findet.

Am Kuhmaul (Gaumukh) angekommen, beginnen einige Pilger zu singen und zu beten. Einer hält ein Bild in die Höhe und betet still. Wir genießen die herrliche Landschaft des indischen Himalajagebirges. Andere Touristen gehen ganz darin auf, die Gläubigen bei ihren Ge-beten zu fotografieren. Ist für uns ja auch irgendwie verständlich, aber muss es denn frontal aus anderthalb Meter Entfernung sein?

Ulrike

Von Kamelen und anderen Trampeltieren

50.000 Kamele und wir mitten drin. Einmal im Jahr ist in Pushkar in Rajasthan Kamelmarkt und alles geht hin, so scheint es jedenfalls. Dieses Jahr werden 200.000 indische und 50.000 ausländische Touristen erwartet, also 5 Touristen je Dromedar. Ja, es sind hier die einhöckerigen Dromedare, nicht zu verwechseln mit den zweihöckerigen sogenannten Trampeltieren. Der kleine, ruhige Pilgerort Pushkar mit seinen 15 000 Einwohnern platzt in den Kamelmarktwochen aus allen Nähten. Aber obwohl Kai und ich zu massenscheuen Individuen mutiert sind, haben wir uns aufgemacht, um den weltgrößten Kamel- und Viehmarkt zu bestaunen.

Wer Bedarf hat, kann sich hier mit Kamelen, Pferden und Kühen eindecken. Den Abschluss des Viehmarktes bildet bei Vollmond ein religiöses Fest. Da steppt hier der Inder im Kettenhemd. So viel Trubel können wir doch nicht vertragen und so bleiben wir nur die ersten drei Tage, diese sind auch die Wichtigsten für die zahlreichen Viehhändler. Sie kommen mit großen Herden aus der ganzen Region hier zusammen, um ihre Tiere einmal im Jahr feilzubieten. Auch wenn es besonders schöne Tiere sind, aber die Kühe interessieren uns weniger. Die sehen wir in Indien genug auf der Straße herumlungern. Dafür umso mehr die Pferde, drahtige kleine Kerle. Die Besitzer reiten stolz im staubigen Stadion auf und ab. Das fachkundige Publikum hockt am Rand, Zigarette in der Hand, es riecht nach Bahndamm, erster Schnitt, und beobachtet alles sehr gespannt. Das mit dem Beschleunigen und

Abbremsen der Pferde scheint noch etwas suboptimal abzulaufen. Die Tierchen sind sehr temperamentvoll und haben noch nicht ganz gelernt, dass es sich nicht gehört, einfach quer durch die Menschenmenge zu galoppieren. In Panik springen die Besucher zu Seite und versuchen sich vor den mörderischen Hufen in Sicherheit zu bringen.

Plötzlich hören wir eine Combo aufspielen und die Menschen versammeln sich um einen rassigen Hengst. Er beginnt zum Rhythmus der Musik zu tanzen. Der Höhepunkt ist erreicht, als das Pferd zu einem halb-minütigen Ballett auf den Hinterläufen ansetzt. Dass dieser Prachtkerl das teuerste Pferd auf dem gesamten Gelände ist, glauben wir gern. Es soll 500.000 Rupien (ca. 10.000 Euro) Wert sein. Die meisten der wunderschön anzuschauenden Pferde wechseln für ungefähr 50.000 Rupien den Besitzer, eine Menge Geld in Indien. In Deutschland bekommt man dafür wahrscheinlich maximal ein Bein.

Aber die wahre Schau sind natürlich die Kamele. Wir hatten gedacht, dass Kamele große, hässliche Tiere sind, die stinken, beißen und einen Schwarm Fliegen hinter sich herziehen. Aber hier sind wahre Schönheiten zu sehen. Es wird gewaschen, rasiert, tätowiert, bemalt und geschmückt, es ist der reinste Schönheitswettbewerb. Aber groß sind die Biester wirklich: Schulterhöhe 2,20 bis 2,60 Meter. Da halten wir dann doch lieber etwas Abstand. Eigentlich nicht notwendig, da es doch die meiste Zeit sehr ruhige und behäbige Zeitgenossen sind. Nur wenn sie in einer großen Herde zur Tränke gescheucht werden, kennen sie weder Gott noch Vaterland. Dann wird der kürzeste Weg genommen, woraufhin nicht nur wir Reißaus nehmen. Wir wollen gar nicht wissen, ob wir oder die Kamele die Stärkeren sind.

Alles ist trocken und staubig, die weißen Turbane der Inder sind nach kurzer Zeit grau und schmutzig. Das Marktgelände ist ein einfaches Stück Sandwüste um ein Stadion herum. Die Tierhändler schlagen ihr Quartier quasi im freien Feld auf.

Der Morgen danach ist das schlimmste.

Zelte zum Schlafen gibt es wenige, nachts wird eine einfache Matte ausgerollt, das reicht. Gekocht wird über einem spärlichen Lagerfeuer im Sand oder man versorgt sich in einem der zahllosen Küchenzelte.

Es zieht eine unvergleichliche Duftmischung von indischem Curry, Kuhdung und verschwitzten Menschen über den Platz. Alles ist sehr elementar und spartanisch. Aber so bleibt es erschwinglich und vielleicht kann sich so auch noch der eine oder andere eine Fahrt in einem der drei Riesenräder auf dem Jahrmarkt leisten. Nach einem kurzen Blick auf die Konstruktion des Riesenrades ist mir das eindeutig zu viel Abenteuer, aber der Einheimische lässt sich da nicht so schnell schrecken.

Wir hauen unser Geld anders auf den Kopf und gönnen uns ein Zelt auf dem Rajasthan Tourist Development Center Gelände. Wir sind genau gegenüber dem „Messegelände", bekommen Vollverpflegung, kulturelles Abendprogramm und haben ein Zelt mit Terrasse, Bad und Motorradstellplatz. Mehr wollen wir gar nicht, mehr können wir uns auch nicht leisten.

Anscheinend kommt so ein Kamelmarkt für die Leute vom RTDC doch immer wieder sehr überraschend. Tag und Nacht wird gearbeitet. Wege werden aufgeschüttet, Lampen an den Wegen installiert, Speisezelte aufgebaut. Nichts ist wirklich fertig, so ein paar Tage vor den Hauptfeierlichkeiten. Und dann sind da noch die Majestic-Tents, an denen noch ordentlich gearbeitet wird. Die Fundamente werden gerade erst gegossen, als wir ankommen. Dann werden die Fliesen für das Bad verlegt. Ja, es gibt hier Zelte mit weiß gefliestem Badezimmerfußboden, etwas was selbst viele unserer Hotelzimmer in Indien nicht hatten. Die Zeltbahnen werden hier auf dem Platz zusammengenäht. An anderer Stelle werden die Rahmen der Holzbetten zusammengenagelt, alles Just-in-Time. Die Telefontischchen und die Eingangstüren aus Holz sind schon fertig und warten nur darauf, in die Zelte getragen zu werden. Auf dem ganzen Gelände arbeiten ca. 1.500 Leute bis spät in die Nacht, um zum Beginn, am 4. November, fertig zu sein. Der Manager, der uns stolz herumführt, versteht unsere Frage nicht, ob nicht alles etwas spät ist. „Nein, auf keinen Fall! Am 4. ist alles fertig, früher ist es doch auch gar nicht nötig, ODER?"

Ulrike

Indien -
Sehen, Riechen, Schmecken, Tasten und Hupen

Du willst dich eigentlich nur entspannen. Toll soll es dort sein, hast du gehört. Es soll das Paradies auf Erde sein. Aber selbst dir ist klar, jede Medaille hat zwei Seiten. Du bist gespannt, wie die andere Seite aussieht. Es ist ein bekanntes Urlaubsland, also kann es so schlimm nicht sein, denkst du. Du bist ja schließlich auch nicht perfekt, wer ist das schon. Also bist du voller Zuversicht. Bange machen gilt nicht.

Du betrittst das Land. Du kommst in das Hotel. O.k., jedes Land ist anders, jedes hat andere Maßstäbe, was die Hygiene angeht. Du wirst dich daran gewöhnen, denkst du. Nicht gleich aufgeben, denkst du. Du bist tapfer, du bist letztendlich schon mit schlimmeren Dingen fertig geworden. Hitze, Dreck, Enge, viele Menschen um dich herum, aufdringliche Verkäufer, all das kennst du auch aus anderen Ländern. Also eigentlich nichts Besonderes, denkst du. "Wir kriegen auch dich!" Hat der Straßenhändler dir das eben zugeraunt? Leidest du schon jetzt an Verfolgungswahn? Es wird alles gut, sagst du dir immer wieder.

Aber wir können dir versichern, es wird nicht gut, es wird schlimmer. Sie kriegen auch dich. Sie werden deinen Schwachpunkt entdecken und gnadenlos darauf herumtreten. Es gibt kein Entrinnen, kein Ausweichen. Jeden Morgen, wenn du das Hotel verlässt, sind sie wieder da. Und es werden immer mehr. Es gibt keinen Platz zum Verstecken.

Keine Nerven aus Stahlseilen? Fahr lieber nach Sylt. Du willst nicht Gewicht und Nerven verlieren? Nimm den Flieger nach Ibiza. Du magst Leute nicht anschreien oder schubsen? Buche am besten Hohwacht an der Ostsee.

Lass die Finger davon, LASS DIE FINGER VON INDIEN!!!

Du hast andere Erfahrungen gemacht? Dir hat das Land gefallen? Die Leute waren doch so freundlich und aufmerksam? Dann warst du nicht mit dem eigenen Motorrad unterwegs, hast nicht jeden Tag den Kampf auf der Straße aufgenommen? Doch? Und dir hat Indien trotzdem gefallen? Wie machst du das?

Damit wir uns richtig verstehen, einige Ecken in Indien haben uns sehr gut gefallen. Jederzeit würden wir wieder nach Ladakh fahren. Auch Kaschmir, allerdings ohne Kaschmiris, ist schön. Ehrlich gesagt, ganz Indien ist schön - wenn die Inder nicht wären. Politisch unkorrekt? Keine Sorge, das ist hier nichts Unübliches.

In Indien eingereist sind wir voller Zuversicht. So schlimm kann Indien nicht sein, so schlimm war Pakistan ja auch nicht. Und tatsächlich, als wir über die Grenze kommen, fühlen wir Erleichterung. Endlich ist das Leben wieder bunt. Und wieder laut. Laut ist wichtig in Indien. Ist etwas nicht laut, ist es nicht interessant. Überall laufen die Fernseher. Es wird gerufen, geschrien.

Wir werden oft laut begrüßt, das heißt, uns wird ein HELLO ins Ohr gebrüllt. Kai brüllt zurück, ich halte mir die Ohren zu, was wiederum alle amüsiert. Warum ich das mache, scheint keiner zu verstehen.

Die Busse und Lkws dröhnen durch die Gegend. Lärmschutz? Warum? Der Inder liebt den Trubel. Es ist schwer, ein ruhiges Plätzchen zu finden. Jedenfalls im reichen Norden Indiens. Mit "Norden" meint der Inder nicht Kaschmir und Ladakh. Es ist vielmehr die Gangesebene südlich des Himalajas gemeint, mit Punjab im Nord-Westen, der Hauptstadt New Delhi und den wohl wichtigsten Touristenattraktionen Taj Mahal in Agra, Varanasi und dem heiligen Ganges. Die Ebene reicht bis zum Golf von Bengalen. Es ist der fruchtbarste und bevölkerungsreichste Teil Indiens.

In Indien löst sich solch ein Stau auch wieder auf.

Und hier ist es eben sehr laut und voll. Auch voller Probleme. Stromausfall gehört abends in Delhi zur Routine. Wer es sich leisten kann, hat einen Stromgenerator im Keller. Freunde, zu denen wir zu Hause eingeladen sind, haben sogar einen Spannungskonstanthalter, damit der Fernseher keinen Schaden nimmt. Die Straßen sind kaputt, der Verkehr steht während der Rush-Hour, die Müllabfuhr nach deutschem Verständnis ist anscheinend noch nicht erfunden. Zu all diesen Problemen hat der Inder ein ganz besonderes Verhältnis. Entweder sind sie bis abends von allein verschwunden, oder sie sind so groß, dass er sie allein sowieso nicht lösen kann. Ein Beispiel? Das Waschbecken im Hotelzimmer ist lose. Da es niemand repariert, wird es lieber nicht mehr richtig geputzt, damit es sich bloß nicht weiter löst. Dass die Badezimmer sowieso nur rudimentär geputzt werden, darauf wollen wir lieber nicht im Detail eingehen. Aber irgendwann wird es herunterfallen. Dann kommt es darauf an, wie viel Geld der Besitzer noch hat. Entweder gibt es dann ein neues Bad, oder es gibt eben kein Waschbecken mehr.

Geld! Geld ist sehr wichtig in Indien, ebenso wichtig wie bei uns. Die erste Frage, die uns gestellt wird, wenn wir mit unseren Motorrädern ankommen, ist: "Excuse me, what is the price of the motorcycles? How many Dollar?" Da Kais Motorrad schon gebraucht soviel kostet, wie ein Kleinwagen hier, sagen wir den Preis nur sehr ungern. Eine gute Antwort ist daher: "Wissen wir nicht, haben wir von unseren Eltern geschenkt bekommen." Manchmal wenden sie sich dann mit Ehrfurcht ab. Aber nicht immer und dann wird es schwieriger. O. k., aber wir müssen doch wissen, was das Motorrad so ungefähr kostet, in Dollar. Nur so ungefähr. Gar nicht genau. Manchmal stellen wir uns dumm. Geht nicht immer. Manchmal sagen wir eine Zahl. Manchmal werden wir gefragt, ob wir die Motorräder verkaufen wollen. Wir sagen Nein, natürlich nicht (und das nicht nur wegen der hohen Importzölle). Sie fragen wieder.

Sie haken nach. "Guter Preis, Sir." "Wir wollen aber nicht verkaufen." "Ich zahle mehr als die anderen." „Wir WOLLEN NICHT verkaufen!" „Wie viel willst Du haben, ich zahle alles." "NEIN, NEIN, NEIN!!!" Und wieder sind wir zu den hässlichen und groben Weißen mutiert, die die armen kleinen Inder anschreien. Das haben wir nicht gewollt, aber ihr lasst uns ja keine Chance.

Wir schreien sicherlich öfter Leute an, die es eigentlich gut mit uns meinen, aber leider zur falschen Zeit am falschen Ort sind. Die falsche Zeit ist auf jeden Fall, wenn wir abends durchgeschwitzt vom Motorrad steigen, oder tagsüber in einer Stadt anhalten, weil wir den Weg nicht finden. Wie uns scheint, ist grundsätzlich keine Stadt ausgeschildert. Der falsche Ort ist direkt vor oder neben unseren Motorrädern. Am liebsten noch ohne zu grüßen ein wenig an den Knöpfen und Schaltern herumspielend, während wir noch auf dem Motorrad sitzen. Du sagst, sie sollen das lassen. Sie fingern weiter. Du wirst lauter. Das Fingern hört nicht auf. Du haust ihnen auf die Finger. Sie schauen dich voller Unverständnis an. Der Inder schaut halt mit den Händen. Wenn du Glück hast, hören sie jetzt auf. Die Unentwegten fingern weiter. Wer jetzt nicht grob wird, hat wohl seine innere Ruhe gefunden.

Wenn ich freundlich bin, antworte ich auf das ewige "Hallo Mister!" mit einem einfachen "Misses, please!". Meistens reicht es abends nur zu einem Hallo, während ich mich wegdrehe. Aber der Inder lässt sich nicht einfach ignorieren. Er fragt nach. Und eben als Erstes nach dem Preis.

Nein, nicht jeder, der uns anspricht, geht uns auf die Nerven oder wird abgewimmelt. Es gibt sehr oft sehr nette Begegnungen. Zum Beispiel vor dem Survey of India in Dehra Dun, dem indischen Landesvermessungsamt. Wir kommen dort kurz vor der Mittagspause an. Kai geht in die Verkaufsstelle, um Karten vom Himalaja zu kaufen. Das dauert. Ich stehe derweil draußen und "bewache" die Motorräder. Die härteste Aufgabe ist, die Leute davon abzuhalten, an allen Knöpfen herumzuspielen und sich auf das Motorrad zu setzen. Zeitweise stehen 20 Leute um mich und die Motorräder herum. Es scheint sich wie ein Lauffeuer herumzusprechen, dass zwei große Motorräder vor dem Amt stehen. Die üblichen Fragen beantworte ich gleich zu Anfang. Wie teuer, wie viel Kubikzentimeter, wie viele Kilometer pro Liter Benzin. Ich muss es nicht allzu oft wiederholen. Die Wissenden geben Stolz ihr Wissen an die Unwissenden weiter. Fachmännisch werden die Motorräder begutachtet. Immer wieder höre ich, zwischen für mich unverständlichem Indisch, Worte wie Tubeless Tire, Gear Shaft, 1100 ccm, 650 ccm, BMW, Germany, No, all the way by road ...

Es macht Spaß, ein Weltwunder zu sein bzw. auf einem Weltwunder herumzureisen. Wir werden gefragt, ob wir auf unserer Weltreise sind. Für den Kosmopoliten unter den Indern eine selbstverständliche Frage. Kai kann den Trubel kaum fassen, als er aus dem Verkaufsbüro herauskommt. Und ich mitten drin, köstlich unterhalten. Beim Anfassen der Motorräder bin ich aber immer noch rigoros. Jeder wird mit einem strengen "Don't touch (nicht berühren)" bedacht.
Als jemand Neues dazukommt und wieder unvorsichtig nah an die Motorräder rankommt, hebe ich einfach nur noch den Finger und die

Gruppe um mich herum ruft im Chor "Don't touch!" Ja, so muss das funktionieren.

Wenn es im Straßenverkehr nur auch so gut klappen würde. Was für Indien insgesamt gilt, gilt umso mehr für die Straßen. Tausende von Jahren Glauben an die Wiedergeburt müssen einfach Spuren hinterlassen. Auch das Kastensystem, das genaue Einteilen der Menschen nach "über mir" und "unter mir" tut das Seinige dazu. Wir als Motorradfahrer stehen ziemlich weit unten in der Rangordnung, immerhin noch über den Radfahrern und Fußgängern. Aber auf jeden Fall unter den modernen Kleinwagen. Diese müssen uns überholen, egal ob es Sinn macht oder nicht. Der Überholvorgang in Indien ist für mich immer wieder faszinierend. Es ist nicht wie bei uns: Warten auf eine Lücke im Gegenverkehr, Herunterschalten und am zu überholenden Objekt zügig vorbeifahren. Nein, hier wird einfach langsam auf die Gegenfahrbahn gezogen, bis das Auto neben uns ist. Kann nun nicht der nächste Wagen, hinter dem wir recht dicht herfahren, überholt werden, werden wir einfach abgedrängt. Aber nicht mit uns und unseren dicken Stiefeln. Entweder weichen wir nicht, oder wir treten schon mal zu, wenn wir zu dreist abgedrängt werden. Meistens lassen wir sie jedoch einfach ziehen. Natürlich ist das Ganze begleitet von einem kräftigen Hupkonzert.

Denn eine Verkehrsregel ist ganz einfach in Indien: Wer nicht hupt, ist selber schuld.

Aber kann man einem Inder böse sein, der uns gerade noch wild hupend abgedrängt hat und nach dem Aussteigen, als wir schon gedanklich in den Nahkampf übergehen möchten, uns mit einem freundlichen „Hello Mister, where are you going?" begrüßt? Für ihn war das alles ganz normal. Es gäbe viel zu schreiben über den Straßenverkehr in Indien. Da wird überholt, ohne zu schauen. Fußgänger überqueren die Straße, ohne zu schauen. Kühe liegen auf den Straßen herum, ohne zu schauen. Es ist schlicht und einfach anstrengend, hier zu fahren.

Soweit wir unsere Augen von der Straße wenden können, sehen wir viel Grün. Allerdings gibt es kaum dichten Wald, ein großes Problem für Indien. Hier gibt es böse Überschwemmungen und Erdrutsche. Das Land treibt ökologisch auf eine Katastrophe zu. Aber anscheinend ist auch das wieder ein zu Herausforderung für den Inder. Nicht nur die Autoabgase gehen ungefiltert in die Luft. 85% der Energie werden durch Heizkraftwerke gewonnen, die mit Öl oder Kohle betrieben werden. Der Smog überall ist beispiellos, und Delhi ist die Krönung. Ab 16 Uhr nachmittags ist die Sonne nicht mehr zu sehen, untergegangen im Smog.

Der gesamte Müll wird einfach fröhlich auf die Straße geschmissen, die Müllkinder sammeln wertvolles Plastik, Papier, Metall und alles, was wiederverwertet werden kann, ein. Der Rest wird von den Kühen gefressen. Es gibt niemanden der anschließend die Straße fegt und den Gammel wegräumt. Wir können uns nur schwer an den alles durchdringenden Geruch gewöhnen. Dass sich dadurch Krankheiten verbreiten können, ist anscheinend niemandem bewusst. Alle Krankheiten der Welt bekommen hier in Indien eine Chance. War das mit Chancengleichheit gemeint? Immerhin liegt heute in Indien die durchschnittliche Lebenserwartung bei 63,6 Jahren. 1941 waren es nur 32 Jahre. Dass die zahlreichen religiösen Streitigkeiten auch ihren Teil zu der geringen Lebenserwartung beitragen, hatten wir nicht erwartet.

Ja, Indien ist ein sehr religiöses Land, mit über 33 Millionen Göttern. Aber waren die Moslems nicht extra nach Pakistan und Bangladesch gezogen, damit es keinen Streit mehr gab? Sollte es nun nicht ein Land des Friedens sein, auch wenn es immer noch Andersgläubige gibt? Oh nein, Indien hat, wie so viele Länder, einen starken Konservatismus entwickelt. Und da werden eben religiöse Werte hochgehalten. Vom idealen hinduistischen Dorf können wir in der Zeitung lesen, das nun endlich moslemfrei ist. Es wurden kurzerhand alle Moslems rausgeworfen, und zwar über Nacht. Nichts mit Möbelwagen und Umzug.

Über 2000 moslemische Inder kamen durch hinduistische Hand um, als Unruhen ausbrachen, weil vorher über 50 hinduistische Inder in einem Zug verbrannten, der von Moslems angezündet worden war. Das Ganze ging als Gujarath Massaker 2002 in die Geschichtsbücher ein. Religion und Frieden, zwei Dinge, die auch hier nicht zusammenpassen.

Wir fragen uns ernsthaft, ob Dante bereits Indien kannte, als er im 14. Jahrhundert in der Göttlichen Komödie die Hölle beschrieb.

Über dem Eingangstor stehen die Worte: „Durch mich gehet man in die traurige Stadt - durch mich gehet man in die ewige Qual. Lasst also, die ihr hereingehet, lasst alle Hoffnung fahren!"

Aber wir haben nicht alle Hoffnung fahren lassen, denn ein Land mit so gutem Essen hat doch immer Hoffnung, oder? Die Currys sind köstlich, aber ziemlich scharf. Und die vielen Hülsenfrüchte tun das Übrige. Jedes Böhnchen gibt ein Tönchen, jede Linse einen Knall. Wir wünschen uns, wir hätten Rosetten aus Stahl.

Ulrike

Relaxen in einem relaxten Land

"Der Fahrzeugführer darf nur so schnell fahren, dass er sein Fahrzeug ständig beherrscht." (StVO, § 3.1) Das sagt uns die deutsche Straßenverkehrsordnung.

Wir sind uns sicher, dass in Nepal die Hälfte der Verkehrsteilnehmer sofort aufhören müsste, am Verkehr teilzunehmen, wenn die deutsche Straßenverkehrsordnung zur Anwendung käme. Aber immerhin nur die Hälfte. Indien würde schlagartig in das Fußgängerzeitalter zurückfallen.

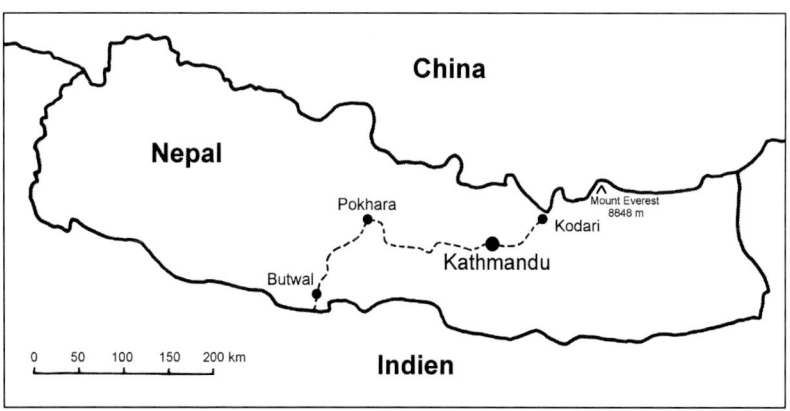

Wir haben den Grenzübergang von Indien nach Nepal gestern Abend schnell hinter uns gebracht, sind gerade in Pokhara angekommen und haben uns ein nettes Guesthouse gesucht. Ich genieße die Ruhe des grünen Innenhofes und schau auf die Motorräder und sinniere darüber, ob ich noch einmal Pfannkuchen essen oder Platz lassen soll für das Steak zum Abendbrot. Da kommen vier Engländer auf den Hof, noch die Reisetaschen in der Hand, nonstop London, Kathmandu, Pokhara. Sie blicken zu den Motorrädern, dann zu mir. Schnell ist klar: „Ja, wir sind aus Deutschland mit dem Motorrad hierher gefahren." Das Staunen ist groß. Wie wir hier in Nepal nur fahren können? „Entspannt, natürlich." Für die Jungs war schon der Weg vom Flughafen zum Hotel unglaublich, unfassbar, ja die reinste Mutprobe.

Nach Indien ist Nepal für uns eine Wohltat: die Menschen viel freundlicher, die Landschaft und auch die Orte sind sauberer. Pokhara, die zweitgrößte Stadt Nepals, hat sich vollständig auf die Trekking-touristen eingestellt. Es gibt alles, was das Wanderherz begehrt: Bier, Steaks, Pommes, Pfannkuchen, Kaffee. Jeden Abend gehen wir schlemmen und hören Musik. Endlich wieder westlichen Beat. So ganz konnten wir uns an das indische Gezirpe nicht gewöhnen.

Pokhara und Katmandu erscheinen uns wie das Paradies. Aber es ist, wie es meistens ist. Der Schein trügt. Nepal bewegt sich 2003 mehr auf die Hölle zu. Arm war das Land schon immer, seine Regierung korrupt. Da ist es nicht verwunderlich, dass die Maoisten 1996 bei der Dorf-bevölkerung offene Türen eintreten, als sie sich den Kampf gegen Drogen, Alkohol und Korruption auf ihre roten Fahnen schreiben. Brutal geht es zu und sowohl das Militär, wie auch die Rebellen können nicht gerade als Pazifisten bezeichnet werden. Gefangene werden nicht gemacht. So sind in 8 Jahren insgesamt ca. 9000 Menschen getötet worden. Die Maoisten sind nicht zimperlich in der Wahl der Mittel, um Anhänger zu rekrutieren. Schulklassen werden entführt, damit sie an kommunistischen Weiterbildungsveranstaltungen teilnehmen.

Ehemalige Offiziere werden erschossen, falls sie nicht bereit sind, die Maoisten auszubilden. Familienmitglieder werden umgebracht, wenn der Mann oder Sohn nicht aus der Armee austritt. Sie haben die Roten Khmer und Pol Pot als Vorbild. Als wir hören, dass sie Strom- und Wasserleitungen in den entlegenen Dörfern zerstören, da diese symbolisch für die Ordnung des Staates stehen, steht uns der Geist vor Ehrfurcht still. Das Leben ist dort schon hart genug, wie kann man im Namen des Volkes diese „kleinen" Erleichterungen auch noch zerstören?

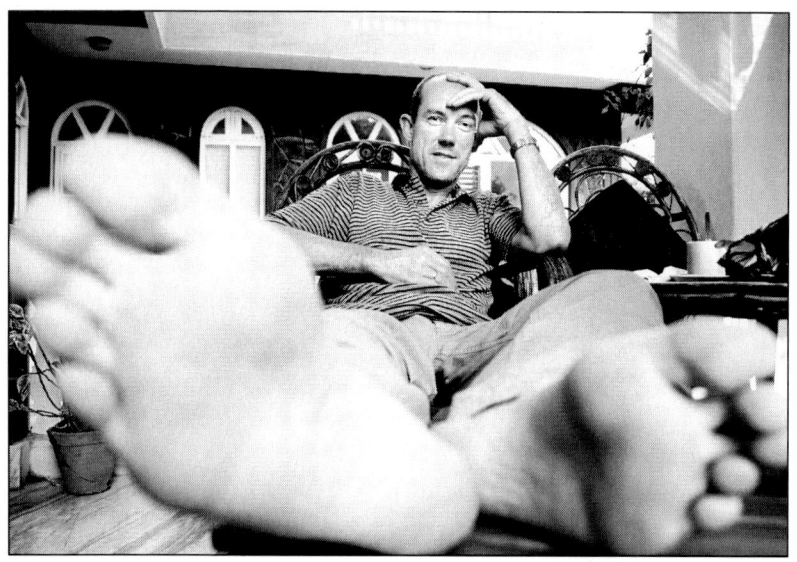

Ihr glaubt nicht, wie entspannend Nepal nach Indien ist.

Wir bekommen davon nur sehr wenig mit. Ab und zu lesen wir von Kämpfen zwischen Regierung und Maoisten in der Zeitung. Ach ja, und dann sind da noch die Wanderer, die uns stolz ihre Geschichte erzählen. Die Maoisten halten auf den beliebtesten Trekkingrouten die Wanderer an und verlangen eine „Wandergebühr". Der Staat würde ja schließlich auch was bekommen. Es wird schon mal nach 100 US-Dollar pro Person gefragt. Aber Feilschen ist alles und so lassen sie sich meistens auf 6-7 Euro herunter handeln. Und dann gibt es auch noch eine Bescheinigung. Macht sich doch toll im Wandertagebuch, so eine Wegzoll-Quittung, finden viele. Es scheint, wer ohne zurückkommt, hat nichts Richtiges erlebt.

Wir wandern nicht, belagert werden wir aber trotzdem. Oft werden wir von Kindern angebettelt, die Stifte, Geld, Schokolade oder Bonbons wollen. Was sicherlich mal als nette Geste oder sogar Hilfe der Touristen gedacht war, hat sich heute ins Gegenteil verkehrt. Kinder betteln jeden zu jeder Gelegenheit an, vielleicht wirft es ja was ab. Wir können und wollen gar nicht jedes Mal was geben. Also halten wir auch einfach unsere Hand auf und fragen die Kinder: „Money, Sweets???" Und Kai hat tatsächlich Erfolg. Er steht vor einem kleinen Mädchen, dass das noch kleinere Brüderchen an der Hand hält. Sie fängt an, die Hand auszustrecken. Kai streckt seine aus. Eine kleine Diskussion bricht aus, Kai zeigt auf die Pommes, die der kleine Junge in der Hand hält. Und? Tatsächlich, das Mädchen nimmt dem Kleinen eine verdreckte Pommes ab und schenkt sie Kai. Schwupps, ist sie verspeist. Wir revanchieren uns mit Mandarinen, die wir großzügig verteilen. Gemeinsam stehen wir auf der Straße und genießen die frischen Früchte. Das Mädchen läuft ins Haus und kommt zurück mit ...? Ja, zwei weiteren Pommes, eine für Kai und eine für mich. Noch nie haben Pommes so gut geschmeckt.

Ulrike

Angriff der Killerbienen des Royal Nepalese Enfield Club

Am Wochenende organisiert Himalayan Enfielder, DIE Enfield-Werkstatt in Katmandu, eine Fahrt Richtung Nord-Osten zum Last Ressort am Bhote Kosi Fluss nahe der chinesischen Grenze. Hört sich interessant an, mit 20 bis 30 anderen Bikern ein wenig in die Berge zu fahren und so sind wir dabei. Wir, das sind Rick, der Engländer mit seinem über 20 Jahre alten, ehemaligen BMW-Polizeimotorrad, den wir in Pokhara getroffen haben, Kai und ich.

Am Samstagmorgen soll es um 9.00 Uhr an der Werkstatt etwas außerhalb der Stadt losgehen. In typisch deutscher Manier planen wir alles genau. 7.00 aufstehen, 7.30 Frühstück, 8.15 Motorräder aus der Tiefgarage holen und aufpacken. 8.30 Abfahrt Richtung Enfielders. Wir kommen an, keiner da, außer dem Besitzer der Werkstatt. Es ist doch erst 9:10 Uhr, sind etwa schon alle weg? Nein, wir sind viel zu früh. Um 10.00 Uhr werde ich langsam unruhig. Jetzt könnte es langsam losgehen, aber die nepalische Pünktlichkeit stellt mich auf eine harte Probe. Tatsächlich, um 11.00 Uhr wird zum Aufbruch geblasen ... um zum Tanken zu fahren, aaahhhh.

Schon in Indien haben wir gelernt, dass es für Motorradfahrer hier im Osten Asiens unheimlich wichtig ist, jede Lücke zu nutzen, vor der roten Ampel schnell noch zu überholen und sich überall durchzudrängeln. Ob das mit dem tiefen Vertrauen in die Wiedergeburt oder dem Prinzip des "Nicht-das-Gesicht-Verlierens" zusammenhängt, können wir nicht beurteilen. Was heißt das für uns heute Morgen? Ganz klar, wir knüppeln durch die Stadt, was das Zeug hält, immer bemüht, wenigstens den Letzten aus der Truppe nicht aus den Augen zu verlieren. Endlich kommen wir an der Tankstelle am Stadtrand an. Mir schießt noch schnell ein junger Typ auf seiner BSA knapp vor dem Motorrad her, mitten auf der Tankstelle. Fängt ja gut an, von den eigenen Leuten ausgebremst zu werden. In mir kommt das Gefühl auf, ihm den Arm ausreißen zu wollen, um ihn mit dem nassen Ende zu erschlagen. Ich zähle bis 10 ... das Gefühl bleibt. Ich gucke zu Kai, ich gucke zu ihm, ich gehe hin, ganz langsam. Ein freundliches Lächeln empfängt mich. Warum fühle ich mich plötzlich nur so alt und spießig, als ich ihm sage, dass er in einer Gruppe doch bitte gewisse Spielregeln einhalten sollte, u. a. LANGSAM FAHREN. Sein jugendliches "Sorry, sorry, sorry" weckt mütterliche Gefühle in mir und so lass ich ab vom nassen Ende. Was sich in der Stadt schon abgezeichnet hat, wird auf der Landstraße perfektioniert. Wir entziehen uns dem Überholstress und fahren zu dritt ordentlich Richtung Norden. Die Landschaft ist traumhaft. Es ist tropisch grün und hin und wieder gibt es einen Blick auf die weißen Riesen des Himalaja. Die Straße ist bis zum Last Ressort fast komplett geteert und recht gut. Ab und an gilt es, 30 bis 40 cm hohe Stufen zu überwinden. Da hat sich dann einfach die Straße ein wenig zur Ruhe gesetzt. Wenn man langsam fährt, ist das kein Problem, aber wehe dem, der dort voll runter oder raufdübelt.

Gegen vier Uhr nachmittags kommen wir am Last Ressort an. Eine kleine Überraschung erwartet uns. Sensible und mitdenkende Motorradenthusiasten haben diesen Platz, der auf der anderen Seite des Flusses liegt, für uns ausgesucht. Verbunden ist das Ressort mit der Straße durch eine "ziemliche" Hängebrücke. Wer sich noch nicht genug Adrenalin auf der Straße geholt hat, kann sich hier 160 m tief in die Schlucht stürzen, gehalten nur von einem Gummiband um die Füße.

Bei mir steigt der Adrenalinspiegel schon, wenn ich nur an den Parkplatz für die Motorräder für die Nacht denke. Aber ich scheine die Einzige zu sein, der ob so viel Unorganisiertheit und Unvernunft das Messer in der Tasche aufgeht. Die anderen sind mit der schnell gefundenen Lösung des Problems (das anscheinend nur für mich ein Problem ist) sehr zufrieden. Vier Mann, vier Ecken und schon parken die Maschinen in der Bauruine am Straßenrand. Dass meine Sorge berechtigt war, zeigt sich am nächsten Morgen, als einer der Jungs erzählt, dass die Kids aus dem nächsten Dorf an seinem Motorrad herum gefingert haben und nun der Schlüssel, den er leider hat stecken lassen, nicht mehr da ist.

Das Last Ressort ist ein paradiesisches Plätzchen am Bhote Kosi, dem

wildesten Fluss Nepals. Wir genießen auf der Wiese liegend die Herbstsonne bei einem kalten Bier. Palmen und exotische Blumen lassen uns von Südsee träumen. Hier soll im Winter Schnee liegen? Um sechs Uhr ist es dunkel und sofort steigt die Party. Es zeigt sich ziemlich schnell: Chaotisches Fahren schützt vor hartem Feiern nicht. Morgens um ein Uhr, nach kräftigem Abtanzen, gebe ich mich geschlagen und krabble in unser Zelt. Obwohl die Zeltwände von den Bässen der Musik vibrieren, schlafe ich sofort tief und fest ein.

Der Morgen bringt viel Sonne, ein ausgiebiges Frühstück und genug Energie, um einen Ausflug zur chinesischen Grenze zu machen. Kai und ich machen uns auf den Weg, mit leichtem Gepäck, bereit Tibet zu erobern, wenigstens für 5 Minuten. Allerdings muss dafür erst noch die Straße bis nach Kodari überwunden werden. Die Straße hört nach kurzer Zeit auf, eine Straße zu sein. Auch mit Schotterpiste lässt sich das Staubband nicht richtig beschreiben. Wir hopsen über die losen Steine und quälen uns durch den dicken Staub, der teilweise bis zu 20 cm hoch auf der Straße liegt. Es ist anstrengend und wir können einfach nicht glauben, dass dies hier die Hauptverbindungsstraße nach China ist. Aber es fahren hier sogar regelmäßig Busse, der ganz normale nepalesische Wahnsinn. An der Grenze angekommen müssen wir unsere Motorräder stehen lassen und die letzten 50 Meter zur Grenze zu Fuß gehen. Keiner fragt nach den Pässen, keiner kontrolliert uns. Aber wir sind uns sicher, dass wir auf der chinesischen Seite nicht so einfach durchkommen würden. Und ohne unsere kleinen Mopeds wollen wir das auch gar nicht. So stehen wir ganz mutig und stolz mindestens 50 cm weit auf chinesischem Boden. Wieder ein Land mehr auf unserer Reise.

Zurück zum Ressort, Gepäck und Rick aufnehmen. Wir fahren wieder Richtung Süden, aber nicht bis Katmandu sondern nur bis zum Sukute Ressort, denn dort findet dieses Wochenende ein Whitewater Rafting und Kajak-Wettbewerb statt. Wir schlagen unser Zelt auf und schauen ein wenig zu, wie sich die jungen Menschen todesmutig in den Fluss werfen. Es scheint einen Heidenspaß zu machen. Uns ist es doch ein wenig zu nass. Abends wird auch hier kräftig gefeiert. Aber davon hatten wir am Vorabend schon einige Einheiten, so gehen wir tatsächlich um zehn Uhr ins Bett. Trotzdem war es ein schöner Abend. Es ist eben schon ziemlich lange her, dass wir am weißen Sandstrand gesessen haben, Essen auf den Knien und ein kühles Bier vor uns.

Ulrike

Air Cargo - One Way to Bangkok

Wir haben es geschafft: Unsere Motorräder fliegen nach Thailand. Was sich so einfach in einem Neun-Wörter-Satz beschreiben lässt, hat doch einiges an Mühe und Zeit gekostet. Bereits in Indien hatten wir uns ausgiebig mit unserer Weiterreise Richtung Südostasien beschäftigt. Bei der Internet-Recherche und einigem Email-Austausch mit einer Reiseagentur in Deutschland wurde uns klar: auf dem Landweg nach Thailand zu fahren, ist nicht nur kompliziert sondern auch teuer, wenn es überhaupt möglich ist. Wir kennen nur ein deutsches Paar, das es mit eigenem Geländewagen und Motorrädern im Anhänger geschafft hat, aber die haben wir auch erst ein Jahr später kennengelernt. Zunächst hätten wir Innerline Permits bekommen müssen, um in die entlegenen, nicht für Touristen geöffneten Gebiete Ost-Indiens zu gelangen. Für das burmesische Visum hätten wir unsere Reiseroute innerhalb des Landes genau angeben müssen. Weiter wäre es über China und Laos nach Thailand gegangen. Da in Myanmar und China die Behörden gerne wissen, wo sich Reisende mit eigenen Fahrzeugen aufhalten, hätten wir Guides mit eigenem Fahrzeug und Hotels bezahlen müssen. Myanmar wäre sicher ein weiteres Highlight unserer Reise geworden, aber der Aufwand ist uns einfach zu groß. Da nehmen wir lieber den Flieger und ersparen uns die Quälerei durch die Instanzen.

In Katmandu den richtigen Agenten auszusuchen, der für uns die ganze Air-Cargo-Abfertigung durchführt, ist nicht sehr schwierig. Schon andere vor uns haben das gemacht und ihr ganzes Wissen und

Erfahrung auf DER Traveller Internetseite Horizons Unlimited zur Verfügung gestellt. Die Details sind mit dem jungen Mann bei einem netten Frühstück schnell besprochen. Er scheint sein Geschäft zu verstehen.

Einen äußerst schwierigen Teil der Vorbereitung stellt das Packen der Sachen dar. Da die Kisten evtl. nach Kilogramm abgerechnet werden, ist es wichtig, Unnötiges auszusortieren. Sprich, was wir seit Anfang der Reise nicht benutzt haben, ist wohl nicht wirklich notwendig und kommt entweder in den "Spendenrucksack", in den Müllsack oder in den Sack, den wir nach Hause schicken werden.

Es dauert ganz schön lange und manche Sachen wandern auf dem Bett hin und her, von der Müllecke in die Spendenecke, in die Nachhauseecke, zurück in die Spendenecke. Manche Sachen werden wirklich erst ganz zum Schluss zugeordnet. Es ist nicht einfach, denn da wir nun schon mit wirklich kleinem Gepäck reisen, ist es schwer, noch weiter auszusortieren. Aber wir haben einfach zu viel Gewicht (also nicht wir persönlich, obwohl uns die Faulenzerei und das gute Essen in Pokhara doch wieder einige Zentimeter mehr auf die Hüften gebracht haben). Die Mopeds sind halt recht schwer. Das merken wir besonders dann, wenn uns mal wieder eines umgekippt ist und wir es zu zweit kaum wieder aufrichten können.

Der eigentliche Kraftakt beginnt, als die Motorräder durch den Zoll gebracht und versandfertig gemacht werden müssen. Morgens geht es mit allem Gepäck zum Cargo-Gebäude des Flughafens. Dorthin kommt auch der Tischler, der für uns Holzboxen baut. Er hatte jeweils nur die Seitenteile, Deckel und Boden gemacht, der Rest wird vor Ort zusammengezimmert. Heißt, die Boxen werden um die Motorräder herumgebaut. Da die Transportkosten für die Kisten nach Gewicht oder

Volumen berechnet werden (jeweils das teurere muss bezahlt werden), ist es wichtig, sie so klein wie möglich zu machen.

Wir bauen also bei der kleinen Maschine den Motorschutz ab, auch der Lenker wird abgeschraubt und das Vorderrad herausgenommen. Meine Kiste ist ziemlich klein. Rick, der Engländer, mit dem wir zusammen nach Bangkok fliegen, meint, es passt maximal ein kleiner Elefant rein. Bei Kais Motorrad bauen wir die Frontscheibe ab, der Lenker erleidet das gleiche Schicksal wie meiner, und auch das Vorderrad wird gelöst. Trotzdem ist die Holzkiste noch so groß wie eine kleine Schrankwand. Kai kann dafür in seine Box noch den Großteil des Gepäcks verstauen, irgendwie muss so ein großes Motorrad ja auch Vorteile haben. Mittendrin, beim Einpacken stellen wir fest, dass die Kisten von Kai und Rick ca. 5 cm zu hoch sind.

Falls die Kosten per Kubikmeter berechnet werden, macht das schon einen kleinen Unterschied aus, und welcher Weltreisende hat schon Geld übrig. Also muss der Tischler die Kisten direkt vor Ort ändern. Meine ist zu lang, also auch hier, ritze ratze, in die Kiste eine Lücke. Ich hätte nicht gedacht, dass das so einfach möglich ist, aber der Tischler fängt sofort damit an, ohne zu murren. Aber Kais Miene lässt in diesem Moment auch keine Widerworte zu. Er kann ganz schön bestimmt schauen, wenn es ein wenig stressig wird. Abends um kurz vor sechs ist dann tatsächlich alles fertig. Um 18:00 Uhr schließt der Zoll. Also gerade passend.

Bevor alles in die Boxen kommt, muss der Zöllner natürlich noch einmal alles untersuchen. Das heißt, dass wir alle Taschen und Kisten öffnen müssen und er auch tatsächlich alles mehr oder weniger gründlich untersucht. Die kleinen Gewürztütchen, die wir von Pizza Hut mitgenommen haben (diese kleinen Tütchen, die man bekommt, wenn Pizza nach Hause geliefert wird), machen dem guten Mann doch sehr nachdenklich. Offensichtlich kennt er Pizza Hut nicht. Aber seine Kollegen können ihm versichern, dass es etwas zu essen ist (und nicht zu rauchen).

Wenn alles seine Ordnung hat, wird die Box auch vom Zöllner versiegelt.

Die Boxen werden mit Stahlband verschlossen und anschließend versiegelt. Und dann müssen die Kisten zur Waage. Nix mit "Kisten auf den Gabelstapler und los geht's".

Es kommen ganz viele kleine Nepali, die schieben die Kisten zur Waage (immerhin eine digitale Waage) und dann, wupp wupp, 10 Mann, vier Ecken, wird die Kiste auf die Waage gehoben. Kais ist 380 kg schwer, meine 255kg, wie Rick schon sagte, ein kleiner Elefant.

Als wir abends die Halle verlassen, sind wir glücklich, alles so gut hinter uns gebracht zu haben. Immerhin sind wir seit acht Stunden in der " Mission Air Cargo " unterwegs.

Wir werden erst vier Tage später fliegen. Die Zeit wollen wir nutzen, um ein wenig die Stadt zu besichtigen, denn wir haben noch nichts gesehen, außer den Touristenvierteln, der Straße, an der alle Motorradmechaniker ihre Garage haben, und dem Flughafengebäude.

So eng kann man packen, wenn's Geld spart.

Ulrike

Die zweiten Drei - Bolle und Konsorten

"Und was ist nun so toll am Motorradfahren?" Gute Frage. So punktgenau sind wir das noch nie gefragt worden wie von Sue, die uns für ihr "Aussteigen-leicht gemacht-Buch" interviewt.

Also warum mit dem Motorrad um die Welt reisen, obwohl es doch einfachere, billigere und stressfreiere Möglichkeiten gibt? Nach ein paar Stunden tut der Po weh. Wenn es warm wird, und das wird es ziemlich oft in den Ländern, durch die wir reisen, sind wir klatschnass geschwitzt. Den Helm mögen wir uns in den Innenstädten beim Stop-and-Go am liebsten vom Kopf reißen, nicht sicher, ob es nur wegen der unerträglichen Hitze ist, oder um dem nächsten Drängler gleich mal mit Schwung den Weg zu zeigen. Wir kommen viel langsamer voran, als mit dem Bus oder Auto, immer wieder Trink- und Erholungspausen. Oft sind wir so erschöpft, dass wir keine Lust haben, uns noch die Sehenswürdigkeiten anzuschauen.

Also warum nicht mit dem Auto oder Backpacking per Bus, Bahn und Zug von Ort zu Ort ziehen? Auch dort trifft man Einheimische, dafür muss man nicht vor einer Motorradwerkstatt herumlungern. Wir stottern erst ein wenig, um die passende Antwort zu finden. Aber dann ist es plötzlich ganz klar. Es ist nicht nur die Art der Fortbewegung. Motorradfahren ist wie eine Metapher für uns. Mit dem Motorrad reisen heißt, zentriert zu sein. Wir sitzen mitten auf dem Motorrad, den Motor zwischen den Beinen, die Kraft überträgt sich nicht nur auf die Reifen. Wir lenken mit dem ganzen Körper. Alles ist im Einsatz, volle

Konzentration ist gefragt. Wir nehmen die Umgebung ganz anders wahr als ein Busreisender, der womöglich schon nach einer Stunde eingeschlafen ist oder aus dem Seitenfenster bricht, was das Zeug hält. Dieses Ereignis haben wir mehr als einmal beobachtet.

Wir fühlen mit den Reifen. Jede Unebenheit, jede Kurve gibt uns Informationen über das Land. Hier sind gute Straßenbauer unterwegs gewesen, dieses Land hat gute Ingenieure. Hubbelige Straßen, die wir nicht schneller als mit 30 bis 40 km/h bewältigen können. Armes Land, hier wurden die Steine mit der Hand bearbeitet und der Teer anschließend mit der Schippe darübergegossen.

Wir nehmen gesunden Menschenverstand wahr, falls er vorhanden ist. Wer nimmt wie Rücksicht? Wer drängelt sich einfach auf die Straße, ohne nach links und rechts zu schauen? Wir sehen viel mehr Gefahren, denn ruck zuck kann aus einem Fußgänger, der ohne zu schauen auf die Straße läuft, eine unüberwindbare Hürde für uns werden. Bremsen, ausweichen. Mit einem Auto vielleicht nicht mal eine Beule, aber mit einem vollgepackten Motorrad liegt man dann doch schon mal mitten auf der Straße. Und das ist nun wirklich nicht schön, besonders wenn der Bus einen Meter hinter uns sowieso schon mit der Hupe drängelt. Und glaubt uns, die Hupen in Indien, das sind seriöse Hupen, nicht so TÜV-gerechtes Kinderspielzeug wie in Deutschland.

Motorradfahren erfordert aktive Entscheidungen. Überholen wird nicht einfach so nebenbei gemacht. Die Lkws sind oft so langsam, dass beim Überholen ganz schnell der Point-of-no-Return erreicht ist. Kommt doch plötzlich ein Fahrzeug entgegen, können wir gar nicht so hart abbremsen, um wieder hinter dem LKW einzuscheren. Dann heißt es, herunterschalten und durchziehen in der Hoffnung, dass die Lücke lange genug offen bleibt. Wenn Kai zum Überholen ansetzt und plötzlich abgeht wie ein Zäpfchen, jede seiner 78 PS voll ausnutzend, weiß ich, dass ich zurückbleiben muss. Die Lücke ist zu. Ich habe Herzrasen, ob auch dieses Mal wieder alles geklappt hat. Aber von hinten sieht es immer schlimmer aus, als es vorne ist. Jedes Mal, wenn ich vorfahre und überhole, befürchtet Kai, dass hinter dem Lkw, den ich überholt habe, Plastikteile meiner kleinen Maschine auftauchen. Aber auch hier. Es ist nie etwas passiert und es war auch noch nie wirklich gefährlich. Bis auf das eine Mal, als Kai plötzlich ohne Lücke da stand und deshalb rechts außen an dem entgegenkommenden gelben Kranwagen vorbeifahren muss. Wohlgemerkt, das Ganze geschah bei Linksverkehr!!! Und wieder konnten wir feststellen, wie schön es ist, wenn sich langsam der Adrenalinspiegel senkt.

Eines haben wir gelernt. Jeder hat den Unfall, der zu seinem Leben passt. Kai brezelt in der Türkei auf einer Schotterpiste in die Steinwand. Wohl etwas zu schwungvoll und draufgängerisch. Im Iran kommen mir zwei Lkws frontal entgegen, ich bremse nicht stark genug, weiche aus auf den Schotterstreifen und teste zum ersten Mal die Abriebfestigkeit meiner Protektoren an. Zu vorsichtig, nicht richtig durchgezogen, in diesem Fall die Handbremse. Keine weiteren Einblicke in unser Seelenleben, aber ist schon interessant, oder?

Und dann gibt es das meditative Motorradwarten. Wären wir nur mit der großen BMW unterwegs, würden wir uns noch nach anderen Meditationsmöglichkeiten umschauen müssen. Aber wir haben ja den kleinen Einzylinder dabei, da gibt es immer etwas zu schrauben, zu

pflegen, nachzuschauen. Täglicher Kettencheck, alle zwei bis drei Tage
Ölstand kontrollieren, genauso wie das Kühlwasser. Tatsächlich ver-
braucht auch die Batterie Wasser - das aber sehr unregelmäßig. Also
auch das regelmäßig kontrollieren. Gibt es wieder neue Schrauben, die
sich locker gerüttelt haben, sind noch alle Kabel in Ordnung?

Jeden Tag ist es wie ein Zwiegespräch mit der Kleinen. Na, wie geht es
uns heute? Was macht die Kette, oh das schaut ein wenig zu locker aus,
also wird nachgespannt. Dabei kannst Du mir gleich mal dein Ritzel
zeigen. Schaut noch gut aus, ich versprech dir, in der nächsten großen
Stadt mit Werkstatt kümmern wir uns darum. Wie sehen die Reifen
aus, noch genug Profil, keine Risse, keinen Nagel eingesammelt? War
das Öl gestern schon dort? Kommt das von der Kette, die die Jungs
gestern geölt haben, als sie den Platten geflickt haben?

Ich putz das mal weg und wir schauen dann. Motor springt beim ersten
Versuch an, gut so, Motor läuft, Öl kommt aus der Dichtung am Ölfilter. Na ja, kann ja mal passieren (sollte aber nicht), also Motorrad
wieder abpacken, auf die Seite legen und neue Dichtung einsetzen.
Schnell noch testen, wie groß das Spiel des Lenkkopflagers ist, wenn ich
am Vorderrad rüttele. Oh, das heißt, dass wir das Lager bald austauschen müssen, versprochen, bei der nächsten Werkstatt.

Rund ums Motorrad haben wir unser Leben ritualisiert. Es beginnt mit
dem Einpacken der Sachen. Alles hat genau seinen Platz. Ich kann mich
noch an die ersten Wochen erinnern, als mir meine neue Ordnung noch
nicht so in Fleisch und Blut übergegangen ist. Jeden Morgen musste ich
drei- bis viermal alle Koffer und Taschen öffnen, um das ein oder
andere an die richtige Stelle zu packen. Das ist nun vorbei, alles liegt in
verstaut zu werden.

Auch das Aufpacken läuft nach einem bestimmten Muster ab. Das Gepäck wird verzurrt, die Handgriffe sitzen. Jedes Mal wird uns klar, dass wir einfach zu viel Gepäck dabei haben. Ja und dann kommt das ultimative Ritual: Anziehen und Aufsitzen. Nierengurt anlegen, Halstuch umbinden, Jacke zumachen, Handschuhe an, einen Kuss zum Abschied, Helm auf, Sonnenbrille auf. Ein Blick zum Liebelein, ob es seine Maschine allein vom Hauptständer bekommt, ein Nicken, aufsitzen, Motor starten und los.

Jedes Mal das Gleiche, jedes Mal wieder gut und oft ungläubig von den Indern bestaunt. Besonders die Kussszene, denn gerade bei kurzen Stopps finden sie oft nicht raus, ob es sich bei mir denn nun um einen Mister oder um eine Missis handelt. Ist auch nicht so einfach, ich gebe es zu.

Und was gibt es sonst noch so rund um das Motorradfahren zu sagen? Es macht, ja wie soll ich es sagen, es macht härter. Das Gefühl, jemanden den Arm ausreißen zu wollen? Jemanden in seinen Motorroller treten, damit er nicht mehr ständig vor meinem Reifen herumtänzelt? Doch nicht die kleine Ulrike. Anschreien, zurückschreien, mit der Faust auf den Tank hauen? Kennen wir uns so? Jetzt ja, jetzt haben wir dicke Stiefel an, jetzt trauen wir uns.

Der Höhepunkt unserer Traute ist erreicht, als wir in Katmandu abends aus einer Kneipe kommen und sehen, wie ein kleiner Nepali von anderen kleinen Nepali festgehalten und zusammengeschlagen wird.

Wir, das sind Kai, Rick und ich. Die Jungs schauen sich an und ganz Mann stürmen sie los, um wenigstens eine Ungerechtigkeit der Welt zu beseitigen. Allerdings haben wir alle ein wenig zu stark dem Bier zugesprochen, und so ist die Aktion nicht ganz 100%ig durchdacht. Plötzlich sehe ich, wie ein kleiner Nepali meinem lieben Kai mit seinem Helm eins über die Rübe zieht. Ulrike zögert nicht, sondern handelt. In diesem Fall heißt das, ich renne los, um Kai zu retten. Der hat allerdings schon selbst die Flucht ergriffen, sieht jemanden auf sich zurennen, reißt die Faust hoch und ...?

Und ich renne rein. Der nette blaue Fleck am Kinn sieht noch ganz schön lange ganz schön bunt aus. Aber davon lasse ich mich nicht schrecken. Beim Weglaufen sehe ich, dass Rick am Boden kniet. Und wieder ohne zu überlegen, laufe ich los. Ich muss so mit meinen Wanderstiefeln einen ganz ordentlichen Eindruck machen, denn der Typ, der Rick gerade mit seinem Helm bearbeitet, läuft weg, stoppt aber dann, dreht sich um, schaut mich an, ich schaue ihn an. Oh Sch..., wenn der jetzt zurückkommt, um mir eins überzuziehen.

Aber dann greife ich zu meiner ultimativen und stärksten Waffe. Ich reiße die Hand hoch, den Zeigefinger erhoben, und werfe ihm einen Blick zu, der deutlich sagt "Wage es nicht, Bürschchen!" Er schreckt zurück, der Mama-Finger hat gewirkt.

Auf dem Weg zurück zum Hotel begutachten wir unsere Wunden. Rick wird morgen ein ordentliches Veilchen haben, Kai hat eine Stelle mehr auf dem Kopf, auf der keine Haare mehr wachsen und ich weiß nun endlich, was damit gemeint ist, wenn die Amerikaner von "Friendly Fire" sprechen.

Aber dennoch hat sich Bolle janz köstlich amüsiert!

Ulrike

Thailand - alles Fälschung oder was?

Nepal war billig und die Bars im Stadtteil Thamel von Katmandu waren für uns, die durch das völlig nachtlebentote Pakistan und Indien gereist sind, fast so aufregend wie die Reise selbst. So viele Dinge gab es zu kaufen, dachten wir, und haben ordentlich unsere Ausrüstung aufgestockt bzw. verbessert. Und dann fliegen wir nach Bangkok. Wir kommen abends an, lassen uns gleich ins Hotel bringen und fallen todmüde ins Bett. So schlafen wir das letzte Mal den Schlaf der Ahnungslosen.

Wir sind im Shoppingparadies dieses Universums. Hier gibt es alles, und das meiste ist nachgemacht.

147

"If we can make it they can fake it", sagte schon Robert Zoellick, US Handelsvertreter, über China. Aber das trifft genau so auf Thailand zu.

Immer wieder müssen Kai und ich uns an die Hände nehmen, um nicht ständig das Portemonnaie zu zücken und völlig dem Kaufrausch zu verfallen. Ein neuer Gürtel mit BMW-Schnalle muss trotzdem her. Hatten wir wirklich schon ausreichend Sonnenbrillen und T-Shirts? Brauche ich nicht unbedingt auf der Reise eine Gucci-Handtasche? Fragen über Fragen, die uns fast den Schlaf rauben. Aber das ist nicht schlimm, denn Bangkok bietet auch da eine Lösung an. Nachtleben satt.

Die Khao San Road ist unter Rucksackreisenden eine Institution. Leonardo di Caprio ist hier schon im Film "The Beach" entlanggeschlendert. Es gibt Bars und Hotels und Essstände und Verkaufsstände für T-Shirts, Feuerzeuge, Gürtel, Schmuck, Hosen, Handtaschen, Geldbörsen, Reisetaschen, Rucksäcke, Jonglierbälle, Studenten- und Presseausweise, Bücher, Hüte, Badeschlappen, Bikinis, Strandkleider, CDs, DVDs, Computerspiele und -programme, Rastalocken, Sonnenbrillen, Ying-Yang-Kugeln und Räucherstäbchen in allen Geschmacksrichtungen. Und das die ganze Nacht lang. Und alles billig. Und (wahrscheinlich) ist nichts original.

Den Absacker nehmen wir nachts an der Tankstelle, die jeden Abend zur Bar umgebaut wird. Sind die letzten Autos verschwunden, fährt der VW-Bus vor, klappt die Seitenfenster auf und die Cocktailbar ist eröffnet. Mittendrin amüsieren sich die Thailänder. Immer Spaß in den Backen. Anders als in Nepal wollen sie uns hier nur etwas verkaufen, wenn sie Spaß dabei haben. Versuchen wir zu stark die Preise herunterzuhandeln oder mäkeln an der Ware herum, macht ihnen das keinen Spaß und sie verkaufen uns nichts.

In Nepal hatten wir immer das Gefühl, das Nettsein nur die Preise in die Höhe treibt. Hier ist es genau umgekehrt. Für uns sehr gewöhnungsbedürftig, aber doch viel angenehmer, hier im Land des Lächelns.

Thailand ist ja gerade für die netten Menschen bekannt, besser gesagt, die netten jungen Frauen, die ihre Dienstleistungen für kleines Geld zahlungswilligen Männern zur Verfügung stellen. Was wir mit Verwunderung lernen, ist, dass ca. 80 % dieser Dienstleistungen für thailändische Männer angeboten werden. Denn der thailändische Mann ist doch eher promiskuös. Wie gesagt, immer Spaß in den Backen …

Was können wir sonst noch über Thailand berichten? Es gibt immer noch tolle Inseln mit einsamen Buchten und kleinen Hütten direkt am Strand für wenig Geld. Die großen Inseln meiden wir. Zu viel Tourismus, zu teure Ressorts, die zwar schön sind, aber für uns doch zu kostspielig. Langsam wird es uns zu heiß. Jedenfalls, wenn wir in Schutzkleidung fahren, was wir immer, die Thailänder selten machen. Und die Ergebnisse können wir dann morgens im Frühstücksfernsehen begutachten. Noch nie haben wir so öffentlich zur Schau gestellte Unfälle gesehen. Der junge Mann liegt eingeklemmt auf dem Motorrad, das er unter den Lkw gefahren hat und hängt mit dem Kopf auf dem Boden. Das Blut tropft noch. Uns scheint es, als ob die Bilder wenig bewirken, außer dem wonnigen Schauer, den hier viele mögen. Wer es sich richtig geben will, kann sich an jedem Kiosk mit Havoc-Magazinen eindecken, um zu Hause die grauseligen Bilder in Ruhe zu studieren.

Die thailändische Küche bereitet uns wonnige Schauer. Scharf wie in Indien, aber nicht alles tot gekocht. Die Zutaten sind frisch, die Köche gut, die Garzeit kurz, der Preis klein. Wir schlemmen und völlen. Und probieren immer wieder Neues. In bisher unbekannte Testeuphorie verfallen wir, als wir kurz vor der laotischen Grenze am Straßenrand anhalten.

So ein frittierter Frosch schmeckt schön knusprig.

Dass hier Heuschrecken vor dem Frittieren und Verzehren nicht sicher sind, haben wir schon gesehen. Aber dass auch Kakerlaken und Skorpione herhalten müssen, finden wir doch gewöhnungsbedürftig. Die kleinen totfrittierten Frösche liegen etwas schwer im Magen. Doch etwas überwürzt, sagt Kai.

Was uns im wahrsten Sinne des Wortes fast aus den Socken haut, ist Kratin Daeng, der rote Wasserbüffel, das Original, das Red Bull in Lizenz vertreibt. Ja, hier in Thailand, da gibt es den wahren Stoff. Es ist genau so gummibärchensüß wie in Deutschland. Aber in Deutschland hatten wir nicht so Herzrasen. Ob es an unserer Koffeinentwöhnung liegt oder an den Inhaltsstoffen des Originals, wissen wir nicht. Aber Kai fährt wie der Wirbelwind durch den dicksten Verkehr, nachdem er eine ganze Flasche ausgetrunken hat. Sein einziger Kommentar, nach-dem er vom Motorrad steigt: "Puh, ich glaube, das Zeug macht fahr-untüchtig!" Ach was.

Kratin Daeng, bei uns als Red Bull bekannt.

Kai

Karies am Vielzahn

Bangkok, das ist nicht nur die strudelnde Metropole Südostasiens mit intensivem Nachtleben, sondern für den motorradfahrenden Weltreisenden bedeutet es auch: Hier gibt es endlich wieder Ersatzteile und motorradkundige Mechaniker. Unter Einheimischen und Overlandern hat sich die BMW-Werkstatt von Yut etabliert. Bevor wir uns mit den Maschinen auf den Weg durch das Großstadtgewühl bei 30 Grad im Schatten machen, nutzen wir unseren ersten Sonntag in der Stadt, um zu schauen, wo diese Werkstatt denn ist. Tapfer wehren wir uns gegen diverse Taxis und Tuk-Tuk-Fahrer, die uns fortwährend ihre Dienste anbieten.

Gestern noch sind wir mit unseren dicken Wanderstiefeln durch Kathmandu gestiefelt und waren froh, im November warme Schuhe zu haben, denn die Abende wurden schon mächtig kalt. Hier, mit Adiletten bzw. Flip-Flops an den Füssen, zieht sich so eine Strecke doch ganz ordentlich, während uns die Sonne so langsam aber sicher das Gehirn aufweicht. Ein eisgekühltes Taxi wäre sicher auch nicht schlecht. Aber wir sind Low-Budget Weltreisende, da steigt man nicht einfach so in ein Wohlstandstaxi. Wir finden die Werkstatt nach einer Weile und lernen dabei die Gegend kennen, in der wir die nächsten vier Wochen fast täglich herumlaufen werden. Es wird natürlich nicht gearbeitet, ist ja Sonntag.

Montagmorgen treffen wir dann den Besitzer Yut direkt in seiner Werkstatt. Die Motorräder auf dem Gehweg kündigen sein Geschäft schon von Weitem an. In der Seitengasse neben seinem Laden wird schon fleißig gearbeitet. Ergonomische Arbeitsplätze kennt man hier nicht, Po auf die Hacken, Knie am Kinn und die Hände tief im Reinigungsbenzin. Die Mechaniker strahlen eine bemerkenswerte Ernsthaftigkeit aus; wir können sie durch unsere Anwesenheit nicht so einfach von ihrer Arbeit ablenken. Anscheinend kommt hier öfter mal ein Overlander vorbei.

Yut ist ein drahtiger und mit den Eigenheiten der Westler vertrauter Mann. An der Wand seines kleinen Büros erkennen wir seine gerahmten Ausbildungsurkunden von BMW Australien und Deutschland. In der Seitengasse stehen mehrere halb reparierte Motorräder. Auch die übliche Abfallecke darf nicht fehlen. Wirkt alles so wie bei den Schraubern zu Hause. Die Frontseite seiner Werkstatt liegt an einer viel befahrenen Hauptstraße. Das bedeutet, dass neben der täglichen Hitze noch reichlich Abgase und Staub dazukommen. Alles vermischt sich dann auf der Haut zu einem klebrig-feuchten Film, den wir von Zeit zu Zeit mit Antimückengel anreichern. Abends ist der Duschbesuch Pflicht, aber eigentlich auch morgens, oder wenn wir aus der Stadt zurückkommen. Oder aber einfach nur so.

Wir wollen bei Ulrikes Motorrad die Getriebewelle reparieren lassen, die wir in Pakistan nur provisorisch ausbessern lassen konnten. Nach einigen Telefonaten mit der BMW-Vertretung ist Yut und uns klar, dass eine neue Welle in Bangkok nicht verfügbar ist. Ein Ersatzteil aus Deutschland oder Australien einfliegen zu lassen, ist zu teuer. Er schlägt vor, die Welle zu reparieren. Wir haben ja schon in Pakistan und Indien die Erfahrung gemacht, dass mit einfachen Mitteln wesentlich mehr repariert werden kann, als sich so manche Vertragswerkstatt in Deutschland vorstellen kann. Aber wie soll das gehen? Yut erklärt uns schnell die Details. Zuerst wird der Motor zerlegt und die Getriebewelle ausgebaut. Dann wird eine neue Verzahnung angefertigt und auf die Welle geschweißt. Eines unserer Ersatzritzel dient als Vorlage. Von einer Spezialwerkstatt sollen diese Arbeiten durchgeführt werden. Abschließend wird die Getriebewelle neu gehärtet, damit sie den Anforderungen von Ulrikes Fahrstil standhält. Und alles ist in zwei Wochen fertig. Don't worry, be happy.

Abends beim Bier an der Hausbar kommen mir die ersten Zweifel: Getriebewelle schweißen und neu härten? Ich erinnere mich schemenhaft an meine Vorlesungen in Werkstoffkunde während des Ingenieurstudiums. Schweißen führt zur Versprödung und deshalb muss man irgendwie das Metall mit Wärme behandeln, damit die Welle außen hart und innen zäh ist. Hart gegen den Abrieb zwischen Welle und Zahnrädern, zäh gegen die Vibrationen. Macht irgendwie Sinn und wir hoffen, dass die Thais das mit dem Schweißen und Härten irgendwie schon hinbekommen.

Tagsüber schauen wir des Öfteren bei Yut vorbei, um die Entwicklung der Arbeiten zu sehen. Es sieht alles bestens aus, wir genießen unsere Zeit. Aber dann kommt der Tag, an dem wir nun endlich den Motor wieder anlassen dürfen. Der Motor ist schon eingebaut, alles passt, nur die Schraube, die das Ritzel auf der Getriebewelle hält, soll zum Abschluss mit einem Schlagschrauber angezogen werden. Der Schlagschrauber, dieses druckluftbetriebene Monster, das wir vom Reifenhändler kennen, rattert los und Yut hat unverhofft den neuen Vielzahn in der Hand. Der Schweiß auf unserer Stirn wird langsam kalt. Yut steht der Schrecken im Gesicht. Ursachenforschung ist angesagt. Yut findet den Fehler schnell: Die neue Verzahnung ist gar nicht richtig angeschweißt worden. Nicht nur uns wird langsam unwohl bei dem Gedanken, dass uns langsam die Optionen ausgehen. Wir müssen in 10 Tagen das Land verlassen, das 30 Tage Visum läuft aus. Auch Yut ist angefressen. Er hat vergessen, die Stabilität der Welle vor dem Zusammenbau des Motors zu prüfen. Später erzählt er uns, dass es nun eine hohe Portion diplomatischen Geschicks braucht, um diesen Garantiefall mit dem Zulieferer wieder ins Lot zu bringen. Ja, er muss den Lieferanten geradezu bezirzen. Während man in Deutschland in solchen Fällen schon mal den Lauten macht und klar sagt, was Sache ist, darf hier nicht der Eindruck entstehen, der Lieferant hätte keine Ahnung und seine Mechaniker wüssten nicht, was sie tun. Das würde einem Gesichtsverlust gleichkommen. Und das ist die asiatische Höchststrafe. Eine weitere Zusammenarbeit mit dieser Werkstatt wäre für Yut nicht mehr möglich.

Also, sich abends treffen, zusammen essen und trinken, und dabei die Ursache des Problems möglichst auf einen Unbeteiligten schieben. Das ist die asiatische Strategie bei der Lösung von Problemen. Wir sind froh, dass wir das Problem nicht lösen müssen, wobei wir uns gern abends mit Leuten treffen, zusammen essen und trinken und dabei die Probleme der Welt auf andere wahrscheinlich nicht Unbeteiligte schieben. Bangkok bietet dafür sowohl genug Leute, wie auch Gelegenheiten zum Essen und Trinken. Tagsüber lassen wir uns das Warten mit einer Thai-Massage versüßen. Nix wissendes Gekicher und Augenverdrehen. Eine echte Thai-Massage wird von quirligen, beweglichen und ganz schön kräftigen älteren Damen durchgeführt, die ein unglaubliches Vergnügen daran haben, wenn wir schmerzverzerrt aufstöhnen. Muskelkater ist garantiert.

Da sich die Arbeiten in der Werkstatt etwas zäh hinziehen, entschließen wir uns, einige Inspektionsarbeiten selbst durchzuführen. Yut stellt uns dazu einen kleinen Arbeitsplatz in seiner Werkstatt zur Verfügung. Vor dem Inspizieren kommt allerdings noch das Einkaufen. So machen wir uns auf, den BMW-Tempel etwas außerhalb der Innenstadt anzusteuern. Da wir inzwischen den Busfahrplan lesen können, nutzen wir dieses billige Verkehrsmittel gerne. Die Verkaufsräume sind wie alle Verkaufsräume gestaltet: technisch hochwertig und mondän, aber irgendwie kalt und gefühllos.

Ulrike und Yut in seiner kleinen Hinterhof-Werkstatt.

Da die Original-Ersatzteile verhältnismäßig teuer sind, sprechen wir Yut auf Alternativen an. Bald müssen wir wieder die Bremsbeläge tauschen und die Kupplung der großen BMW wurde bis hierher auch schon ordentlich rangenommen.

Yut erklärt uns, dass es hier in Bangkok ganz normal ist, dass hier die Bremsbeläge nicht einfach nur ausgetauscht werden. Die alten, abgefahrenen Bremsbeläge werden aufgearbeitet und mit neuen Reibflächen versehen. Genauso wird das bei der Trockenkupplung gemacht. Wir bezweifeln allerdings, dass es sich um „grüne" Beläge handelt, die mit natürlichen Pflanzenfasern und Stahlwolle hergestellt werden. Hier gibt es die verschleißfesten Mischungen mit mineralischen Fasern, die man Asbest nennt. Da wir in Bangkok kein Gabelöl finden, empfiehlt uns Yut, Automatik-Getrieböl zu nehmen: Machen alle hier, geht auch.

Zwei Tage vor Ablauf unseres Visums wird die kleine BMW mit neuer Getriebewelle, neuem Ritzel und neuer Kette endlich wieder bewegt. Sylvester brechen wir nach vier Wochen Bangkok Richtung Kambodscha auf. Später, nachdem wir unseren Südostasien-Rundtrip durch Kambodscha und Laos gemacht haben, werden wir die Restarbeiten machen lassen. Immerhin wurden wir von Yut als „Kunde des Monats" bereits in ein bayerisches Restaurant a la Hofbräuhaus eingeladen.

Während einem unserer Besuche bei Yut fällt uns eine martialisch aussehende BMW auf: tiefschwarz, Nieten und Totenköpfe an den Handschützern, New Yorker Kennzeichen, geiles Teil. Yut gibt uns die Telefonnummer des Besitzers. Dave ist easy-going und schnell sind wir nahe der Kao San Road verabredet, dem Zentrum der Rucksackreisenden. Wir unterhalten uns über die üblichen Reisethemen: „Wohin seid ihr gefahren, wie waren die Leute, was kann man sich anschauen, wie sind die Straßen, wen habt ihr getroffen?" Wir fragen ihn auch speziell nach Laos, das Dave gerade besucht hat.

Dieses Land hat ihn sehr beeindruckt und er ist ganz begeistert. Aber noch begeisterter erzählt er uns von einem Pärchen, das er dort getroffen hat. Er sah schon von Weitem zwei Personen auf einer Wiese an einem Fluss liegen und daneben zwei Fahrräder. Es sah kurios aus, vielleicht ein Unfall und Dave hielt an, um zu helfen. Es stellte sich heraus, dass es sich um zwei Tschechen handelte, die ein kleines Nickerchen machten.

Beide waren mit dem Rad über Land bis nach Laos gefahren. Nach eigenen Aussagen hatten sie bis hierher nur 300 USD ausgegeben! Und davon wäre die Hälfte für Visa draufgegangen, was nicht gerade ihre Begeisterung fand. Ich frage Dave, ob die Fahrräder recht einfach aussahen und ob eines einen umgedrehten Rennradlenker hatte, was er bejaht. Wir beide können es kaum fassen, die beiden Minimalisten hatten wir an der Wagah-Border zwischen Pakistan und Indien getroffen. Sie wollen es bis nach Australien schaffen, woran wir jetzt keinen Zweifel mehr haben.

Laos

Pakistan

Iran

oben Bangkok / Thailand - unten Laos

oben Pushkar / Indien, unten Angkor Wat / Kambodscha

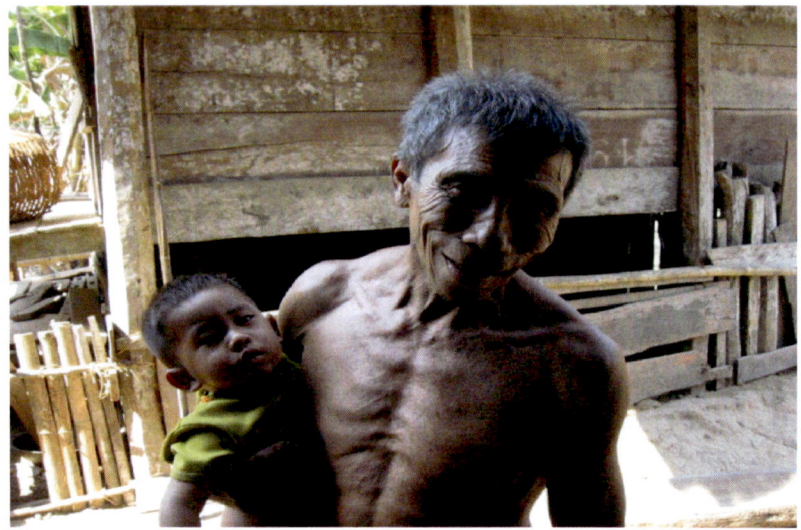

oben Laos, unten Myanmar

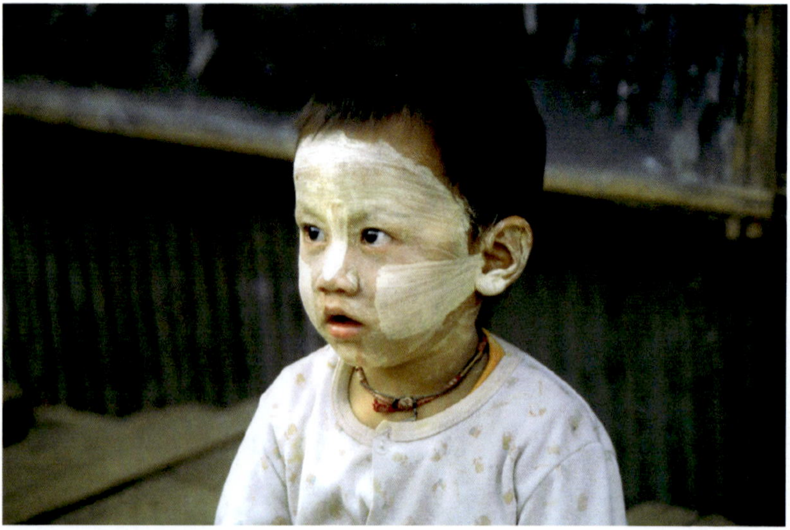

Mekong / Laos

Luang Prabang / Laos

Bungle Bungle / Australien

Australien

Karijini (National Park) / Australien

Ulrike

Hope for Life - Hoffnung macht den Tag erst schön

Ein Kinderheim im Norden Thailands direkt an der Grenze zu Myanmar zu besuchen, kann ein sehr bedrückendes Erlebnis sein. Kann, muss es aber nicht. Und so ist es auch für uns. Es ist ein beeindruckender und schöner Tag, den wir zusammen mit Harry und Flo aus Deutschland, Ngaow und den Kindern von Childlife in Mae Sai verbringen. Harry und Flo haben wir auf unserer Reise in Rumänien kennengelernt und hier in Thailand treffen wir uns nun wieder.

Ein wenig Balsam für zarte Kinderseelen.

Da die beiden aktiv Childlife unterstützen und ihren Thailandurlaub nutzen, um mal vor Ort zu schauen, wie das Projekt so gedeiht, nutzen wir die Gelegenheit und begleiten sie.

Ngaow, der junge Leiter des Kinderheimes, hat vor Jahren die ersten Kinder mit nach Hause genommen, für sie gekocht und sie unterrichtet. Er musste sich Geld leihen, um Nahrungsmittel zu kaufen. Nach einiger Zeit der Not fand er Unterstützung durch den "Save the Children Fund" in Chiang Rai. Deutsche Unterstützung durch "Hope for Life" kam dazu und nun können über 60 Kinder in eine bessere Zukunft schauen. Denn für viele burmesische Kinder, die im "Golden Triangle", dem Goldenen Dreieck leben, dem ehemaligen Rauschgift-Eldorado Asiens, ist das Leben nicht einfach. Der Bürgerkrieg in Burma, die schwierige wirtschaftliche Situation, oftmals die Drogenabhängigkeit der Eltern, ein Leben als Drogenkuriere, lässt die Kinder von zu Hause weglaufen und das Glück auf der Straße suchen. Dass dort das einzige Glück ist, von Ngaow aufgesammelt zu werden, merken die meisten schnell.

Wir verbringen den Tag damit, uns das Kinderdorf in Mae Sai anzu-schauen. Das Zentrum bildet ein offener, überdachter Speisesaal mit einer kleinen, ebenfalls offenen Küche. So kennen wir das auch von den Food-Markets in den Städten und Dörfern, wo frisch zubereitete Köst-lichkeiten zubereitet werden. Um den Speisesaal herum sind die ein-fachen Hütten für die Kinder und die Betreuer sowie ein Klassenraum. Alles ist sauber und sehr gepflegt. Während Harry und Flo sich mit dem Leiter des Kinderdorfes unterhalten, schauen wir ein wenig durch die offenen Klassenfenster und hören den Kindern beim Lernen zu. Wir sehen, dass das Geld hier direkt vor Ort hilft.

Nachmittags gehen wir zu Fuß über die Grenze nach Burma. Wir werden mit mehreren Moped-Taxis abgeholt und in die nahe gelegene Zweigstelle des Kinderheimes gebracht. Hier werden wir freudig begrüßt. Die Angst, dass die Militär-Junta die Grenze schließt und die Kinder nicht mehr auf die andere Seite nach Thailand können, ist allgegenwärtig. Den ganzen Tag sind die Kinder um uns herum. Sie sind nicht schüchtern, nein ganz im Gegenteil.

Oft sitzt ein Kind auf unserem Schoß oder wir haben mehrere Kinder an der Hand und können uns nicht retten, falls wir anfangen, mit einem zu spielen. Sofort sind alle anderen da und wollen auch ihre Portion Aufmerksamkeit von den Ausländern bekommen. Besonders rührt es mich, als wir mittags extra in einem Restaurant haltmachen, in dem ein kleiner Junge arbeitet, der früher im Kinderdorf gelebt hat, nun aber von der Mutter zurückgeholt wurde. Ngaow fährt hier regelmäßig vorbei, um mit dem Kind zu sprechen. Noch immer hängt sein Herz an dem kleinen Kerl, der hier seinen Beitrag zum Lebensunterhalt der Familie beiträgt. Ngaow, ein junger Mann, knapp 30 Jahre alt, der sein Leben ganz den Kindern widmet und nicht viel Aufhebens darum macht. Das beeindruckt uns am meisten.

Abends kommen wir völlig geschafft nach Hause. Es gibt nicht viel zu sagen. Wir schauen uns noch einmal die Bilder der digitalen Kamera an. Die großen Kinderaugen sind das, was uns gefangen nimmt und unser Herz erweicht. Aber wenn den Kindern jetzt Hilfe gegeben wird, dann werden sie, wenn die großen Kinderaugen zu Erwachsenenaugen geworden sind, in eine weniger schlechte Zukunft blicken. Das hoffen wir jedenfalls. Und deswegen unterstützen wir Childlife und Hope for Life gerne. Wir haben unsere beschauliche Kleiderkammer durchstöbert und Entbehrliches zusammen mit etwas Geld gespendet.

Viel mehr Informationen (in Deutsch) gibt es auf den Homepages http://www.childlife-maesai.org und http://www.hopeforlife.de.

Ulrike

Angkor oder Wat

Eines der Sieben Weltwunder, so wird Angkor angepriesen. Was sich marketingtechnisch recht gut anhört, entspricht zwar nicht den Tatsachen, aber dem Stolz der Kambodschaner. Die Silhouetten von Angkor Wat zieren die Nationalflagge und jeden Geldschein. Also ist es klar, dass wir dieses Weltwunder auch ansteuern, auch wenn wir in anderen Ländern nicht die wahren Trümmerjunkies waren.

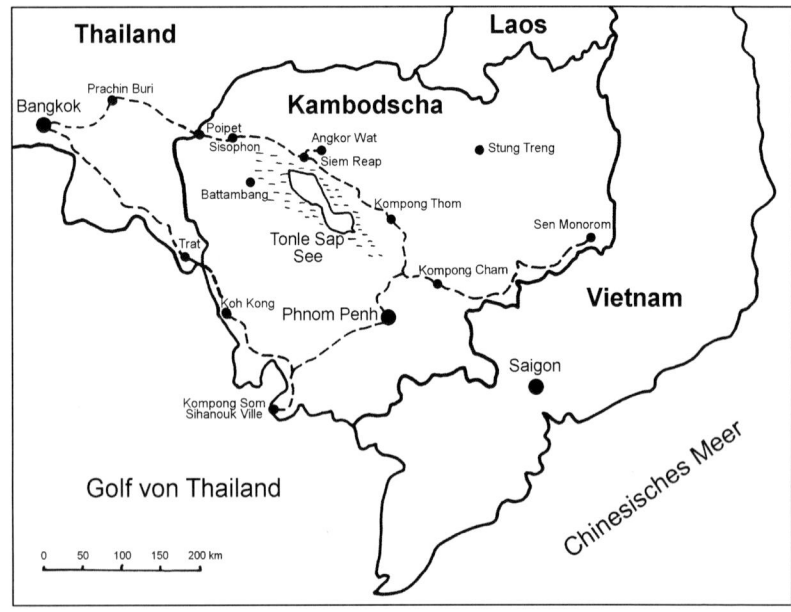

Angkor, das ist nicht nur Angkor Wat, dem wohl am häufigsten besuchten und beschriebenen Tempel. Angkor umfasst eine 200 km² große Fläche oberhalb des Tonle Sap, dem größten Süßwassersee Südostasiens. Es war das politische Zentrum der Khmer von 802 bis 1432 AD und umfasst Tempel und Paläste der damaligen Könige.

Angkor Wat ist der besterhaltenste und auch größte Tempel der gesamten Anlage. Allerdings ist es schwierig für uns, die Perfektion der Architektur zu erkennen. Einfach zu viele Besucher möchten die besondere Ausstrahlung dieses Bauwerkes spüren. Für uns bleibt da nichts übrig. Aber wir sind nicht böse deswegen, denn es gibt ja noch genug anderes zu bestaunen.

So machen wir uns morgens auf den Weg, um die 216 großen Steingesichter, die den Bayon Tempel schmücken, bei Morgenlicht zu sehen. Dieser Tempel bildet den geografischen Mittelpunkt von Angkor Thom, der "Großen Stadt". Angkor Thom war die religiöse und administrative Hauptstadt des Khmer-Reiches. Eine Million Menschen gehörten zu der Stadt, zu einer Zeit, in der London gerade mal 50.000 Einwohner zählte. Bayon wurde Ende des 12. Jahrhunderts, ca. 100 Jahre nach Angkor Wat, gebaut. Der buddhistische Tempel hat 54 Türme, die jeweils mit 4 Gesichtern verziert sind. Es soll das Gesicht König Jayarvarman VII sein und so seine Omnipräsenz darstellen. Die aufgehende Sonne und die sich ändernden Schatten lassen die Gesichter lebendig erscheinen.

Die Sonne klettert höher und es ist Zeit, ein schattigeres Plätzchen zu suchen. Ta Prohm bietet sich an. Hier stiefelte Lara Croft durch die Ruinen, denn Tomb Raider wurde hier verfilmt. Ja, heute werden sogar schon Computerspiele verfilmt. Es ist sicherlich einer der meist foto-

grafierten Tempel, denn anders als bei den meisten anderen großen Anlagen, wurde Ta Prohm nur rudimentär vom Urwald befreit. Und so
klettern wir durch Ruinen, angetan von der Symbiose zwischen Baum
und Stein. Stützt die Mauer jetzt den Baum oder der Baum die Mauer?
Aber wirklich fasziniert sind wir von Preah Khan, dem "Heiligen-
Schwert-Tempel". Abseits der Wege der Ein-Tages-Touristen finden
wir einen Tempel, der uns gefangen nimmt.

Die Urwaldriesen stabilisieren inzwischen die Tempelanlagen.

Stille, Zerfall, Urwald, Lichtspiele, verlassene Ecken, dunkle Gänge,
fette Spinnen. Es ist, als ob wir jede Minute etwas Neues entdecken.

Die Ost-West / Nord-Süd-Symmetrie ermöglicht lange Blicke durch die zerfallenen Korridore. Es gibt genug Möglichkeiten, kleine entlegene Ecken zu finden, die wunderschöne Statuen und Reliefs beherbergen. Dieser Platz hat für uns eine besondere Atmosphäre und wir sind hier mehr als einmal (nämlich genau zweimal), um durch die Ruinen zu klettern.

Wir sind zu Anfang nicht sicher, ob wir ein Ein-Tages-Ticket für 20 USD oder ein Drei-Tages-Ticket für 40 USD pro Person nehmen sollen. Wir entscheiden uns für die drei Tage und bereuen es nicht. Wir haben so genug Zeit, in den kühlen Morgenstunden durch die Ruinen zu stromern, die Mittagshitze im ruhigen Guesthouse zu überstehen und spät nachmittags ein schönes Plätzchen zu suchen, um den Sonnenuntergang anzuschauen. Dass wir überall mit dem Motorrad hinfahren können, ist klasse.

Die Polizei, die inzwischen allerorten Posten bezogen hat, achtet nicht nur darauf, dass die Anlagen nicht weiter geplündert werden, sondern auch darauf, dass unsere Motorräder sicher stehen. Als ganz besonderen Service empfinden wir, dass die Jungs auch gern als Führer oder Getränkeverkäufer fungieren. Ist schon klasse, wenn sie fragen, ob sie einem etwas erklären oder gute Plätze zum Fotografieren zeigen sollen. Wir spüren bei jedem Satz den ganzen Stolz auf ihr "Weltwunder".

Dass dieses Wunder schon so verfallen ist, liegt nicht nur an der mangelnden Pflege. Der Komplex war fast 500 Jahre zwar nicht unentdeckt, aber doch verlassen. Erst im 20. Jahrhundert fingen die Franzosen mit einigen Restaurationsarbeiten an. Nein, der ganze

Komplex kann nicht als handwerkliche Meisterleistung verstanden werden. Die Steine waren nur mangelhaft miteinander verbunden, was besonders schnell bei den Deckenkonstruktionen deutlich wurde.

Die schlechte Qualität des verwendeten Sandsteines tat ihr Übriges. Aber es gab leider kein besseres Material. Dass die Skulpturen darüber hinaus aus Steinblöcken quer zur "Wachstumsrichtung" gemeißelt wurden, hat den Verfall beschleunigt. So konnte das Regenwasser besser in die poröse Struktur eindringen und Schaden anrichten. Außerdem holte sich der Dschungel seinen Teil zurück.

Eines sollte man sich klar machen, wenn man die Großartigkeit bewundert: Als Angkor Wat errichtet wurde, die Khmer-Kultur auf ihrem Höhepunkt war, stand der Aachener Kaiserdom schon fast 300 Jahre und der Speyerer Dom war gerade in der Entstehung. 100 Jahre später wurde der Grundstein zum Kölner Dom gelegt.

Aber nichtsdestotrotz wir finden, es ist einen Besuch wert, wie das auch so viele andere denken. Letztes Jahr waren 800.000 Besucher dort und 2004 werden zwei Millionen erwartet. Da könnt ihr euch vorstellen, wie der Bau neuer Hotelanlagen boomt.

Ulrike

Viel Vergangenheit, viel Zukunft

Ich habe in Kambodscha einen Sack Reis umgefahren. Hat das jemand bemerkt? War schon klar, dass das wieder keinen in Deutschland interessiert. Warum ich es trotzdem erzähle? Es war somit einer der Höhepunkte der Ereignisse in dem Land. Kai protestiert gerade. "So schlimm war Kambodscha nun auch nicht." Nein, schlimm nicht, aber auch nicht wirklich aufregend für uns. Oder das Aufregende war nicht sehr angenehm.

Kambodscha hat schon seinen Charme. Angkor mit seinen Tempelruinen ist uneingeschränkt eine Reise wert. Aber motorradreisetechnisch hat es nicht so viel zu bieten. Sind die Straßen gut, ist die Landschaft langweilig. Die Reisfelder, durch die wir stundenlang durchfahren, sind toll. Aber stundenlang ist zu lang. Wenn die Landschaft schön ist, sind die Straßen so schlecht, dass wir nicht zum Genießen kommen. Oder die Dreckstraßen sollten eigentlich durch den Dschungel führen, aber links und rechts ist alles großzügig abgeholzt worden.

Dass Kambodscha nach dem Ende des Pol Pot Regimes wie Phönix aus der Asche auferstanden ist, haben wir von einigen Reisenden gehört. Das Land hat eine grauenhafte Vergangenheit, die wir bis heute noch sehen können. Als wir über die Grenze fahren, fallen uns zuerst die vielen Beinamputierten auf. Landminen sind hier immer noch ein großes Problem. Den Opfern, die überleben, bleibt nichts anderes übrig, als wieder irgendwie zu arbeiten oder zu betteln. Eine staatliche Versorgung gibt es nicht. Dafür ist das Land zu arm. Denn das mit Phönix und der Asche ist noch nicht allzu lange her.

1975 haben die Roten Khmer die Regierung übernommen und das Volk aus den Städten auf das Land vertrieben. Es kamen viele durch Hunger und Krankheit um. Ausländische Hilfe wurde nicht angenommen, man wollte ein souveräner und autonomer Staat sein. Aber was noch viel schlimmer war, war die Schreckensherrschaft der Roten Khmer, die jeden umbrachten, von dem sie dachten, dass er gegen sie sein könnte. Die Kindersoldaten waren besonders grausam und gefürchtet. 1979 besetzte Vietnam das Land und vertrieb die Roten Khmer.

Die von den Vietnamesen eingesetzte Regierung von Exil-Kambodschanern wurde international jedoch nicht sofort anerkannt. Es war damals noch nicht international akzeptiert, in ein fremdes Land einzumarschieren, um ein Terrorregime zu stürzen. Pol Pot mit seinen Leuten führte einen Bürgerkrieg, um wieder an die Macht zu kommen und wurde dabei sogar von China und Thailand jahrelang aktiv unterstützt.

Erst 1991 wurde in Paris ein Friedensvertrag geschlossen, der freie Wahlen vorsah. Allerdings hielten sich die Roten Khmer nicht an die Waffenruhe. Besonders die UN-Friedenstruppen waren Ziel ihrer Angriffe. Nach einigen Aussöhnungsversuchen wurden sie 1994 durch ein von allen Regierungsparteien verabschiedetes Gesetz für illegal erklärt. 1996 kam es zu einem Friedensabkommen mit abtrünnigen Roten Khmer. Erst im Dezember 1998, nach dem Tod von Pol Pot und verstärkten Angriffen der Regierungstruppen ergaben sich die letzten Roten Khmer. So sind gerade einmal fünf Jahre Frieden in diesem Land. Und dafür steht es erstaunlich gut da. Allerdings ist die internationale Hilfe auch immens. 2002 wurde dem Land von der internationalen

Staatengemeinschaft für 2003 finanzielle Unterstützung in Höhe von 635 Millionen USD zugesagt. Kein Wunder, dass wir an jeder Brücke, an jedem Dorf Hinweisschilder sehen, welches Land hier finanzielle Hilfe gibt.

Mit dieser exotischen Fähre verlassen wir Kambodscha Richtung Thailand.

Die Folgen des Bürgerkrieges lassen sich aber nicht einfach durch Ankurbeln der Wirtschaft wegwischen. Laut einer Studie einer WHOnahen Organisation leiden in Kambodscha 75% der Erwachsenen, die die Rote Khmer Zeit miterlebt haben, an posttraumatischen Belastungsreaktionen. Aber auch den Kindern geht es nicht viel besser. 40% der kambodschanischen Kinder haben psychische Probleme, da sie in einem gestörten Umfeld aufwachsen. Wie sich das äußert? Albträume und Schlafstörungen sind noch die harmlosen Folgen. Hilfe gibt es

181

wenig. Für die 13 Millionen Einwohner stehen gerade mal 20 Psychiater zur Verfügung. Zum Vergleich: Die Schweiz hat 22 Psychiater pro 100.000 Einwohner.

Ein klein wenig versuche ich zu helfen. Ich spende Blut im Kantha Popha Kinderkrankenhaus in Siam Reap. Die Spenden von westlichen Ausländern werden gern genommen, da diese seltener mit Hepatitis verseucht sind, wie die der meisten Blutspenden der Einheimischen. In nur 15 Minuten bin ich um 350 ml Blut ärmer und um ein T-Shirt reicher. Im Krankenhaus zu sein, kann auch Spaß machen.

Auch in Sihanouk Ville werden wir erleichtert, diesmal allerdings unfreiwillig. Uns wird eine Tasche vom Motorrad geklaut, diesmal waren wir nicht vorsichtig genug. Weg sind einige Ersatzteile, mit denen hier keiner etwas anfangen kann. Dafür lassen sie unsere guten Motorradjacken zurück. Die waren ihnen dann doch wohl zu groß. Als wir den Hotelbesitzer darauf ansprechen, dass uns auf seinem Grundstück etwas geklaut wurde, antwortet er nur lapidar, dass er weiß, dass sie ein Sicherheitsproblem in der Stadt haben. Von Phnom Penh kommen am Wochenende organisierte Gruppen und stehlen alles, was nicht niet- und nagelfest ist. Das macht uns das Land nicht sehr sympathisch. Da wir außerdem am Strand ständig die Bettler und Kinder abwimmeln müssen, die uns irgendetwas verkaufen wollen, nehmen wir kurz entschlossen Reißaus und fahren nach nur 12 Tagen zurück nach Thailand. Trotz dieser nicht so erfreulichen Erfahrungen denken wir oft an die Kinder zurück. Immer wieder winken sie uns am Straßenrand zu. Und pfiffig sind die Kleinen. Als Kai einem wirklich süßen kleinen Mädchen sagt, dass er sie am liebsten mit nach Deutschland nehmen würde und sie fragt, was sie denn kosten würde, antwortet die Kleine: "Gib mir einen Riel, genau einen. Dann komm ich mit. Aber Geldwechseln tue ich nicht." Da die kleinste Note, die wir je gesehen haben, 100 Riel sind, bleibt die Kleine dort. Aber wir hatten noch ziemlich lange den Mund offen, ob dieser pfiffigen Antwort.

Ulrike

Kampf der Hühnergrippe

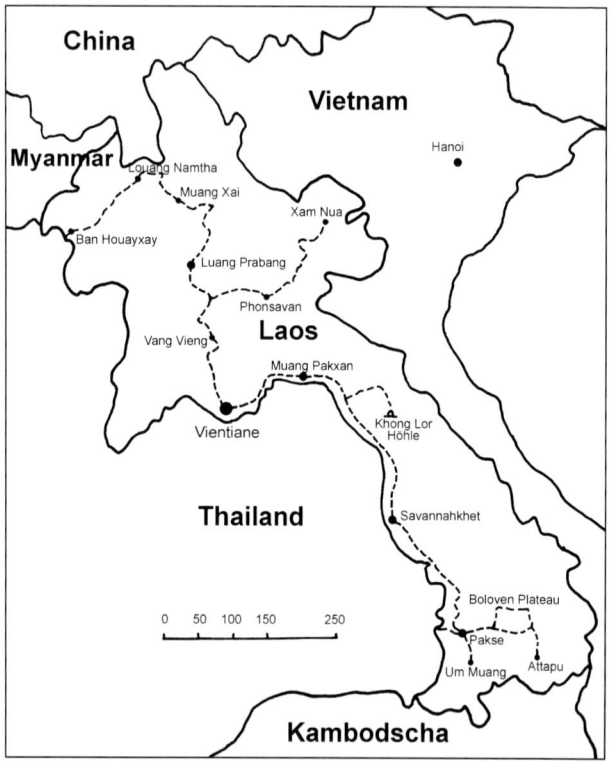

Kaum sind wir über die Grenze, wird es uns klar. Das schlimmste Ereignis für Laos war wohl die Erfindung der Plastiktüte. Überall liegen sie am Straßenrand und hängen in den Bäumen. Und wir dachten, Indien ist dreckig. Gott sei Dank taucht dieses Plastiktüten-problem immer nur an den Hauptbusrouten auf, und dann auch nur ein paar Kilometer nach den Pausenstopps. Dort wird der Snack für die Fahrt gekauft und da hier alles doppelt in Plastiktüten verpackt wird und sich über die Entsorgung noch niemand so richtig Gedanken gemacht hat, werden die Dinger dann kurzerhand aus dem Busfenster geschmissen. Die Essensreste werden an der Busgardine abgewischt.

Dass die Plastiktüten nicht die größten Probleme in Laos sind, wird uns schnell klar. Schon der Reiseführer warnt vor Wanderungen abseits der ausgetretenen Pfade. Zu viele Bomben aus der Zeit des geheimen Krieges, dem Vietnamkrieg auf laotischen Boden, den die Amerikaner hier in den 60'ern und 70'ern geführt haben, liegen noch herum und warten nur darauf, explodieren zu können. Eine wirklich gefährliche Sache.

Trotzdem ist Laos ganz schnell eines unserer Favoritenländer geworden und steht auf einer Stufe mit Rumänien und Pakistan. Es sind die herrlichen Bergstraßen, die uns so gut gefallen.
Nach dem Stück zwischen Vientiane und Vang Vieng schaut Kai, als hätte ihm ein Engelchen in enger Lederkombi übers Herz gepillert. Selig liegt er im Bett und träumt von den Asphaltkurven mit dem perfekten Grip. Aber was das Ganze noch besser macht, sind die freundlichen Menschen und besonders die Kinder, die oft am Wegrand stehen, uns zuwinken und Sabadiiii (Guten Tag) rufen. Aber so freundlich die Kleinen auch sind und uns oft von sich aus zuwinken, so sind sie doch ziemlich zurückhaltend, wenn wir anhalten und unsere Helme absetzen. Kai schafft es sogar einmal, ein paar junge Mädchen, die an uns auf einem schmalen Weg vorbei müssen, so zu erschrecken, dass

sie ins Feld laufen. Na ja, Teenager eben. Aber einmal passiert es uns tatsächlich, dass zwei kleine Kinder schreiend vor uns weglaufen. Der kleine Junge macht ohne Probleme 50 Meter wett, und beobachtet uns aus sicherer Entfernung, aber seine kleine Schwester kann nicht so schnell laufen und bleibt dann auch noch am Hang hängen. Da ist der Schreikrampf vorprogrammiert und nur Mutti, die in der Nähe auf dem Reisfeld arbeitet, kann helfen. Ob den Kindern hier nicht mit dem "Schwarzen" sondern dem "Weißen Mann" gedroht wird?

Laos ist das erste kommunistische Land, durch das wir reisen. Wir suchen verzweifelt nach Hammer und Sichel oder doch wenigstens nach lebensgroßen Bildern der Parteispitze. Selbst in der Bank, in der wir problemlos und schnell Geld wechseln, hängen keine Bilder sondern ein Fernseher, auf dem Star Sports läuft. Die Vierschanzentournee ist in vollem Gange. Schade, dass das Geldwechseln so reibungslos abläuft.

1975 verschwand Laos hinter dem Bambusvorhang und tauchte erst 1986 wieder auf. Damals wurden offiziell die Marktwirtschaft und der Tourismus zugelassen. Seit 1991 wurde das Bekenntnis zum Privateigentum in die Verfassung aufgenommen. Allerdings wurde im gleichen Zug auch das Machtmonopol der laotischen revolutionären Partei festgelegt.

Seit damals hat sich einiges verändert. Allein in den letzten 10 Jahren hat der Tourismus um 2000 % zugenommen (in Worten zweitausend). Aber es kommt uns immer noch paradiesisch ruhig vor im Vergleich zu Thailand. An vielen Orten, die schon touristisch erschlossen sind, finden wir immer noch ein Leben vor, wie vor 123 Jahren (kleiner Scherz, gez. der Setzer). Oft sitzen wir in Tad Lo vor unserer kleinen Hütte und schauen den Menschen bei ihrem täglichen Leben zu, das sich hier am Fluss abspielt. Morgens gehen die Kinder zum Wasserfall und sammeln Krebse, Muscheln und kleine Fische. Nachmittags geht der Wasserbüffel baden, weil ihm zu heiß geworden ist. Abends kommen die Leute vom Feld und waschen sich und ihre Wäsche im Fluss. Schweine und Hühner laufen durchs Dorf und suchen sich ihr Futter selbst. So war es wohl schon immer, so wird es sicherlich auch noch eine Weile bleiben. Denn Laos ist arm und der Laote doch mehr lethargisch. Und dieses Ruhige und Behäbige macht das Land so sympathisch. Aber wie gesagt, das löst auch nicht alle Probleme.

Dass Laos nicht nur wirtschaftliche Probleme hat, ist ganz schnell bei Amnesty International nachzulesen. Es wird gefoltert und Andersdenkende unterdrückt und es werden zum Teil sogar Christen verfolgt, und das von Buddhisten. Sachen gibt's.

Laos ist wohl das einzige kommunistische Land, das quasi eine Staatsreligion hat. Es gibt überall Tempel, die auch recht gut gepflegt sind. Ob das mit dem Entwicklungsgeld passiert, das ins Land fließt, wissen wir nicht. Denn Geld kommt kräftig. Das sehen wir nicht nur an den vielen dicken Geländewagen, die die Aufkleber der Hilfsorganisationen tragen. Wagen, die sich ein normaler Laote so schnell nicht leisten kann. Da loben wir uns doch die Bayern, die bei einem Projekt zur Aufforstung dem deutschen Experten in Nepal ein „Dienstmoped" zur Verfügung stellen. Er fährt dann mit genau dem gleichen Fortbewegungsmittel durch die Gegend wie die Einheimischen. So bleibt man bürgernah!

Eigentlich hatten wir ja ganz Südostasien meiden wollen. Bei unserer Reiseplanung war die SARS-Hysterie gerade voll auf ihrem Höhepunkt. Aber da die Epidemie ja nun in der Zwischenzeit verebbt ist, haben wir es nun doch gewagt. Und kaum sind wir hier, bricht die Hühnergrippe aus. Kai hat sein ganz eigenes Mittel gefunden, um gegen diese Hühnergrippe vorzugehen. Er fährt einfach drüber, über die Hühner. Drei Stück hat er regelrecht auf die Straße geklebt. Ob er das extra gemacht hat oder die Hühner einfach zu blöd sind und genau dann die Straßen kreuzen müssen, wenn wir vorbeikommen, das kann sich jeder, der Kai kennt, selber beantworten. Die anderen müssen wohl ewig unwissend bleiben.

Ulrike

MAG und der geheime Krieg in Laos

"Kein Betroffenheitsjournalismus" sagt Kai zu mir und deswegen werde ich nun nur die Fakten nennen.

Zwischen 1964 und 1973 flog die USA 580.344 Bombenangriffe über Laos. 1,6 bis 2 Millionen Tonnen Bomben (je nach Quelle) wurden während dieser Zeit abgeworfen. Das entspricht 17 Tonnen je Quadratmeter. Zum Vergleich: Während des II. Weltkrieges wurden über Deutschland 1,36 Millionen Tonnen abgeworfen. Die durchschnittlichen Kosten des Laos-Bombardements betrugen 2.190.000 USD pro Tag.

Laos wurde ungewollt zum Kampfplatz der Supermächte während des Kalten Krieges. Da die kommunistischen Nordvietnamesen immer wieder in Laos eindrangen, unterstützten erst Frankreich und dann auch die USA die laotische Regierung. Nordvietnam erhielt Hilfe von Russland und zum Teil auch China. 1962 wurde in Genf ein Friedensabkommen geschlossen. Kurz gesagt, wurde darin festgelegt, dass Laos ein neutrales Land bleibt und alle ausländischen Truppen abzuziehen hätten. Alle zogen ab, bis auf die Vietnamesen, die sogar noch verstärkt am Ho Chi Minh Pfad, der durch den Süd-Osten von Laos führt, arbeiteten. Offiziell bestritten sie allerdings jede Aktivität in Laos. Da das Genfer Friedensabkommen hauptsächlich auf Bestreben der Großmächte USA, Russland und China abgeschlossen wurde, konnte die USA Laos nicht beim Kampf gegen die Kommunisten helfen, die ja offiziell nicht im Land waren.

Um nicht einen neuen Weltkrieg zu provozieren, wurden nur Geheimdienstleute und "Zivilisten" eingesetzt. So waren beispielsweise Piloten im Einsatz, die von der Air Force freigestellt wurden. Sie unterstützten die Royalisten und die Hmong, einem Volksstamm, der sich besonders vehement gegen den Einmarsch des Vietcong wehrte. Die Hmong werden deswegen auch heute noch immer verfolgt. Die Ausrottung des Volkes hat sich die laotische Volkspartei vorgenommen und auch heute noch tauchen immer wieder Hmong als "Rebellen" auf, um sich zu wehren. Ob nun die Amerikaner recht haben, die sagen, sie hätten die Freiheit der Laoten verteidigt, oder die Friedensaktivisten, die dagegen anführen, dass die amerikanischen Piloten Männer, Frauen und Kinder, also Zivilisten bombardiert haben, wissen wir nicht. Die ganze Sache ist äußerst komplex und vor dem Hintergrund des Kalten Krieges zu sehen.

Tatsache ist, dass Laos zum "Pro-Kopf" am stärksten bombardierten Land wurde. Die Bomben fielen fast ausschließlich in den Plan of Jars und im Süden entlang des Ho Chi Minh Pfades.

Letztendlich haben die laotischen Kommunisten die Oberhand gewonnen, seit 1973 herrscht Friede und seit 1975 Pathet Lao, die laotische revolutionäre Volkspartei. Die Kriegsfolgen sind aber bis heute nicht behoben, denn es wird geschätzt, dass bis zu 30% der abgeworfenen Bomben nicht explodiert sind.

Mitarbeiter von MAG, Mines Advisory Group, die hier zusammen mit UXO Laos Mitarbeitern an der Entschärfung dieser Bomben arbeiten, sagten uns, dass fast jede Woche Unfälle, oft mit tödlichen Folgen, durch UXOs (unexploded ordenance = nicht explodierte Bomben) geschehen. Besonders gefährlich sind die sogenannten Bombies. Das sind kleine tennisballgroße Sprengkörper, die mittels Streubomben abgeworfen werden. Öffnet sich die Streubombe nicht früh genug, haben die Bombies nicht genug Zeit zu explodieren und fallen zu Boden. Die Streuung ist sehr hoch, sodass eine große Fläche mit ihnen verseucht wurde. Gerade Kinder heben diese gelben, glänzenden Bomben hoch, weil sie oft nicht wissen, was sie da in der Hand halten.

Entschärfte Bomben vor dem Mines Advisory Group Center in Sarawan im Süden von Laos.

Oder weil sie die Stahlkugeln herausholen wollen, die sich hervorragend als Munition für Wurfschleudern eignen. Oftmals explodieren die Bomben dabei und verursachen schreckliche, oft tödliche Wunden.

Aber es sind nicht nur diese Unfälle allein, die Laos belasten. UXOs in einer Region bedeuten verseuchtes Land, das nicht für die Landwirtschaft oder Hausbau zur Verfügung steht; hohe Kosten, um Land zu kultivieren (um ein fußballgroßes Feld 100% sicher auf Bomben abzusuchen, sind mehrere Personen monatelang beschäftigt); hohe medizinische Kosten durch Unfälle und hohe Folgekosten, weil ein Familienmitglied aus dem "Produktionsprozess" ausfällt und evtl. zum Pflegefall wird und von den mentalen Folgen wollen wir gar nicht sprechen.

Die Leute von MAG, die wir in Saravan treffen, sagten uns, dass sie es wahrscheinlich nicht mehr erleben werden, dass das Land ganz gesäubert ist. Und selbst wenn - neue Arbeit wartet schon. Denn im letzten Irakkrieg wurden wieder Streubomben eingesetzt - Bomben, die reine Anti-Personen-Waffen sind.

Kai

Auf bestem Asphalt und derben Pisten durch Laos

Wir backen uns das ideale Motorradland. Dazu nehmen wir ein paar lang gezogene Gebirgsketten mit Bergen bis zu 2800 Metern, ein wenig Tiefland und mehrere Hochebenen, mischen das Ganze kräftig, fügen ein paar idyllische Dörfer mit fröhlich winkenden Kindern dazu, eine kleine Prise Verkehr runden den Geschmack ab. Vorsichtig ziehen wir gut asphaltierte Straßen unter, sodass sie sich immer am Bergrücken entlang schlängeln und wunderschöne gleichmäßige Kurven bilden. Dreckstraßen werden großzügig in die Lücken gefüllt. Nach dem Backen bei ca. 30 Grad im Mai lassen wir das Ganze auf knapp 7 Grad in der Nacht im Februar abkühlen. Je nach Geschmack dekorieren wir das Land mit Regen- oder Monsunwald und viel rotem Staub. Wer mag, kann auch von Mai bis Oktober statt Staub Schlamm auftragen, dies ist aber nur für die ganz verwegenen Endurofahrer gedacht.

Tja, wenn wir nicht Laos kennengelernt hätten, hätten wir wohl das so machen müssen. Aber, wie gesagt, es gibt ja Laos. Noch vor 50 Jahren gab es gerade einmal 620 geteerte Straßenkilometer. Aber die Back- bzw. Straßenbaukunst ausländischer Couleur hat auch hier gewaltig Einzug gehalten. Eine der Hauptrouten ist der Highway 13, der von der kambodschanischen Grenze bei Vaeng Khan im Süden des Landes bis Boten an der chinesischen Grenze im Norden durchgehend asphaltiert ist. Viele der Brücken wurden von den Japanern finanziert.

Kalte und nebelige Fahrt durch die wunderschöne Bergwelt von Laos.

Wir genießen dieses deliziöse Stückchen Straßenbackkunst mit einer Tasse köstlichen Laokaffees. Wir fahren dazu nahe Pakse über die Grenze von Thailand nach Laos. Wir müssen uns ein wenig umstellen, da wir nun wieder auf der, im wahrsten Sinne des Wortes, rechten Seite der Straße fahren - der alten Kolonialmacht Frankreich sei Dank. Von Pakse aus erkunden wir das Bolaven Plateau. Der Besitzer des Guesthouse gibt uns eine selbst erstellte Kartenkopie, die sehr genau die Attraktionen dieser Hochebene beschreibt. Sehr praktisch, denn anderes Kartenmaterial gibt es hier nicht. Das Plateau, das eine durchschnittliche Höhe von 1200 Metern hat, bietet neben sehr schönen

Wasserfällen angenehme Temperaturen, die sich besonders für den Kaffeeanbau eignen. Das hatten auch die Franzosen erkannt und haben während ihrer Kolonialzeit die Kaffeepflanzen Robusta und Arabica eingeführt. Dafür können wir ihnen nun wirklich nicht böse sein.

Eine kleine Seitenstraße führt zum Tad Fane (Tad = Wasserfall) und etwas weiter zum Tad Yueang. Beide stürzen sich für uns nicht nur fototechnisch gesehen wunderschön in die Tiefe. Der süßliche Duft der Kaffeeblüten erfüllt die Luft. Im Tad Fane Ressort ist die Einsamkeit dieser schönen Landschaft so richtig zu genießen. Der Preis sorgt dafür, dass es wirklich einsam bleibt.

Von Paksong fahren wir über Houayklong nach Kengsai direkt durch den Dschungel und weiter nach Attapeu. Die Erdpiste lässt sich erstaunlich gut fahren. Ein kleiner Feldweg führt uns zu einem Aussichtspunkt gegenüber dem Tad Katamtok. Es ist der höchste Wasserfall in Laos mit seinen gut 100 Metern freiem Fall. Alle anderen zeichnen sich mehr durch Breite als durch Tiefe aus. Um den Wasserfall zu finden, haben wir mehrere Einheimische auf ihren Diesel-Wasserbüffeln fragen müssen. Was ein Dieselwasserbüffel ist? Das ist eine Art Minitraktor, hinter dem alles Mögliche u. a. auch ein Anhänger zum Draufsitzen gespannt werden kann. Ein beliebtes Fortbewegungsmittel für die ganze Familie.

Zurück geht es über Sekong, noch einmal über das letzte noch nicht fertig asphaltierte Stück Highway 16 mit viel Bull Dust, auch bekannt als ganz, ganz, ganz feiner Staub. Genau in der Mitte dieser 20 Kilometer langen Straße gibt es eine Reihe von engen Kurven, die steil vom

Plateau zu einer Brücke führen. Den ganzen Tag sind wir fast ohne Gegenverkehr gefahren. Aber nun ausgerechnet hier, an einer der kniffeligsten Stellen, kommen uns drei Autos entgegen, die uns komplett mit dem feinen Staub einpudern. Wir müssen anhalten, die Sicht ist gleich null.

Auf dem Highway 23 haben wir endlich wieder Teer unter den Reifen. Einige Kilometer Richtung Südwesten und wir kommen nach Tad Lo, einem kleinen Dorf mit Bambushütten am Wasserfall. Wir beziehen eine Hütte direkt am Ufer, ein wirklich idyllisches Plätzchen. Wir genießen am Abend das Rauschen des Wasserfalls. Morgens wachen wir auf, aber das Rauschen ist weg. Wir schauen und staunen, kein Wasser! Die Kinder krabbeln über die Steine den Wasserfall hinauf und sammeln Schnecken. Wir krabbeln auch den Wasserfall hoch und kommen zu einem Kraftwerk, in dem vormittags das Wasser gesammelt wird, um damit nachmittags mit Schwung die Turbinen anzutreiben. Wofür der Strom genutzt wird, kann uns niemand sagen, denn wir sitzen abends bei Kerzenlicht beim Abendessen, genauso wie alle Menschen im Dorf.

Der Highway 13 bringt uns zum alten, von den Franzosen in den 30er Jahren gebauten Highway 23. Aber nach ca. 20 Kilometern stoppt uns eine Flussfurt, zu viel Kies, zu viele dicke Steine, zu schwere Maschinen, zu kleine Boote zum Übersetzen. Die Pfeiler der Brücke stehen noch. Das ist aber auch alles, was die Amerikaner während ihres Krieges in Vietnam in Laos davon übrig gelassen haben. Die Jungs in den Booten ermuntern uns, unser Boote auf die Planken zu fahren und mit ihnen überzusetzen. Aber nachdem wir mit anschauen, wie ein

Motorrad der Größe „Mofa" verladen und dann rübergesetzt wird, verzichten wir. So fahren wir lieber Richtung Norden.

Weiter geht es entlang des Mekongs über Vientiane, der Hauptstadt von Laos, nach Phou Khom. Dort nehmen wir Highway 7 Richtung Osten nach Phonsavon. Die Hochebene der Tontöpfe (Plain of Jars hört sich besser an, oder?) und die Kriegshöhlen bei Xam Nua sind unser Ziel. Eigentlich reizt uns eher der Weg dorthin. Denn es geht über eine dieser tollen Bergstraßen. Das Highlight sind die 140 Kilometer des Highway 6, die bei Muang Kham startet, einem dieser kleinen Bergdörfer. Die Straße ist hier nur noch einspurig. Links und rechts können wir in die dicht bewaldeten Täler von Nordlaos schauen. Obwohl es jetzt im Februar sehr kalt ist, es zeitweise regnet und bisweilen dichter Nebel uns die Sicht nimmt, genießen wir jede Kurve, jedes Dorf entlang der Straße und jeden Panoramablick, den wir zwischen den dichten Wolken erhaschen können. In Xam Nua kommen wir nach sechs Stunden Frieren erst nach Einbruch der Dunkelheit an. Dazu müssen wir noch einen Polizeiposten passieren. Wir halten an, aber keiner will sich aus dem Zelt bequemen. Es geht auch ohne Kontrolle und so fahren wir weiter auf der Suche einer Übernachtungsmöglichkeit weiter ins Dorf. Die Polizei ist anderer Meinung und verfolgt uns. Ein paar Beschleunigungstests später haben wir die Streife im Dorf auf ihrem Moped abgeschüttelt.

In Vieng Xai möchten wir die Kriegshöhlen in den Karstbergen besuchen. Das Wetter ist immer noch feucht und kühl. Wir fühlen uns in die Zeit des Indochinakrieges zurück versetzt. Immerhin gibt es mehr als 100 Kalksandsteinhöhlen rund um Vieng Xai, von denen zwölf eine Kriegsgeschichte haben. Hier suchte die kommunistische Pathet Lao

Bewegung in den 60er Jahren Schutz vor den Bombenangriffen der Amerikaner.

Wir besuchen die Höhle von Prinz Souphanouvong, der sich den Kommunisten angeschlossen hatte. Die Höhle verrät mit einigen Hinweisen die Verbindung der Pathet Lao zu den Nordvietnamesen und Ho Chi Minh. Neben dem Eingang ist ein Bombenkrater zu erkennen, auf den uns der Führer aufmerksam macht. Die spektakulärste Höhle ist die Tham Than Khamaty. Neben dem gleichnamigen späteren Ministerpräsidenten versteckten sich hier in den feuchten Höhlen zeitweise bis zu 3000 Pathet Lao Kämpfer und bereiteten sich auf die Kämpfe mit den Regierungstruppen vor.

Bei der Fahrt durch die Berge im Winter wärmt so ein Feuer ungemein.

Richtung Norden fahren wir durch die wilde Bergwelt nach Udom Xai und Luang Nam Tha, wo sich ein breites Tal öffnet. Im Luang Nam Tha sehen wir ein Infoblatt über Vieng Phoukha. "Trekking and Community based Tourism, not in the Guidebooks, Sensitive Travellers only, local Guides, a EU Micro Project through Local Communities." Ja, das sind all die Zauberwörter, die uns hier in dem hässlichen Luang Nam Tha doch noch an das Gute in der Öko-Tourismus-Region glauben lassen. Die Piste bis dahin ist anstrengend. Es gibt viele einfache Holzbrücken aus Baumstämmen, die einfach längs zur Fahrtrichtung über den Bach gelegt wurden. Doch die Strecke durch die Nam Tha National Bio-diversity Conservation Area (NBCA, so etwas wie ein Nationalpark) entschädigt uns für die Anstrengungen. Ja, hier gibt es noch richtigen Urwald neben der Straße und auch auf den Hügeln und in den Tälern. Nachdem wir den Wald der Umgebung in einer Tagestour erkundet haben, fahren wir zur Grenzstadt Houay Xay. Der Highway 3 ist jetzt eine staubige Steinpiste, die uns noch einmal so richtig fordert. Einige Lkws, die Holzkohle für Thailand transportieren, zeigen uns deutlich, dass die Vernichtung des Regenwaldes nicht einfach nur so ein Gerede ist. Zurück bleiben kahle, trostlose Hänge.

Kräftig durchgeschüttelt und verschwitzt erreichen wir Houay Xay, wo wir die müden Muskeln regenerieren. Unsere Gedanken kreisen noch lange um die tolle Bergwelt und die wunderbaren Menschen, während Beer Lao unseren Geist entspannt. So wenig Verkehr, auch auf den Hauptrouten hatten wir nicht erwartet. Und so einen guten Zustand der meisten Teerstraßen auch nicht. Es gibt in den Bergen sogar Ver-kehrsschilder, die vor der nächsten Kurve warnen. Dass wir erst mal durch eine Linkskurve müssen, um in die angekündigte Rechtskurve zu kommen, finden wir mehr typisch als gefährlich.

Über die junge Laotin, die neben Kais Motorrad steht und sich freut, dass sie fast genauso groß ist, wie die BMW, müssen wir schmunzeln. Oder über die Frauen, die laut auflachen, als sie uns auf den großen Maschinen durch den Dschungel brechen sehen. Mit unseren Helmen halten sie uns wahrscheinlich für außerirdische Kohlköpfe. Auch die Frauen, die mitten im Dschungel am Straßenrand sitzen und seltsame Früchte verkaufen, lassen uns noch lange rätseln. Wie heißen die Früchte, und an wen verkaufen sie die? Uns kam den ganzen Tag auf dieser Straße niemand entgegen. Aber wie gesagt, Beer Lao lässt uns auch darüber entspannt hinwegkommen.

Am nächsten Morgen verlassen wir per Fähre das Land. Durch das Fährschiffmonopol müssen wir einen unverschämt hohen Preis pro mit Murren zahlen. So ist das halt mit Monopolen.

Ulrike

Endlich mal wieder Kaffee trinken

Unser Besuch von Wat Phu beginnt morgens früh mit der Fahrt über unsere erste Piste in Laos. Recht früh machen wir den ersten Stopp, um einen Kaffee zu trinken. Serviert wird uns Lao Kaffee, der echte. Wir bekommen jeder ein Glas mit Kaffee, in dem unten zweifingerhoch die Dosenmilch steht. Das Umrühren gestaltet sich schwierig, da die Milch mächtig zäh und dickflüssig ist. Die Farbe des Kaffees wechselt von Tiefschwarz zu Tiefbraun. Können wir das überhaupt trinken, ohne dass unsere Magenwände perforiert werden? Den ersten Schluck nehmen wir ganz vorsichtig und wir sind völlig überrascht. Lao Kaffee ist ein herrlich süffiges, cremiges und süßes Gebräu, das uns fast an Kakao erinnert. Köstlich!

So stark, da bleibt der Löffel drin stehen - schmeckt göttlich!

Nun kann es losgehen, Wat Phu zu besichtigen. Wat Phu ist eine Tempelruine im Süden Laos. Sie wurde im 9. Jahrhundert AD im Angkor-Khmer-Stil gebaut. Später wurde der Hindutempel in einen buddhistischen umgewandelt. Die Tempelanlage steht auf der UNESCO-Weltkulturerbe-Liste. Das führt nicht nur dazu, dass es besser geschützt und renoviert wird. Nein, auch die Eintrittspreise für Ausländer haben sich verzehnfacht.

Die Motorräder sind schnell sicher abgestellt, Kamera, Kappe und Trinkflasche raus und schon geht es los. Die ersten Ruinen, die wir sehen, sind für uns, die wir die Schönheit Angkors schon bewundert haben, etwas ernüchternd. Die zwei großen rechteckigen, sich gegenüberliegenden Ruinen haben zwar ein paar schöne Torbögen, aber soll das alles sein? Wir konsultieren unser frisch erworbenes Infoblatt und erkennen, dass wir den Berg hinauf gehen müssen, und zwar 100 Meter. Noch ist es kühl und wir machen uns auf den Weg. Die Treppe ist recht steil, flankiert von Dok-Champa Bäumen, deren Blüten die Nationalblumen von Laos sind. Sie riechen süßlich und die Luft duftet, wie mit Lenor gewaschen.

Wir erreichen die oberste Ebene, auf der der eigentliche Tempel steht. Es ist ein friedliches und schattiges Plätzchen. Als die Anlage noch hinduistisch war, wurde ein großer Stein-Lingam ständig mit Wasser aus der Quelle, die hinter dem Tempel entspringt, umspült. Die Apsaras, die weiblichen Gottheiten, die in Stein gemeißelt sind und die Steinreliefs von Shiva, Vishnu und Brahma sind die Überreste der hinduistischen Zeit. Große Buddha Figuren haben später den Platz des Lingam eingenommen.

Die eigentliche Besonderheit dieses Tempels soll aber aus der Ferne erkennbar sein. Denn der Tempel steht am Fuße eines Berges, der wie ein Lingam geformt ist. Ach ja, ein Lingam ist ein hinduistisches Phallussymbol. Daher heißt der Berg auch Phu Pasak oder Penis-Berg. Aber entweder fehlt uns die notwendige Fantasie oder der Regen gepaart mit dem Lenor-Duft hat schon einiges weichgespült, denn wir können das nicht so recht erkennen.

Zum Abschluss besuchen wir noch den mittlerweile zerfallenen und überwucherten Tempel Um Muang. Der Weg ist recht abenteuerlich und wir glauben ein wirklich, verlassenes Fleckchen Erde entdeckt zu haben. Aber anscheinend kann nichts verlassen und zerfallen genug sein, als dass es sich nicht doch noch lohnen würde, Eintrittsgeld zu nehmen. So springt plötzlich ein Ticketverkäufer aus dem Unterholz und nimmt uns tatsächlich ganze 50 Cent ab, um die verträumte Stille rund um diese verlassene Anlage genießen zu können. Kaum haben wir die Kamera auf das Stativ geschraubt, um Fotos mit viel Atmosphäre zu machen, kommt ein vietnamesisches Filmteam vorbei, um einige Aufnahmen mit viel Atmosphäre für eine Dokumentation zu drehen. Viel Trubel an einem stillen Örtchen.

Ulrike

Der Reisfeldritt nach Khong Lor

Von Khong Lor haben wir schon in Pakse gehört. Ein junger französischer Fotograf, der auf seiner Enduro Laos unsicher macht, schwärmte uns von dem Dorf und der nahegelegenen Höhle vor und so steht Khong Lor ganz schnell auf unserer "Zu-besuchen-Liste". Das Dorf liegt im flachen Nam Hinboun Tal, das von senkrechten Kalksteinfelsen umgeben ist. Landschaftlich einfach genial, wie wir von einem Aussichtspunkt oberhalb des Highway 8 aus sehen können.

Vom Highway 8 biegen wir Richtung Süden an einem Hinweisschild Richtung Khong Lor Höhle ab. Das Schild lässt uns erst ein wenig stutzen, denn erstens gibt es nur sehr wenig Beschilderung in Laos und zweitens weist das nicht gerade auf "unentdecktes" Gebiet hin. Nun ja, nun sind wir hier, also fahren wir los.

Die ersten Kilometer gehen über gute Piste. An einer Weggabelung (wieder mit Hinweisschild) entscheiden wir uns für die Offroad-Strecke, wir wollen ja schließlich ein Abenteuer erleben. Jetzt wird der Weg wirklich wild. Die Spurrillen zeigen uns deutlich, dass hier während der Regenzeit nur große Autos mit mächtigen Reifen eine Chance haben. Und dann sehen wir die trockenen Flussdurchfahrten. Auch hier haben mächtige Autoreifen tiefe Spuren gezogen. Aber langsam, im ersten Gang und mit einer großen Portion Gelassenheit meistern wir diese Herausforderung.

Weite Strecken geht es über ausgetrocknete Reisfelder. Wie immer sind wir erst ganz vorsichtig. Aber nach kurzer Zeit ist klar: Entweder fahren wir so langsam, dass wir fast umkippen oder wir brezeln so schnell über die Felder, dass wir nicht mehr jedes Loch spüren. Wir entscheiden uns für die zweite Variante. Schließlich sind wir ja mit echten Reise-Enduros unterwegs. Kai fährt vor. Nach kurzer Zeit ist er in einer großen Staubwolke verschwunden. So, nun ich. Ich fahre los, beschleunige, erster Gang, zweiter Gang, dritter Gang, hoch das müde Gesäß und im Stehen die Reisstoppeln abgeritten. Einmal schaffe ich es sogar, mit beiden Reifen gleichzeitig in der Luft zu sein. Das ist mal wieder eine gute Probe für unsere Ausrüstung. Bisher dachte ich immer, dass ich meine Tasche auf der Sitzbank ganz gut befestigt hatte. Aber nach kurzer Zeit spüre ich leichte Bewegungen hinter mir. Die Tasche protestiert und will runter vom Moped. Kann ich nachvollziehen, denn das Gerüttel ist schrecklich. Aber durchgehen lassen kann ich das auf keinen Fall. Also Anhalten und Gurte nachspannen. Unter einem großen Baum wartet Kai auf mich. Bei der Hitze können wir es nur im Schatten aushalten. Wir machen eine kurze Pause, um zu schauen, wo wir denn eigentlich hin müssen. Karte und Kompass werden bemüht. So ganz sicher sind wir aber nicht. Und da wir 20 Meter vor dem Baum schon wieder ein Hinweisschild gesehen haben und zwar nach Sala Hinboun, sind wir so neugierig, dass wir uns entschließen, dem mal genauer nachzugehen. Nach kurzer Fahrt können wir es fast nicht glauben. Wir stehen vor der "Luxusherberge" Auberge Sala Hinboun. Landschaftlich wunderschön am Fluss gelegen, werden für die sehr nett gemachten Zimmer mit heißer Dusche 20 USD die Nacht verlangt. Nun ja, wir überlegen uns das Ganze und entschließen uns, erst einmal weiter zu fahren, um zu sehen, wie wir denn am nächsten Morgen zur Höhle kommen.

Noch einmal acht Kilometer im gestreckten Schweinsgalopp (oder heißt es bei einer BMW Kuhgalopp?) und wir erreichen das nächste Dorf. Die ersten Kinder kommen uns sofort entgegen gelaufen. Ein paar Erwachsene tauchen auf, sie sprechen sogar ein wenig Englisch. Ob es hier eine Übernachtungsmöglichkeit für uns gibt? Zu unserem Erstaunen werden wir in eines der Häuser geführt, das hier wie alle Häuser auf Stelzen steht. Es wird uns ein Zimmer mit neuen Matratzen und Moskitonetz angeboten. Inklusive Vollpension soll die Übernachtung für uns zusammen 10 Dollar kosten. Das erscheint uns für die wenig luxuriöse Ausstattung und Toilette über den Hof doch ein wenig teuer. Und angesichts der Tatsache, dass wir völlig verschwitzt sind, und nur so nach einer Dusche dürsten, fahren wir zurück zur Auberge Sala Hinboun. Das erste Bier schmeckt köstlich. Leider ist abends das Essen dermaßen schlecht, dass wir uns wünschen, doch bei den Leuten im Dorf geblieben zu sein. Denn dort war der Tisch zumindest mit allerlei Grünzeug gedeckt.

Am nächsten Morgen packen wir, um zum Dorf zu fahren. Die Tasche wird extra fest gezurrt, damit sie uns nicht wie gestern vom Motorrad hopst. Wir fahren recht entspannt zum Dorf, diesmal kennen wir die Strecke ja schon. Dort gibt es ein großes Hinweisschild (das Tal der Schilder scheint's): 70.000 Kip (7 USD) für eine Bootsfahrt durch die Höhle. Feilschen nicht möglich: Das Geld kommt dem ganzen Dorf zugute.

Wir sitzen auf unseren Motorrädern, von Kindern und Frauen bestaunt und warten darauf, dass der Ticketverkäufer für die Bootstour kommt. Und da taucht er auch schon auf. Dass unsere Motorräder nicht einfach so auf einem Feld vor dem Dorf stehen bleiben können, ist ihm sofort klar. Er geht vor und zeigt uns einen Parkplatz zwischen den Stelzen seines Hauses. Umgeben von Kindern geht es zur Bootsanlegestelle. Dies ist eigentlich nur eine flache Stelle am Ufer, und so krabbeln wir in das kleine Langboot. Der Kapitän wirft den Motor an und wir knattern los Richtung Höhle. Am Flussufer sind Gärten mit großen Bambuszäunen abgeteilt, in denen Gemüse und Kräuter angebaut werden. Frauen waschen Wäsche im Fluss und Kinder vergnügen sich beim Fischfang.

Da der Wasserstand sehr niedrig ist, hockt der erste Offizier vorne auf dem Bug und hält nach Untiefen Ausschau. Wenn es zu flach wird, müssen Kai und ich aussteigen und das Boot wird vorsichtig geschoben. Jetzt, während der Trockenzeit ist der Wasserstand zu niedrig für das Boot inklusive Insassen.

Die erste Etappe unserer Bootsreise ist bald erreicht. Der Höhleneingang liegt wie ein tiefer, dunkler Schlund vor uns. Sind wir uns sicher, dass hier nicht doch wilde unentdeckte Wassertiere leben, die sich von weißen Waden ernähren? Eine kleine Stromschnelle hält uns auf. Wir müssen wieder aussteigen und zu der Stelle klettern, an der wir wieder in das sichere Boot einsteigen können. Ich schaue runter, so weiß sind meine Waden doch nicht, oder?

Die Höhle ist, wir hatten nichts anderes erwartet, stockdunkel. Die Stirnlampen unserer Bootscrew erleuchten das Ganze nur wenig, das Felsendach können wir nicht erkennen. Die Höhle soll rund 100 Metern breit sein, aber das können wir nur ahnen. Es zieht ein kalter Wind durch die Höhle. Unsere warmen Motorradjacken schützen uns. Das Knattern des Motors hallt laut und aufdringlich von den Wänden zurück. Auch wenn Kai und ich nichts erkennen, unser Kapitän kennt den Weg genau. Immer wieder hält er an und fordert uns auf, auszusteigen und durch das kühle Wasser zu waten. Die Steine sind glitschig. Jetzt bitte nicht ausrutschen. Hat nicht grad etwas mein Bein gestreift?

Nur nicht nervös werden und stürzen. Aus der Dunkelheit tauchen im Lichtkegel der Lampen glitzernde Stalaktiten und Stalagmiten auf. Wie lange braucht man für acht Höhlenkilometer? Sind wir erst eine Stunde unterwegs? Im Dunkel nehmen wir die Richtungsänderung wahr, kommen um eine Flussbiegung und erkennen plötzlich in der Ferne Tageslicht. Nur langsam verlassen wir die Dunkelheit der Höhle und genießen endlich die wärmenden Sonnenstrahlen. Jetzt erst mal eine kurze Pause und die Sonne genießen. Wir machen kurz Halt und versuchen freundliche Konversation mit den Leuten zu machen, die sofort aus dem nächsten Dorf kommen.

Der Weg durch die Höhle ist für die Einheimischen aus dem nächsten Dorf die einzige Verbindung zur Außenwelt. Da Englisch hier nicht weit verbreitet ist, gestaltet sich eine Unterhaltung mit ihnen schwierig. So bleibt es bei ein paar netten Gesten und müssen wir auch schon wieder zurück ins Boot.

Wieder am Ausgangspunkt der Tour angekommen, stehen die Kinder so eng um uns herum, dass wir fast Angst bekommen, eines aus Versehen mit in unseren Koffer zupacken. Ich hole unsere Digitalkamera heraus und plötzlich sind alle ganz aufmerksam. Die Chance muss ich nutzen. Ich halte die Kamera auf Hüfthöhe und mache ein Foto in die Kindermenge. Schnell schalte ich vom Fotografiermodus in den Anschaumodus um und zeige den Kindern das Bild. Was für ein Staunen und Kichern. Das Ganze noch mal, fotografieren und sofort zeigen. Die Kleinen rücken immer näher. Es macht Spaß und ich habe wirklich Mühe, dieses Foto-Shooting zu beenden.

Staunen bei den Kindern, als wir sie fotografieren.

Aber bevor ich aber am Motorrad ankomme, verlaufe ich mich fast in dem 160-Häuser-Dorf. Es gibt keine richtigen Wege. Mir scheint alles willkürlich zusammengewürfelt zu sein. Aber es gibt Rettung in meiner Not. Von Weitem höre ich eine Kinderstimme: "Hello, Falang, hello." Falang ist der laotische Name für westliche Ausländer. Ich schaue, wo die Stimme herkommt, und sehe ein kleines Mädchen fröhlich winken. Die Mutter winkt und weist mir den Weg. Jaja, die Falangs, immer auf der Suche nach etwas, irgendwie scheinen sie doch verloren, in der großen weiten Welt.

Kai

Vor Australien hat der liebe Gott Singapur gesetzt.

Seit Stunden sitzen wir im Keller des Zollgebäudes, schön laut, dreckig und stickig durch die Dieselabgase, direkt am Lkw-Einreise-Dock. Schauen den Zollbeamten zu, wie sie die Waren kontrollieren. LKW rein, Klappe auf, Papiere checken, im Büro abstempeln und tschüss. Warum eigentlich? Wir haben doch alle Papiere zusammen, so glauben wir, auch die Carnets. Aber so einfach geht das hier in Singapur nicht, nicht in Singapur, nicht hier und nicht heute. Aber schön der Reihe nach.

Schon in Malaysia hatten wir die Datenbank von Horizons Unlimited, der Motorrad-Traveller-Webseite, nach geeigneten Transportmöglichkeiten durchstöbert. Dabei sind wir auf eine Reederei gestoßen, die eine regelmäßige Schiffsverbindung von Singapur über Dili / Ost-Timor nach Darwin im Norden Australiens betreibt. Die Preise sind ausgesprochen günstig, da die Schiffe Versorgungsgüter zu den in Südost-Asien stationierten australischen Truppen transportieren. So werden auch ganze Umzugscontainer und Autos von dieser Linie befördert. Australien ist im Südpazifik die Hilfs- und Ordnungsmacht, wenn politische Unruhen oder Naturkatastrophen die kleinen Staaten hier unten heimsuchen. Uns hat es auch gewundert, aber da mehr Waren nach Asien als zurück nach Darwin gehen, fahren die Containerschiffe oft nur halb beladen zurück und bieten dadurch günstige Transportmöglichkeiten. Per Email haben wir unseren Transportwunsch an den Agenten in Singapur geschrieben. Der ursprüngliche Plan war, nach Singapur einzureisen, ein nettes kleines Hotel zu suchen, Motorräder zu verschiffen und dann einen Flug nach Australien zu nehmen. Wir machen uns morgens von Johor Bahru in Malaysia auf den Weg Richtung Grenze. Während Ulrike die Carnets auf der malaysischen Seite abstempeln lässt, bekomme ich schon einmal einen Vorgeschmack auf das, was uns heute erwarten soll. Hier geht es zu wie in der Boxengasse eines 24h-Mofa-Rennens: an der Kontrollstelle kurz abbremsen, gemächlich durch den Kontrollbereich fahren und danach den Hahn wieder aufreißen, rüber zur singapurischen Seite.

Morgendliche Rushhour an Grenze Malaysia – Singapur.

Nach oberflächlicher Prüfung unserer Einreisedokumente schickt man uns in die Katakomben des singapurischen Zollgebäudes, eben dorthin, wo auch die Lkws geprüft werden. Immerhin werden wir von einem Beamten dabei begleitet, damit wir uns auch ja nicht verfahren oder irgendwie durchschlüpfen. Dort geben wir unsere Papiere ab. Wir können sehen, dass unsere Carnets und Pässe durch mehrere Hände wandern, eines prüfenden Blickes gewürdigt werden, um dann auf einem Stapel abgelegt zu werden. Bei dieser Einreise ist uns das Glück nicht sehr hold und so dauert alles lange, ziemlich lange, nein eigentlich total lange.

Immerhin kommt nach ein paar Stunden endlich ein Beamter zu uns und erklärt uns in bestem Englisch und ausgesprochen freundlich, dass wir zum Automobilklub (AAS) in die Innenstadt fahren müssen. Die müssen unsere Papiere prüfen. Interessant, hier übernimmt der Automobilklub die Vorkontrolle. Also nehme ich ein Taxi, lasse Ulrike in der Obhut der Zollbeamten und gehe die Sache in der Innenstadt an. Die Frauen vom Automobilklub sind sehr bemüht um mich. Und um ein australisches Paar, welches mit Motorrad wieder in die Heimat will. Bei ihnen ist das Problem allerdings etwas kleiner: die Harley steht auf einem Hänger und soll nicht gefahren werden.

Nach einigen Telefonaten ist klar, was wir brauchen. Die Carnets alleine reichen hier nicht aus, um in Singapur das eigene Fahrzeug fahren zu dürfen. Wir brauchen ein International Circulation Permit – ICP, das ist eine Art internationale Straßenzulassung, die einige Länder dieser Erde fordern – und eine ganze Liste weiterer Dokumente, auch eine Haftpflicht-Versicherung für die Fahrzeuge. War irgendwie klar, dass wir ohne Versicherung nicht einreisen dürfen. Das Problem in Singapur sind nicht die Papiere an sich, sondern der schreckliche

Ordnungs- und Kontrollwahn der Singapurer. Hier ist man stolz darauf, ein „Nanny-State" (Bevormundungsstaat) zu sein, der alle möglichen Risiken von der Bevölkerung fernhalten will. Legendär war jahrelang das strikte Verbot des Kaugummi-Kauens in der Öffentlichkeit, genauso wie das Einführen, Herstellen, Verkaufen und Ausspucken von Kaugummi. Darauf gab es saftige Geldbußen.

Wichtig bei der Arbeit mit den zuständigen Behörden ist es, genau alle Details zur Einreise und den Zweck des Aufenthaltes zu wissen und nicht jemanden mit ungenauen Aussagen zu verwirren oder mit spontanen Strategiewechseln zu überraschen. Als mir die freundliche Mitarbeiterin beim ASS sagt, dass sie das ICP genau bis zu dem Tag ausstellen muss, an dem das Schiff ausläuft, das unsere Mopeds nach Darwin bringen soll, frage ich, warum sie es nicht ein paar Tage verlängern kann. Containerschiffe sind ja nie pünktlich. "WAS??? Es könnte etwas mit dem Schiff sein???" Sofort wird beim Shipping Agent angerufen, ob der Abreisetermin sich irgendwie verschieben kann. Zum Glück habe ich die Adresse und Telefonnummer des Agenten eingesteckt. Der angekündigte Termin wird bestätigt und langsam beruhigen sich wieder alle. Das nächste Mal halte ich besser meine vorlaute Klappe.

Und hier nun werden wir mit dem auch bei uns beliebten Chef-Effekt konfrontiert. Der tritt immer dann ein, wenn ein Sachbearbeiter gerade fast fertig ist, unsere Unterlagen zu bearbeiten und der Chef vorbeikommt, und lapidar fragt: "Na, alles in Ordnung? Was wollen denn die Ausländer hier?"

Dann werden alle Details unserer Ein- und Ausreise nochmals genau erklärt, der Chef sieht sich noch einmal alle Papiere an, und wenn wir Pech haben, ruft er selbst ein weiteres Mal die Spezialisten an, um sich die Fakten bestätigen zu lassen.

Da sich die Uhr beständig Richtung Feierabend bewegt, entscheide ich, dass wir die ganze Sache mit der Einreise auf einen anderen Tag verschieben müssen. Denn wir brauchen auch ein Bill of Loading - das ist der Schiffsfrachtbrief für unsere Motorräder. Und die stellt der Agent aus. Zumindest für heute ist mir die Lust am Einreisen vergangen, aber ich bin um einiges schlauer geworden. Und so ziehen wir wieder nach Johor Bahru, in unser klimatisiertes Hotel. Wir kommen wieder, so leicht geben wir nicht auf.

Beim AAS habe ich mir noch schnell einen Stadt- und einen Busfahrplan geben lassen. So gerüstet verlassen wir am nächsten Tag unser Hotel und nehmen den Bus nach Singapur. Der hält an der Grenze, wo alle aussteigen. Einreisezettel ausfüllen, Pässe kontrollieren lassen und in den Bus einsteigen – alles ist perfekt organisiert. Wir sprechen zunächst einmal beim unserem Agenten vor. Wir nehmen dazu, neben dem Express-Bus in die Innenstadt, auch die U-Bahn, die hier MRT – Mass Rapid Transport, also Massenschnelltransport - heißt. Ist schon bemerkenswert, wenn alles so sauber ist, dass man vom Fußboden essen kann. Auch am Bahnsteig der zentralen Dhoby Ghaut Station erleben wir ein ungewöhnliches Bild. Hier fahren die Züge hinter einer Glasfront ein. Hat ein Zug gehalten, öffnen sich die Türen des Zuges und die Türen der Absperrung, so kann nichts passieren. Auf dem Boden sind gelbe Pfeile aufgeklebt, die zeigen, wo man zu stehen hat, wenn man einsteigen will - nämlich rechts und links der Tür. Können wir das in Deutschland nicht auch einführen, jedenfalls das mit den Pfeilen?

Nach zwei Tagen kennen wir uns in Singapur schon ganz gut aus und haben alle Papiere zusammen. Es hilft kein Murren oder Meckern, hier haben Beharrlichkeit und Langmut Erfolg, auch wenn mir vor Wut manchmal das Messer in der Hose aufgehen will. Besonders wichtig sind Carnet de Passage en Doune, ICP, Bill of Loading, Versicherungsnachweis (günstig in Malaysia), internationale Fahrzeug-Zulassung und Geld für den Autopass. Autofahren kostet in Singapur nämlich Geld. Übrigens wird das Carnet in Singapur beim AAS für die bevorstehende Einreise mit Fahrzeug bestätigt (engl.: endorsement). Es ist damit vom AAS geprüft und für gut befunden.

Da die Einreisebestimmungen in Australien äußerst scharf sind, besonders wenn Fahrzeuge und Campingausrüstung aus Asien kommen, lassen wir unsere Motorräder vor der Einreise nach Singapur noch waschen. Sie sind für uns noch nicht so sauber genug und so müssen wir den jungen Malaien als penetrante Europäer klar machen, dass einige nicht sichtbare Stellen noch sauberer werden müssen. Kopfschüttelnd wird gewienert, bis der Lappen glüht. So fahren wir wieder mit unseren nun „neuen" Motorrädern ins Hotel zurück. Aber erst haben wir kein Glück mit den Einreiseformalitäten und jetzt kommt auch noch Pech dazu, denn auf der Rückfahrt zum Hotel überrascht uns ein tropischer Regenguss. Da dürfen wir unsere Maschinen in der Hotelgarage noch einmal putzen.

Zur Einreise nach Singapur starten wir diesmal früh, sicher ist sicher. Aber hast du mal alle Papiere zusammen, geht es am Zoll verdammt schnell. Die Papiere werden im Büro geprüft, alle Punkte auf der Einreiseliste werden abgehakt und wir dürfen fahren. Moment mal, keiner kontrolliert unsere Motorräder, unser Gepäck, die Fahrgestellnummern? Stand wohl nicht auf der Liste. Jetzt geht Ulrike das Messer in der Tasche auf. Ich kann sie grad noch davon abhalten, den Zöllner an den Ohren zum Motorrad zu schleifen.

Schnell noch einen Autopass für einen Tag gekauft, bei dem wir fünf Mal versichern müssen, ihn bei der Ausreise auch wieder zurückzugeben, und schon fahren wir auf der erstklassigen Autobahn Richtung Innenstadt zum Agenten. Mit den kompletten Ladepapieren geht es dann Richtung Hafenbehörde. Dort bekommen wir einen Ausweis für das Hafengebiet. Dauert etwas, denn so ein Dokument gibt es nicht einfach so, sondern nur mit Foto, das jeweils von uns gemacht werden muss. Auch das kann uns jetzt nicht mehr schocken.

Nach schier endlosen Kilometern entlang der verschiedenen Docks finden wir unser Gate. Dort lassen wir unsere Carnets für den Export ausstempeln. Jetzt nur noch die entsprechende Halle und den Hafenmeister finden. Endlich dürfen wir die Motorräder in einen Container fahren, ja wir haben einen ganzen Container für uns alleine. Bei 36 Grad im Schatten schmilzt langsam wieder unser Gehirn dahin. Die Motorräder werden verzurrt und der Container wird versiegelt. Das war's.

Wir nehmen den Bus zurück und fliegen am nächsten Tag nach Bali, erst einmal Urlaub machen vom ganzen Einreisestress.

Ulrike

Die zweiten Sechs - Vom Pflegen und Streiten

2004 ist das Jahr der Verkehrstoten. Naja, offiziell heißt das „Weltgesundheitstag 2004: Sicher fahren - gesund ankommen", aber nachdem was wir so auf der Straße gesehen haben ...

Jedes Jahr sterben weltweit ungefähr 1,2 Millionen Menschen an den Folgen von Verkehrsunfällen. Fast 90 % davon in Entwicklungsländern, obwohl die Fahrzeugdichte dort wesentlich geringer ist als in westlichen Ländern. Besonders hoch ist hier die Anzahl der Unfälle mit kleinen Motorrädern.

Wir sind froh, dass wir nicht direkt bei einem Unfall Erste Hilfe leisten müssen, denn so wie die kaputten Autos und Motorräder aussehen, würden wir wirklich starke Nerven und eine gesunde Portion „Ich-kann-Blut-sehen" brauchen. Ganz zu schweigen von einem Verbandskasten, der die Größe unserer Boxen sprengt. Liegt es nur an der Armut in diesen Ländern, dass so viel passiert? Sicherlich ist nicht das Geld für gute Schutzausrüstung vorhanden. Wer kann sich hier schon für 200 Euro einen Helm leisten? Aber Geld kann nicht die einzige Rolle spielen. Vorsichtiges und vorausschauendes Fahren würde schon so manche brenzlige Situation vermeiden. Die Jugendlichen auf den Mopeds sind absolut schmerz- und angstfrei. Schnell, ohne jede Form der Schutzkleidung knallen sie auf ihren getunten Flitzern durch den völlig chaotischen Verkehr. Aber auch Vorsicht schützt nicht unbedingt, denn wenn in Laos zwei Lkw-Fahrer auf einer schmalen Straße bergab ein Wettrennen veranstalten und ihnen in einer Kurve ein voll besetzter Bus entgegenkommt, nutzt es den später toten Businsassen wenig, dass der Busfahrer ganz vorsichtig gefahren ist. Wir haben den Eindruck, dass überhaupt kein Gefühl für die Gefahr vorhanden ist. Und auch keine Angst vor dem Tod.

Wir haben Einiges gesehen, in den 365 Tagen, die wir nun schon auf der Straße sind. Und wir haben Einiges gelernt. Zum Beispiel vorsichtig fahren. Im Iran fing es an, das Jederzeit-ausweichen-können-müssen. In Indien haben wir unsere sechster-Sinn-gesteuerte Fahrtechnik perfektioniert. Und in Laos haben wir nur drei Hühnern das Leben verkürzt.

In einer Sache haben wir uns absolut verbessert: Unsere Pantomimenfähigkeit haben wir verfeinert. Kai hat noch im Iran den ganzen Laden erheitert, als er für das Abendbrot Eier kaufen wollte, und ihn keiner verstanden hat. Also hat er ein eierlegendes Huhn vorgespielt. Er geht in die Hocke, winkelt die Arme an und flattert mit ihnen wild herum, während er gackernd die Bedienung anschaut und hofft, dass sie erkennen, dass er ein Huhn ist. Nach ganz wildem Gegacker und besonders nervösem Gekicher der Verkäuferin fasste er nach hinten und hielt ein imaginäres Ei hoch. Gequält sein Gesichtsausdruck, aber doch auch voller Stolz, dass er so ein großes und schönes Ei gelegt hat. Aber er schaut zwar in lachende, aber nichts verstehende Gesichter. Erst als ich Wörterbuch fündig werde und der Verkäuferin zeige, was wir möchten, bekommen wir unsere Eier. Allerdings nicht ohne das die Mädels jedem der erst später dazu kommt, die ganze Geschichte vorspielen. Nach einem Jahr nun klappt es langsam. Wir gewöhnen uns an die Zeichensprache in Asien und werden fantasievoller.

Aber einmal muss selbst Kai, dem keine Herausforderung zu groß ist, aufgeben. Wir suchen nach dem Ho Chi Minh Pfad und Überresten der Vietcong Armee. Keiner in Ban Paan, einem winzigen Dorf südlich von Attapeu im Süden von Laos, scheint jemals Touristen gesehen zu haben, geschweige denn, dass sie sich vorstellen können, warum wir dort sind. Niemand spricht Englisch, doch wir versuchen es unermüdlich, da wir doch etwas Spezielles suchen. Aber wie stellt man nun ohne Worte eine mobile Raketenabschussbasis dar? Wir scheitern. Später erfahren wir, dass wir nur den kleinen Fluss hätten überqueren müssen, und dort steht das Monster. Ahhh, wir waren nur 500 Meter entfernt.

Aber so eine Reise bringt einem nicht nur bei, wie Motorradfahren unter widrigen Umständen funktioniert. Wir haben auch gelernt, dass Materialpflege unterwegs wesentlich wichtiger ist, als zuhause. Unsere Ausrüstung ist nämlich so das Wichtigste, was wir dabei haben, neben der Kreditkarte. Bis Australien gibt es fast keinen Ersatz. T-Shirts und Hosen können wir nachkaufen, auch Zahnbürsten gibt es. Aber wie sieht es mit Schutzkleidung und Campingausrüstung aus, gar nicht zu sprechen von Ersatzteilen? Also nehmen wir uns Zeit, denn davon haben wir genug, und pflegen. Pflegen uns, denn der Po tut immer noch weh, die Motorräder und die Ausrüstung. Nadel und Faden gehören zu den wichtigen Gebrauchsgegenständen. Klar können wir uns neue Socken kaufen, wenn ein Loch drin ist. Aber wir bekommen entweder keine in unserer Größe oder sie sind ziemlich teuer. Also wird gestopft. Und so lernen wir wieder etwas, was wir in Deutschland schon fast vergessen haben: das Reparieren. Das Beste dabei ist, dass es Spaß macht. Der Kocher will nicht mehr, so wie er sollte. Also setzen wir uns hin, untersuchen genau die Funktionsweise und kommen tatsächlich auf eine Lösung, wie wir das Ding wieder flott, bzw. heiß bekommen. Noch nie haben wir so stolz unseren Tee getrunken.

Auch unsere Nerven müssen wir von Zeit zu Zeit pflegen. 365 Tage mit dem Partner Tag und Nacht zusammen, das empfinden wir beide schon als eine echte Leistung. Über Leute, die nach drei Tagen Dauer-Familien-Frieden an Weihnachten zum Hackebeilchen greifen möchten, können wir nur lächeln. Es hat schon so manche Auseinandersetzung gegeben und es sind auch die Fetzen geflogen (gut, dass wir so viel Zeit zum Reparieren haben). Aber wir lernen, damit zurechtzukommen. Manchmal hilft es, einfach den anderen dahin zu schicken, wo der Pfeffer wächst. In Asien eine der leichteren Übungen.

Ulrike

Vom Bush-TV und anderen unterhaltsamen Dingen

"No worries, mate! Klar können wir den Schalter reparieren, aber wir sind gerade schrecklich beschäftigt. Kommt doch in ein paar Tagen wieder." Wir hatten gedacht, der Kulturschock in Australien würde uns erwischen, wenn wir das Supermarktangebot sehen. Dass wir in einer Servicewüste landen würden, hätten wir nicht gedacht. Nein, so schlimm ist es nicht, aber nach Asien, wo wir immer sofort bedient wurden, ist es hart, in Australien wieder mit dem "Terminemachen" zurechtzukommen.

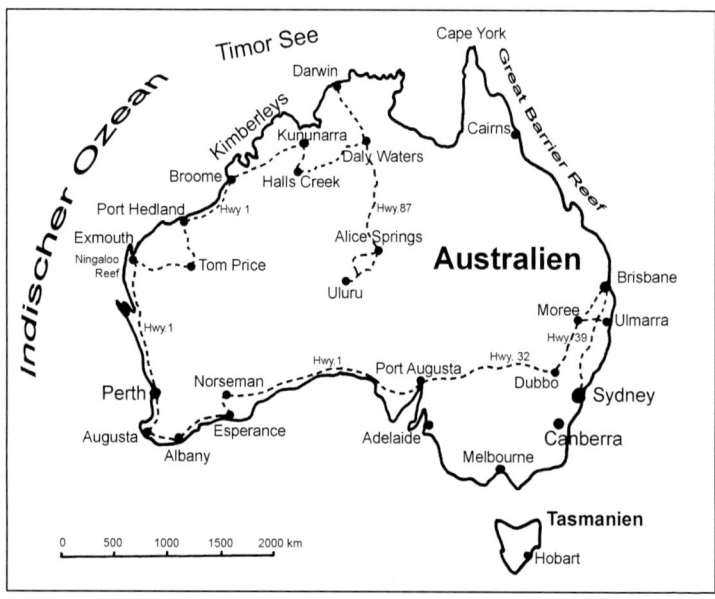

Was wir den Australiern allerdings zugutehalten, ist ihre Hilfsbereitschaft, uns unaufgefordert jemanden zu nennen, der uns weiterhelfen kann. Und wenn wir dann oft wieder an den Nächsten weiter empfohlen werden, wird das Problem doch am Ende gelöst. So laufen wir die ersten Tage in Darwin herum und erledigen die Dinge, die zu erledigen sind, wenn man mit einem Motorrad in ein neues Land einreist. Wir gehen auch zum Automobilklub und schauen, inwieweit sie uns im Notfall helfen können. Nicht sehr weit, denn obwohl wir als ADAC-Mitglieder auch in den Genuss der Leistungen kommen, würden uns die gelben Engel der Straße nur bis ca. 100 Kilometer von den Landeshauptstädten, wie zum Beispiel Darwin oder Perth, kostenlos ins Landesinnere folgen, um uns bei einer Panne zu helfen. In einem Land, in dem man von einer Sehenswürdigkeit zur nächsten problemlos 500 Kilometer fährt, ist das nicht sehr hilfreich.

In Darwin hatten wir keine Probleme, die Motorräder durch Zoll- und Quarantäneinspektion zu bringen. Nichts mag der australische Quarantäne-Beamte weniger als Staub und Dreck, der vom Motorrad rieselt. Öl ist egal, das muss jeder selbst wissen. Aber fremde Pflanzensamen und Sporen einschleppen lassen, damit haben sie hier sehr schlechte Erfahrungen gemacht. Der Container, in dem unsere Motorräder 14 Tage lang eingeschlossen waren, wurde erst in unserem Beisein geöffnet. Ob Zeugen benötigt werden? Ganz langsam, Zentimeter für Zentimeter, wird die Tür aufgezogen, langsam die Nase hereingesteckt. Riecht es vielleicht nach Aas? Und dann wird ein Blick hineingeworfen. Kommt uns vielleicht irgendetwas entgegen, das bereits seinen Namen sagen kann? Begeisterung bei den Beamten. "Sind die Motorräder neu?" Nein und auch nicht mit Perwoll gewaschen. Aber ein ganzes Fläschchen Kunststoff-Pflegemittel ist dabei draufgegangen. Wir schieben die Motorräder aus dem Container. Fahren ist noch nicht möglich. Bei Kais Maschine ist die Kupplung festgebacken und in meiner Kleinen hat die Hitze den Rest Benzin verkocht, den wir eigentlich als Startreserve gelassen hatten. Bei mehreren Tagen bis zu 100 Grad Celsius im Container würde ich als Benzin auch nicht mehr zünden wollen. Und dann beginnt die Inspektion: Essenskiste durchsucht, ist ja klar! Aber bereits in Malaysia hatten wir schon alles weggeschmissen, was Probleme bereiten könnte. Dann Luftfilter heraus, inspiziert und ausgeklopft, das verstehen wir ja noch.

Als wir dann die Campingausrüstung ausbreiten müssen, schauen Kai und ich uns nur lächelt an. Klar haben wir auch das Zelt gereinigt. Aber staunend fast ungläubig beobachten wir, wie die hohlen Zeltstangen auf einem weißem Blatt Papier ausgeklopft werden. Puh, hoffentlich hört der Beamte nicht, wie uns ein Stein vom Herzen fällt, als er nichts findet, denn Zeltstangenreinigen stand nicht auf unserer Checkliste. Und wie schon gesagt, fremde Pflanzensamen und Sporen sind hier nicht willkommen. Dann noch ein letzter Blick der Kontrolleure mit der Taschenlampe unter die Schutzbleche: keine Beanstandung. Alles bestens. Die Zollformalitäten sind ganz schnell erledigt und der freundliche Beamte hat uns sogar eine Wegbeschreibung mitgebracht, damit wir auch ohne Probleme die Registrierungsstelle und den australischen TÜV finden. Doch eine Servicegesellschaft?

Einige Zeit verbringen wir nun noch damit, die Maschinen wieder zum Laufen zu bringen. Bei der großen Maschine hilft einfach unser Starrsinn. Motor anlassen, Gang rein, die Maschine macht einen Satz nach vorne und der Motor ist trotz gezogener Kupplung abgewürgt. Und noch einmal, und noch einmal. Beim vierten Mal macht es „schnack" und die Kupplungsscheiben haben sich durch Anwendung roher Gewalt gelöst. Rohe Gewalt hilft bei meiner Maschine allerdings nicht. Benzin kommt auch nicht durch Starrsinn in den Tank.

Einer der freundlichen Hafenarbeiter hatte uns vorsorglich schon mal einen Benzinkanister hingestellt. Wir wollen so viel Großzügigkeit nicht ausnutzen und versuchen, die Maschine erstmal so zu starten. Aber bei der Hitze ist wohl wirklich nichts Explosives mehr übriggeblieben. Wir füllen mit frischem Benzin auf und versuchen es erneut. Jetzt stellen wir fest, dass die Batterie wohl auch etwas gelitten hat. Schnell dreht sich gar nichts mehr. Nun, das scheint wieder einmal ein längerer Tag auf dem Hafengelände zu werden. Und langsam wird es auch heiß. Wir sind noch in Darwin, das heißt, dass uns eigentlich hier der Automobilklub helfen kann. Ich gehe vor zur Hafenverwaltung, um dort nach Hilfe zu telefonieren. Der freundliche Hafenarbeiter unterhält sich ein wenig mit der Verwaltungsfachfrau. Sie ist sehr nett und will beim Automobilklub anrufen. Nach was sie fragen soll? Ich versuche zu erklären, dass das Motorrad nicht anspringt, weil wahrscheinlich die Batterie leer ist. Ich kann ja schon einiges an meinem Motorrad auf Englisch erklären, aber eine leere Batterie hatte ich noch nicht. Ich erkläre viel drum herum, bis der Mann mich fragt: „You need a jump start?" Ich reiße meine Augen auf. Ja genau! Wieder ein Wort gelernt, von dem ich eigentlich hoffe, dass ich es nicht wieder benötigen werde. „No worries, mate. "

Die Maschine ist dann mit der Starthilfe schnell wieder zum Laufen gebracht. Wir verlassen glücklich das Hafengelände, nicht ohne uns vorher bei allen überschwänglich bedankt zu haben und die Sicherheitswesten, die wir im Hafen im Land der Vorschriften und Sicherheitsbestimmungen tragen mussten, zurückzugeben. Auf nun zum TÜV. Oder doch lieber erst ins Hotel, um uns im Pool abzukühlen?

Darwin erscheint uns unerträglich stickig. Luftfeuchtigkeit 70% am Morgen, nur noch 30% mittags, aber dafür entsprechend heiß. Da wir Anfang Mai zum Ende der Regenzeit hier im Norden angekommen sind, entschließen wir uns - entgegen vorheriger Pläne - erst einmal ein wenig in den Süden zu fahren. Die Straßen Richtung Westen (Gibb River Road) oder Osten (Carpentaria Highway) sind noch zu feucht. Und so machen wir unsere erste Erfahrung mit den endlosen Weiten des Stuart-Highways, der Straße, die vom Norden durch die Mitte in den Süden führt. Und das fast immer geradeaus. Wir nehmen jede Sehenswürdigkeit auf dem Weg mit. Was keine große Sache ist, so viele gibt es ja doch nicht. Der erste Stopp ist der Litchfield National Park. Unsere erste Erfahrung mit dem Campen in Australien. Was müssen wir unbedingt mitnehmen, aber wie viel Lebensmittel können wir überhaupt transportieren?

Inzwischen kommen wir mit weiser Auswahl und geschicktem Packen sechs Tage weit. Am ersten Tag gibt es meistens Fleisch, gegrillt auf dem Lagerfeuer, einfach köstlich. Abends wird dann meist schon der Eintopf mit frischem Fleisch für den nächsten Tag gekocht. Für mehr als drei Tage Fleisch mitzunehmen, ist nicht möglich. Wir haben vergessen, in eine der Boxen einen Kühlschrank einzubauen. Daher gibt es auch eher selten Bier. Wer mag schon warmes Bier. Ganz abgesehen davon, dass wir nicht bereit sind, für eine kleine Dose Bier bis zu zwei Euro im Outback zu bezahlen. Gemüse hält sich länger und so steht oft am dritten oder vierten Tag ein frischer Bohneneintopf auf dem Plan. Da ja ein guter Eintopf Leib und Seele zusammenhält, freuen wir uns auf jede dicke Suppe, denn anscheinend haben wir einen der kältesten und regenreichsten Winter in Australien erwischt. Ja, wir haben den Stuart Highway überspült gesehen. Ganz stolz sind wir, wenn wir am sechsten Tag immer noch einen frischen Tomatensalat aus den Boxen zaubern können. Und zwischendurch halten wir den Kalorien- und Launepegel mit Omas Püfferchen hoch. Hefeküchlein, mit denen die Oma schon den kleinen Kai erfreut hat.

Wallaby, der alte Kartoffeldieb, bei der Arbeit.

Nach Litchfield fahren wir zum Katherine George (Nitmiluk) National Park. Hier machen wir Bekanntschaft mit der manchmal doch recht aufdringlichen Tierwelt Australiens. Die Wallabies, eine kleine

Känguruart, sind ganz scharf auf Kartoffeln. Kai hat seine liebe Mühe, unser Abendessen zu verteidigen. Letztendlich muss er halb nackt mit der Bratpfanne einen der frechen Kerle über den Campingplatz jagen, um die frisch geschälte Kartoffel wiederzubekommen. Unter "gefährlicher Tierwelt" hatten wir uns etwas anderes vorgestellt.

Am Stuart Highway lernen wir die Greyheads, die grauen Nomaden, kennen. Hier in Australien hält es die Pensionäre nicht zu Hause. Warum im Süden mit Rheumaschmerzen vorm Fernseher sitzen, wenn es doch ganz einfach ist, den Wohnwagen anzuspannen und Richtung Norden in die Wärme aufzubrechen? Und so sind sie überall anzutreffen. Und immer zu einem Schwätzchen aufgelegt. Besonders gefällt uns das Ehepaar, das wir an den Devils Marbles treffen. Sie bleiben zwei Nächte auf dem Campingplatz, da ihnen das Wetter zum Fahren zu schlecht ist. Und um sich ein wenig zu unterhalten, gehen sie abends von einem Lager zum nächsten. Fragen jeden, woher er kommt, wohin er fährt und wie es ihm gefällt. So sind sie den ganzen Abend beschäftigt und bekommen sogar noch die eine oder andere interessante Geschichte zu hören. Es geht auch ohne Fernsehen ...

Aber nicht nur die Rentner ziehen durchs Land. Im Palm Valley campiert neben uns ein junges Paar, Zelt, Pritschenwagen, voll ausgerüstet. Die beiden geben sich sehr zurückgezogen und verliebt. Also grüßen wir freundlich, haben sonst aber wenig Kontakt. Eigentlich unüblich hier im Outback, aber wir waren ja auch mal jung.

Kurz vor dem Uluru auf einem freien Campingplatz, treffen wir sie wieder. Das Wetter ist schlecht und wir haben Mühe, das Feuer am Brennen zu halten. Da sag noch mal einer, dass beim Motorradreisen ein Regenschirm überflüssiger Ballast ist.

Da wir uns schon zum zweiten Mal innerhalb einer Woche treffen, kommen wir bei einem Tee aus dem Billy mit dem jungen Paar ins Gespräch. Nein, das ist kein Urlaub - sie sind auf Walkabout.

Aber fangen wir mit dem Billy an. Der Australier ist ja schon etwas anders. Und seine Sprache auch. So haben sich fern der ursprünglichen Heimat zwar nicht unbedingt die Gewohnheiten, aber die Ausdrücke mächtig verändert. Eigentlich ist ein Billy ein großer Teekessel, der über das offene Feuer gehangen wird und nur wirklich echt ist, wenn er schon rußgeschwärzt ist. Wasser und ein paar Teeblätter hinein und es ist unbeschreiblich, wie gut ein Tee schmecken kann. Und somit kommen wir zum Walkabout der beiden.

Sie hatten beide einen Job, er Handwerker, sie im Büro. Aber sie wollen das Land kennenlernen. Und da machen sie es eben wie viele andere Australier. Sie packen alles, was nötig ist, in ihr Auto und fahren los. Gearbeitet wird, wenn es Rechnungen zu bezahlen gibt. Weitergereist wird, wenn es einem nicht mehr gefällt. Ob es für die meisten Australier noch etwas mit den spirituellen Wanderungen der Aborigines zu tun hat? Wahrscheinlich hat nur der Ausdruck überlebt. Aber sich aus seiner Comfort Zone, aus seinem sicheren Terrain, herauswagen und längere Zeit durch das unbekannte, nicht bequeme Leben zu reisen, führt unweigerlich zu neuen Erkenntnissen. So geht es jedenfalls uns und warum dann nicht auch anderen?

Da durch den reichlichen Regen einige Buschpisten im roten Zentrum Australiens gesperrt sind, machen wir nur einen kurzen Abstecher zum Uluru (Ayers Rock), um dann weiter ins Palm Valley zu fahren. Diese Oase in der Wüste ist für viele ein beliebter Tagesausflug, aber wir sind ja Langsamreisende und so bleiben wir zwei Nächte.

Wir treffen uns in Hermansburg mit Akira, einem schweigsamen Japaner, den wir bereits beim Billy Tee kennengelernt haben. Gemeinsam wollen wir die Anfahrt ins Palm Valley meistern. Im Palm Valley lernen wir, den Tiefsand zu hassen und die Wasserdurchfahrten zu genießen. Fahren wir einfach so durch, trauen wir der Strecke, die der Geländewagen vor uns gefahren ist? Akira ist skeptisch oder traut seinem Motorrad nicht. Er zieht die schweren Motorradstiefel aus, krempelt die Hosenbeine bis zu den Knien hoch und läuft los. Die Antwort, ob der Weg durchs Wasser richtig ist, wird ganz einfach gegeben. Bleibt die Hose trocken, ist alles. Wird die Hose nass, ist es zu tief. Die Hose wird nass, also sucht er einen neuen Weg. So kommen wir zwar langsam, aber sicher ans Ziel.

Dann geht es wieder Richtung Norden. Leider nicht über den Tanami Track, denn der ist wegen des Regens noch gesperrt. Stattdessen wieder den Stuart Highway hoch bis Dunmarra, links ab auf den Buchanan und dann Duncan Highway Richtung Westaustralien. Wir genießen die Fahrt sehr, denn nicht nur das Wetter wird besser, sondern auch die Strecke interessanter.

Der Buchanan Highway ist eine Schotterpiste, der Duncan Highway zum Teil einspurig asphaltiert. Wir lernen, welche Landschaften zum Einschlafen langweilig sind und welche uns auch nach vielen Geradeauskilometern noch wach halten. Schlimm ist der Buschbewuchs bis zu drei Metern Höhe. Dann sitzen wir nämlich auf dem Motorrad und können nur nach vorne schauen. Links und rechts gucken wir in die Büsche, die dann auch noch so dicht sind, dass wir keine fünf Meter weit schauen können. Herrlich sind die weiten Ebenen, die sich bis zum

Horizont strecken und wo wir schon die Erdkrümmung sehen können. Weniger ist einfach mehr.

Wir wussten vorher, dass wir ganz viele ganz lange Strecken fahren müssen. Wir haben versucht, uns geistig darauf einzustellen. Aber wenn wir dann fahren, zwei, drei Tage einfach nur geradeaus, kaum Kurven, kaum Berge, dann hilft alle Vorbereitung nichts. Dann ist es einfach langweilig. Interessant wird es ab dem Zeitpunkt, an dem wir beginnen, einen Platz für die Nacht zu suchen. Jedenfalls, wenn wir draußen im Busch übernachten.

Auf der Suche nach der Erdkrümmung in den Ebenen Westaustraliens.

Um vor ungebetenen Gästen sicher zu sein, sollte der Platz nicht von der Straße aus einsehbar sein. Und eine ebene und nicht zu steinige Stelle für das Zelt bringt klare Vorteile beim Schlafen. Genug Feuerholz muss auch vorhanden sein, wer möchte schon frieren. Es gibt genug solch netter Plätzchen und so genießen wir es sehr, unser ganzes Pfadfinderwissen anwenden zu können.

Wir sind Buschcamper aus Leidenschaft. Abends stundenlang Bush-TV zu schauen, ist einfach klasse. Bush-TV? Lagerfeuer. Zusehen, wie das Feuer das friedliche Holz verschlingt, nur um seinen Hunger nach Energie zu stillen, immer wieder faszinierend.

Und wenn uns das zu langweilig ist, erzählen wir uns die Geschichte von der ersten Nacht allein im Busch: Wir sind kurz vor Kalkarindji, einer Community entlang des Buchanan Highway in den Northern Territories. Wir machen noch Halt in Top Springs, einem Roadhouse (zu Deutsch: Tankstelle, Gaststätte, Kneipe und Tante-Emma-Laden in einem) um Lebensmittel für das Abendbrot einzukaufen. Wir unterhalten uns mit der Bedienung und müssen noch etwas tanken, um später in Kalkarindji vollzutanken. Sonst schaffen wir die 600 Kilometer bis Halls Creek nicht. Selbst der große Tank an meiner Maschine und Ersatzkanister an Kais erlauben uns nur knapp 550 Kilometer Reichweite. Das ist etwas zu wenig. Und deshalb müssen wir dort tanken. Aber was müssen wir erfahren? Sonntags ist die Tankstelle dort nicht geöffnet.

Und jetzt? Hilfe ist, wie meistens in Australien, nicht weit. Morgen früh kommt der Tankwagen durch. Dieser hält auch in Kalkarindji und befüllt dort die Tankstelle. Die Bedienung vom Roadhouse verspricht uns, dem Fahrer, der heute Nacht spät ankommt, einen Kanister mitzu-geben. Morgen früh 6.00 Uhr können wir den dann entgegennehmen. Bis zur Aboriginal Community wollen wir aber nicht fahren. Denn wir haben zu viele Räubergeschichten über Communities und die Benzin schnüffelnden Eingeborenen gehört. Wer mag es schon, wenn einem die Benzinschläuche am Motorrad abgeschnitten werden, damit das Benzin einfacher geklaut werden kann.

Also schlagen wir kurz vor dem Ort unser Nachtlager auf. Natürlich ziehen wir uns möglichst weit in den Busch zurück, damit uns bloß niemand von der Straße sehen kann. Wir gehen früh ins Bett, da die Nacht um 4 Uhr für uns zu Ende ist. So sieht jedenfalls der Zeitplan aus, denn wir müssen morgens ja frühstücken, das Zelt abbauen und noch einige Kilometer zu fahren. Aber sind wir hier sicher? Die Frage quält uns am Lagerfeuer. Kai, unser Pfadfinder, weiß Rat. Gott sei Dank haben wir Bohnen und Bier aus der Dose zum Abendbrot gehabt. Die Dosen füllen wir mit ein paar kleinen Steinchen und stellen sie so auf die Motorräder, dass sie herunterfallen und einen Höllenlärm machen, wenn sich einer an den Schläuchen versucht. So die Idee. Als ich in meinen Schlafsack krabbele, legt Kai unser neu erworbenes Beil neben sein Kopfkissen. Schließlich müssen wir uns ja wehren, wenn jemand kommt, meint er. Ich hoffe auf einen albtraumfreien Schlaf. Aber kaum bin ich weggenickt, schlägt die erste Dose Alarm.

Kai schießt hoch und brüllt: „Wer ist da?" Klar, der gebildete Aborigini spricht deutsch und schleicht mitten in der Nacht um Zelte, die mitten in der Pampa stehen. Nun gut. Wenn denn einer da gewesen wäre, hätte er gewusst, um was es ging. Aber nach einiger Zeit, zwar mit Herzrasen, aber mucksmäuschenstill im Zelt liegend, stellen wir fest, dass es nicht ein Mensch, nicht mal ein Tier war, das die Dose bewegte, sondern nur der Wind. Wir also raus dem Zelt, stellen die Dose etwas fester an das Motorrad und versuchen erneut zu schlafen. Nachdem Kai das dritte Mal mit der Axt in der Hand im australischen Outback umherschleicht, beschließen wir gemeinschaftlich, die Dosen wegzuräumen und lieber uns das Benzin klauen zu lassen, als noch einmal einen Herzkaspar zu bekommen. Wer hätte es gedacht, es ist nichts passiert, und als wir morgens um 4 Uhr aufstehen, sind wir übermüdet aber froh, etwas Schlaf bekommen zu haben.

Aber anscheinend nicht genug, denn entweder haben wir noch Schlafsand in den Augen oder die Orientierung funktioniert um die Uhrzeit nicht so richtig: Wir finden den Weg zurück zur Straße nicht. Sind wir denn soweit in den Busch gefahren, nur um sicher zu sein? Es hilft nur eins. Ich stelle mein Motorrad ab und gehe zu Fuß vor. Mit der kleinen Kopflampe kann ich nach ein paar Minuten den Weg heraus aus dem Busch finden. Jetzt aber Gas geben, um pünktlich an der Tankstelle zu sein. Wir geben Gas und sind pünktlich, und was ist? Der Tankwagen kommt eine Stunde zu spät und hat unseren Benzinkanister vergessen. Aber in Australien wird ja jedes Problem gelöst. Schnell die letzten roten Beete aus dem großen Einmachglas aufgegessen und dann werden wir eben aus dem großen Zapfhahn des Tankwagens mit einem Einweckglas betankt. Yeah, so stellen wir uns Abenteuer vor: eine Aneinanderreihung von dummen oder unglücklichen Umständen.

Kurz vor Halls Creek können wir unser Glück kaum fassen. Kurven und Hügel machen die Dreckstraße spannend. Nicht ganz einfach, aber ein Hochgenuss nach den vielen Geradeauskilometern. Kai und mir gefallen die Pisten, Schotterstraßen oder auch Gravel Roads, wie sie hier genannt werden. Allerdings nur, wenn diese nicht allzu sehr mit Well-blech übersät sind. Denn dann wird es haarig. Über Wellblech sollte man schnell fahren, sonst rappelt es zu sehr und leicht können einem die Zahnplomben ausfallen. 60 bis 90 km/h sind schon notwendig, um oben auf den "Wellen" zu reiten. Kommt dann ein Schlagloch oder loser Sand zwischen den Spurrillen, wird es wie gesagt, haarig. Sand versuchen wir möglichst zu vermeiden. Leider nicht immer erfolgreich. Tiefsand ist für uns beide der Graus. Eigentlich sollten wir durch Tiefsandpassagen recht schnell fahren. Aber dann fallen wir auch umso schneller, falls sich das Motorrad doch nicht halten lässt. Und schneller fallen tut meist auch mehr weh. Daher fahren wir mit der schweren Maschine lieber ganz langsam. Da bleibt auch mehr Zeit zum Fluchen.

Pisten und Wasserdurchfahrten, das ist eine unterhaltsame Kombination. Uns wird keine Minute langweilig auf den Weg in die Bungle Bungles, einem Nationalpark zwischen Halls Creek und Kununurra, der für seine bienenstockähnlichen, orange und schwarz gestreiften Felsformationen bekannt ist. Die ca. 50 Kilometer lange Piste dorthin wird absichtlich naturnah belassen, um nicht allzu viele Touristen anzulocken. Sie glauben, wenn sie die Straße nicht zu sehr befestigen, können sie die Unberührtheit der Bungles bewahren. Nicht sehr erfolgreich. An den Wasserdurchfahrten, den Engstellen, müssen wir uns anstellen, bis wir an der Reihe sind.

Entgegenkommende Geländewagenfahrer fragen wir, was wir noch zu erwarten haben. 40 bis 80 cm tiefe Wasserdurchfahrten, jeder hat eine andere Meinung. Und wir merken mal wieder, dass es meist wenig Sinn macht, Autofahrer zu fragen, ob wir mit unseren Motorrädern eine bestimmte Strecke befahren können. Sie schalten ihren Allrad ein und durch geht's. Was, das Wasser ging bis zur Motorhaube? Sind das nicht mehr als 40 cm? Aber sie haben eine gute Entschuldigung. Die Wasserstandsanzeiger neben den Furten zeigen oft nur 20–40 cm Tiefe an. Allerdings stehen die Dinger am Rand und wer weiß schon, wie tief die Fahrrinne tatsächlich ist?

Das erste Wasserloch nehme ich mit Bravour. Aber Kais Maschine saugt die Luft etwas tiefer an als meine. Und so bleibt Kai mitten im Loch stehen, denn der Motor hat einen ordentlich Schluck Wasser genommen. Ich also rein ins feuchte Vergnügen, um zu schieben. Aber es bewegt sich nichts. Die Maschine ist einfach zu schwer. Wir bauen das ganze Gepäck ab und langsam kommen wir ans trockene Ufer. Die Maschine erst einmal aufbocken, alle Stopfen aus den "Abflusslöchern" ziehen, den Luftfilter herausnehmen, die Zündkerzen raus und den Motor mit dem Anlasser ein wenig nudeln lassen. Nach einer halben Stunde springt die Maschine wieder an. Puh, Glück gehabt, nichts kaputtgegangen. Damit uns das in einer der nächsten vier Wasserdurchfahrten nicht wieder passiert, baut Kai einen Schnorchel an den Luftansaugstutzen. Wie das geht? Ganz einfach: der vorausdenkende Motorradfahrer kauft sich einen ca. einen Meter langen Plastikschlauch (min. drei cm Durchmesser) im Heimwerkermarkt und verbindet diesen Schlauch mittels eines Stück Fahrradschlauches (den der vorausdenkende Motorradfahrer sowieso immer dabei haben sollte) luft- und wasserdicht mit dem Ansaugstutzen. Nun wird der Schlauch zum Lenker hochgezogen und dort befestigt. Die einzige Gefahr ist nun, dass es reinregnet. Durchaus möglich bei dem Wetter hier.

Die nächsten Wasserdurchfahrten laufen dann wie geschmiert für Kai. Aber er hat das Gefühl, das er zum Teil überhaupt keinen Antrieb hat. Sollten die 310 Kilogramm Motorrad und Gepäck etwa Auftrieb haben? Sind die Koffer sogar als Schwimmflügel zu gebrauchen und können wir über den nächsten Fluss rudern? Ich habe mehr das Gefühl, das ich mit einer Schrankwand durch das Wasser fahre.

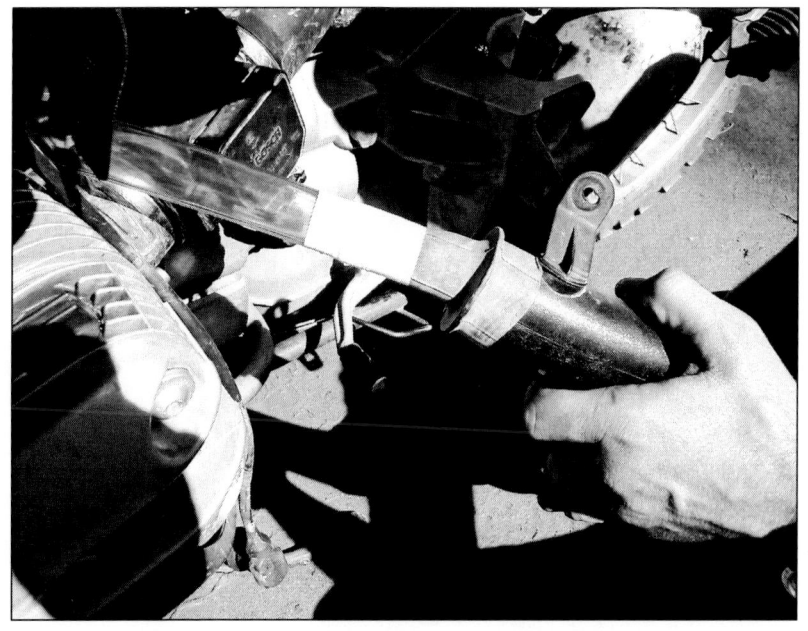

Aus einem festen Schlauch, Tape und einem Stück Fahrradschlauch
kann man sich einen feinen Schnorchel basteln.

Mein kleiner Einzylinder kommt an seine Grenzen, und einmal schaffe ich es trotz aufheulenden Motors und schleifender Kupplung nicht, bis ans rettende Ufer zu kommen. Aber kein Problem. Zwei nette Jungs, die uns schon vorher ihre Hilfe angeboten haben, steigen aus ihrem dicken Geländewagen und in Badeschlappen ins Wasser und schieben mich raus. No worries, mate!

Ulrike

Die sagenumwobene Gibb River Road

Mit der Gibb River Road in den Kimberleys im Nordwesten Australiens geben wir uns die wahre Dreckpiste. Der Reiz dieser Region, die größer als Deutschland ist, liegt in ihren landschaftlichen Kontrasten: Kleine Oasen mit dschungelartig-grünen Palmentälern, Wasserfällen und heißen Thermalquellen verstecken sich zwischen rotleuchtenden Schluchten und Karstplateaus mit Eukalyptusbäumen.

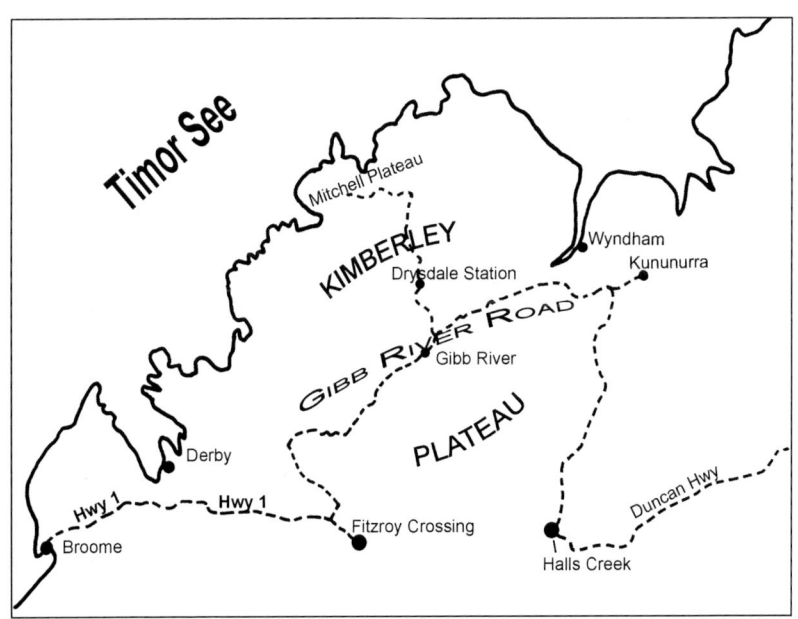

Nur zwei Wege führen durch die Kimberleys: den Highway No 1, der erst in den 80'er Jahren vollständig geteert wurde, und die unasphaltierte Gibb River Road.

Meine erste Erfahrung auf der Gibb River Road, einer 667 Kilometer langen Outback-Piste, habe ich Anfang 2000 auf einem Geländemotorrad, einer Yamaha 350TT, gemacht. Damals gönnte ich mir den Luxus einer geführten Tour mit dem Veranstalter Rugged Red aus Broome, bei der uns Gepäck, Versorgung und viel kaltes Bier im Servicewagen hinterhergefahren wurden.

Mit dem Wissen von heute betrachtet ist es für mich die beste Variante, diese Ecke zu bereisen, denn schwere Maschinen mit viel Gepäck stellen extreme Ansprüche an das eigene Fahrkönnen. Auf dieser Piste werden seit 30 Jahren die Kimberley-Rinder entweder nach Wyndham im Norden oder nach Derby im Westen transportiert und von hier beispielsweise nach Indonesien verschifft. Dies geschieht nicht ganz romantisch mit Stockmen (so heißen hier die Cowboys) und einem wochenlangen Viehtrieb sondern schnell und ohne große Umstände mit einem Road Train.
Es sind aber nicht die Road Trains (Lkws mit einem Auflieger und bis zu zwei Anhängern, bis zu 52 Meter lang und 120 Tonnen schwer), die die Straße so in Mitleidenschaft ziehen. Es sind vielmehr die vielen Touristen, die mit ihren Geländewagen über die Piste dübeln. So ist das Wellblech hier richtig aggressiv. Der Abstecher hoch zum Mitchell Plateau im Norden der Kimberleys ist noch haariger. Wir kommen langsam voran und fluchen dafür umso schneller.

Das Motorrad wird kräftig geschüttelt. So stark, dass in Broome wieder die Lenkkopflager an meiner Maschine kaputt sind. An Kais Motorrad hat sich doch tatsächlich die Verschraubung der Gabelbrücke mit dem Rahmen gelöst. Dies sollte im Grunde eine Verbindung auf Lebenszeit sein.

Zu Anfang der Gibb River Road macht uns der Pentecost River ein wenig Sorge, denn hier gibt es die gefährlichen Salzwasserkrokodile. Die bleiben hier nämlich nicht im Meer, wie es sich gehört, sondern wandern die Flüsse hoch. Jedes Jahr gibt es tödliche Zusammentreffen zwischen Mensch und Krokodil. Und hier gewinnt durchaus auch das Tier.

Mit den Maschinen hüpfen wir zwar mächtig durch das steinige Flussbett, aber trotzdem schaffen wir es, die Füße auf den Fußrasten zu halten. Sicher ist sicher. Ob eine Gefahr bestand? Wir waren zu konzentriert, um Krokodile zu sehen. Aber die Biester lauern ihrer Beute gern auf und sind dann blitzschnell da, um zuzuschnappen.

Wir wollen hoch bis zum Mitchell Plateau. Hier erwartet uns wieder viel Wasser. Der Höhepunkt ist erreicht, als wir unsere Motorräder durch den King Edward River schieben müssen. Obwohl Kais Motorrad immer noch durch den Schnorchel auf dem Ansaugstutzen atmet, schaffen wir es nicht, durch einen fast einen Meter tiefen Fluss zu fahren. Die Strömung ist sehr stark und die Gefahr, dass das Motorrad kippt und in den Fluten versinkt, ist uns einfach zu groß. Also haben wir uns für die unspektakuläre, aber sichere Variante entschieden. Das bedeutet, dass ich ran muss, denn es ist niemand da, der uns helfen kann. Und so schiebe ich die 250-kg-Maschine locker durch das Flussbett, während Kai auf dem Motorrad sitzend die Balance hält. Das Gepäck haben wir vorher herübergetragen. Fünf Mal musste jeder gehen. Zum Schwitzen kommen wir nicht, das Wasser ist zu kalt.

Zum reinsten Happening artete die Rückfahrt aus. Wir hatten Tomo, Mari, Helmut und Thomas am Mitchell Plateau getroffen. Ach ja, mit Tomo und Akira hatten wir uns auf der Hinfahrt zum gemeinsamen Motorradschieben verabredet. Zwei Japaner, mit denen wir die Gibb River Road gemeinsam fahren wollten. Aber leider ist Akira dem Tiefsand zum Opfer gefallen. Bei langsamer Fahrt war er einen Moment unaufmerksam und schon schlug das Motorrad hin, das Schlüsselbein war gebrochen. So hat er den Flying Doctors Service aus erster Hand kennengelernt und durfte sechs Wochen pausieren. Es hätte ihn schlimmer treffen können.

Auch Tomo hat sich bei schneller Fahrt zu einem Vorwärtssalto hinreißen lassen. Er hat den aufgeworfenen Sand zwischen den Spurrillen nicht gesehen und schon gingen das Motorrad und er getrennte Wege. Besser gesagt, sie flogen. Der Gute hat sich nichts getan, obwohl er nicht einmal richtige Schutzkleidung hatte. Sein Schutzengel hatte wirklich beide Hände voll zu tun.

Also, der Unfall Akiras hatte Tomo gehindert, pünktlich zum gemeinsamen Schieben am Fluss zu sein. So haben Kai und ich das Problem allein lösen müssen. Abends auf dem Campingplatz erzählt uns ein Tourguide, was mit unseren japanischen Freunden passiert ist. Er bestellt auch noch schöne Grüße und richtet aus, dass Tomo am nächsten Morgen am Fluss sein will. Kai also ganz Freund und Helfer, fährt den einen Kilometer noch einmal zurück zur Flussdurchfahrt, watet im Dunkeln zum anderen Ufer herüber und legt eine Nachricht sichtbar unter einen Stein, dass wir am kommenden Morgen 10.00 Uhr dort sein werden, um zu helfen. Und was sehen wir, als wir am nächsten Morgen um 10.00 Uhr leicht bekleidet am King Edward River ankommen? Tomo steht mit Motorrad und Gepäck mitten im Fluss und weiß nicht mehr weiter. Er hatte die Nachricht missverstanden und dachte, er müsste uns um 10.00 Uhr am Campingplatz treffen. Diesmal sind wir die Schutzengel und helfen, ihn zu bergen. Er ist den ganzen nächsten Tag damit beschäftigt, seinen Reis zu trocknen.

Für die Rückfahrt sind wir nun alle bestens präpariert. Mit Tomo und Mari, einer jungen Japanerin, die allein auf ihrer 250'er durch Australien fährt, haben wir genau den Schiebevorgang durch-gesprochen.

Helmut, der wohl eleganteste Flussdurchquerer des gesamten Universums.

Erst das Gepäck rüber, dann die Maschinen geordnet durch den Fluss schieben. So läuft der Schiebeprozess auch gut und entspannt ab. Die anwesenden Geländewagentouristen sind mittelschwer beeindruckt. Aber die begeisterten Blicke ziehen natürlich Thomas und Helmut auf sich, die wenig später ankommen. Ruckzuck das wenige Gepäck und die Kleidung herübergetragen, und dann wird das Motorrad in Badehose durch den Fluss geschoben.

Helmut gewinnt den "Wer kommt am elegantesten rüber"-Wettbewerb, indem er sich einfach auf das Motorrad setzt und durch den Fluss fährt. Leute mit soooo langen Beinen sollten eigentlich von diesem Wettbewerb ausgeschlossen werden, oder?

Ulrike

Karijini National Park – geklettert, gefahren und gestürzt

Jeden Abend genießen wir das gleiche Schauspiel: der Himmel über uns hellrosa, am Horizont ein türkisblaues Band, Wolken tieforange von der untergehenden Sonne angestrahlt, weiße Snappy-Gum-Bäume und silbergraues Spinifexgras vor den blutroten Felsen. Ich kann mich kaum sattsehen.

Wir verbringen 10 Tage in der Einsamkeit des Karijini Nationalparks in der Hamersley Range. Unser Bushcamp haben wir knapp außerhalb des Nationalparks aufgeschlagen, ein Geheimtipp, den wir in Broome bekommen haben. Dass der Tipp nicht mehr der geheimste ist, wird uns klar, als sogar Tourgruppen ihre Zelte hier aufschlagen. Aber das Gelände ist so weitläufig, dass das Robinson-Crusoe-Gefühl trotzdem erhalten bleibt. Der Park befindet sich etwas oberhalb des Wendekreises des Steinbocks und liegt somit in den Tropen. Es sollte heiß sein, Palmen sollten uns von süßen eisgekühlten Cocktails träumen lassen. Aber jetzt im Juli, Winter auf der Südhalbkugel, kommt kein Cocktail-Gefühl auf. Wir lassen das Lagerfeuer auch tagsüber brennen, um uns zu wärmen. Der Regen tut das Seinige dazu. Für Glühwein haben wir leider nicht die richtigen Gewürze dabei.

Nachdem wir Kais letzten Geburtstag noch mit wilden Tänzen in Dogobayazit an der türkisch-iranischen Grenze gefeiert hatten, werden wir dieses Jahr ruhig und alleine feiern. Aber wir wollen es nicht der Fernsehreklame nachmachen und uns mit einem Stückchen Torte aus der Plastikfolie zufriedengeben. Also fahren wir 90 Kilometer weit zum Einkaufen nach Tom Price, dem nächstgelegenen Ort. Um Benzin zu sparen, nehmen wir allerdings nur ein Motorrad. Mit dabei ein Bündel unserer dreckigen Wäsche, heute ist auch Waschtag. Dort angekommen fahren wir zuerst zum Camping Platz, dort an der Rezeption gibt's Marken für's Duschen und für die Waschmaschine. Wenn schon waschen, dann gleich richtig: Wir stopfen unsere Sachen in die Maschine, und machen in bester Jeans-Reklame-Manier einen Strip vor der Waschmaschine: Alles muss rein. Dann schnell unter die Dusche. Nach sechs Tagen im Busch, nur jeden zweiten Tag mit zwei Litern Wasser zu zweit gewaschen, ist das ein Genuss, der seinesgleichen sucht. Einfach genial. So frisch gewaschen und gewienert gehen wir einkaufen. Was gibt es Köstliches für das Geburtstagsmahl? Wir werden Lamm und Salat servieren. Das Eis essen wir allerdings lieber gleich auf der Parkbank vor dem Supermarkt. Die Koffer sind zum Bersten mit frischem Brot, Obst und Süßigkeiten gefüllt. Vollbepackt geht's wieder zu unserem Buschcamp. Zehn Kilometer vor dem Zelt nehmen wir noch frisches Wasser auf. Den Zehn-Liter-Sack muss ich mir fast um den Hals hängen. Es gibt keinen freien Zentimeter mehr auf dem Motorrad.

Kai fühlt sich richtig jung an seinem Geburtstag, denn verglichen mit den Steinen, die uns umgeben, ist er ein wahrer Jungspund. Die mineralienreiche Hamersley Range erhebt sich aus der Ebene heraus, ca. 1000 Kilometer nördlich von Perth. Die eisenhaltigen Bänder in vielen der Felsen in und um die Schluchten sind vor mehr als 2500 Millionen Jahren entstanden, als sich eisen- und silikathaltige Ablagerungen auf einem früheren Meeresgrund abgesetzt haben. Durch das Absinken des Meeresspiegels haben sich die Flüsse tief in das Land eingeschnitten und steilwandige Schluchten geschaffen. Dies, in Verbindung mit Millionen von Jahren der Erosion, hat das Gestein zu der jetzigen Landschaft geformt.

Atemberaubendes Klettern in der Hamersley Range / Westaustralien.

Wittenoom war die größte Minenstadt im Westen Australiens. Heute ist die am nördlichen Rand des Nationalparks liegende Stadt fast vergessen. Eisenerz wird noch immer abgebaut. Die Asbestminen hat man in den 60'er Jahren geschlossen, als bekannt wurde, wie gefährlich das Material ist. 20 Einwohner und einen Kramladen mit Edelsteinen, Postkarten und Aufkleber gibt es noch. Der Großteil der Häuser nicht mehr vorhanden, nur die Fundamente zeigen, wie groß die Stadt einmal war. Die verfallene Tankstelle ist der richtige Platz, um Fotos zu machen. Ob die Einheimischen das auch so sehen? Sie kämpfen dafür, dort wohnen bleiben zu können, obwohl der Boden stark verseucht ist. Der Abraum wurde zum Straßenbau benutzt, selbst die Gärten sind kontaminiert. Kai kauft sich einen Aufkleber „Ich besuchte Wittenoom und überlebte." Ich bin mir nicht sicher, ob das wirklich witzig gemeint ist.

Wir erkunden ausgiebig die touristisch erschlossenen Schluchten wie Hamersley-, Dales-, Weano- und Knox-Schlucht. Die interessantesten Ein- und Ausblicke müssen wir uns erklettern. Die ganz Abgehärteten schwimmen durch die Pools, um zu noch spektakuläreren Stellen vorzudringen. Ein Park-Ranger erzählt uns von unbekannten Schluchten und Minen im nördlichen Teil der Range. Dazu gehören Bee- und Wittenoom-Schlucht, die außerhalb des Nationalparks liegen. Klingt gut und so machen wir uns mit den Motorrädern auf den Weg und sind überrascht. Diese Schluchten hier sind viel breiter und erinnern uns an den Grand Canyon in den USA, nur etwas kleiner. Auf ausgewaschenen und zum Teil stark überwucherten Wegen, vorbei an verwitterten Hinweisschildern zu alten Mineneingängen und verlassenen Lagern, führt uns die Piste hoch zu einer verfallenen Relaisund Sendestation. Die Pisten sind zum Teil so lang und steil, dass wir froh über jedes Stückchen Asphalt sind, das noch nicht weggewaschen wurde.

Kai schafft es mit seiner großen Maschine bis ganz oben. Von unten höre ich, wie die dicken Steine unter den Motorschutz schlagen. Da gehe ich lieber zu Fuß. Der Ausblick entschädigt für alle Mühen. Richtung Norden schauen wir weit in die Ebene, im Süden sehen wir die gesamte Hamersley Range. Den ganzen Tag erforschen wir so das Gelände und treffen niemanden.

Dickes Geröll ist für Kais schweres Motorrad eine fast unüberwindbare Aufgabe, die Straßenreifen verlieren auf dem losen Untergrund öfters den Griff. So ist es kein Wunder, das an einer besonders steinigen Stelle das Hinterrad wegschmiert und sich mal eben 320 kg flachlegen.
Mit Schwung will ich die Auffahrt durch tief ausgewaschene Spurrillen hoch und, hops, hops, springt die Maschine quer zur Fahrtrichtung. Ich komme kaum mit den Füßen auf den Boden. Kai kann mich aus der kniffeligen Situation befreien. Erst wartet er, bis sich mein Adrenalinspiegel wieder senkt, dann schiebt er das Motorrad langsam wieder zurück. Beim zweiten Versuch bleibt er hinter mir und hält das Motorrad in der Balance. Geschafft. Oben wundern wir uns beide, dass ich das schwere Motorrad überhaupt halten konnte und nicht den Abhang hinuntergeschossen bin. Der Schweiß steht mir nicht nur in den Schuhen.

Zurück am Rastplatz gibt's gegrillte Lammsteaks, damit füllen wir gerade so die Kalorienvorräte wieder auf. Nach so einer Tour schmeckt uns das an diesen Abend besonders gut. Dazu gibt es ein Glas Rotwein aus dem 4-Liter-Kanister, von uns liebevoll "El Schmerz" genannt. Was brauchen wir mehr außer ein paar Kopfschmerztabletten am nächsten Morgen?

Kai

Australian Safari 2004

Diesmal ist das Motorengeräusch anders, nicht das Knattern eines einzylindrigen Motorrades mit offenem Schalldämpfer, mehr ein wildes Fauchen. Es kommt immer näher. Ich lege die Kamera an, das Geräusch wird lauter, lauter, lauter. Nichts, immer noch nichts. Ich schaue durch den Sucher, warte. Da kommt was Großes, das Monstrum stürmt auf mich zu. Klack, klack, klack, das ganze Format ist ausgefüllt. Ein Holden Rodeo, ein allradgetriebener Renn-Pick-Up des australischen Ablegers von General Motors, bahnt sich fauchend seinen Weg durch den Wald. Ulrike und ich sehen die riesige Staubwolke hinter ihm und flüchten mit entschlossenem Sprung ins Unterholz, werden eingenebelt vom Staub und fliegenden Steinen.

Willkommen bei der Australian Safari 2004, der australischen Ausgabe der Wüstenrallye Paris - Dakar. 5000 Kilometer durch das Outback von New South Wales stehen auf dem Programm. Wir hatten die Veranstaltung in einem Motorradmagazin entdeckt und uns sofort auf den Weg gemacht, um Rennatmosphäre zu schnuppern. Das für uns am einfachsten zu erreichende Etappenziel ist Moree, etwa 500 Kilometer westlich von Brisbane. Dieses Jahr hat sich die Rennleitung ganz besonders viel Mühe gegeben und daher sind 95 % der Strecke neu und für die Fahrer unbekannt. Wir hatten deshalb einige Schwierigkeiten, im Internet Informationen über den Streckenverlauf zu finden. Daher gilt diesmal die „Vor-Internet-Zeitalter-Regel": Frag die Lokals! Beim örtlichen Motorradhändler werden wir mit Karte und genauen Anweisungen versorgt.

Etwas außerhalb von Terri Hie Hie, einem kleinen Farmernest südlich von Moree, warten wir auf die wilde Meute von 46 Motorrädern und 27 Autos. Gut, das ist jetzt eine Nummer übersichtlicher als bei der großen und legendären Ralley Paris-Dakar, aber immerhin starten hier einige Werkteams und werksunterstützte Teams, um neue Entwicklungen zu testen. Die auf Zeit gefahrenen Sonderprüfungen führen ausnahmslos über Privatgelände, da sich die Fahrer auf den Liaisonetappen auf öffentlichen Straßen an die Straßenverkehrsordnung halten müssen. Die Strecke führt direkt an Paul Lacomte's Haus vorbei, für ihn eine gute Gelegenheit, sich ein paar Freunde einzuladen. Zum vollen Outback-Safari-Glück fehlen nur noch eine Eistruhe voller Bier und eine gute Aussicht auf die Strecke. Auf der Waldlichtung stehen allerdings noch ein paar vereinsamte Bäume, die stören den Buschmann. Da ist es ganz praktisch, wenn sich im Fuhrpark der Farm eine Planierraupe befindet. Zum Glück für ihn hatte sich in der Einöde seiner Farm kein Feuchtbiotop mit seltenen, endemischen Kleintieren angesiedelt. So gibt es keine behördlichen Einschränkungen, und einer Radikalplanierung der Waldlichtung für eine gute Sicht von der Veranda auf die Strecke steht nichts im Wege. Wenn ich ihn mit seinem harten australischen Dialekt richtig verstanden habe, wollte er dort sowieso Platz für einige Ferienbungalows schaffen. Wir platzieren uns etwas weiter unten an der Strecke, in der Nähe einer alten, verfallenen Koppel.

Als erstes taucht ein Fernsehteam auf, um einige Aufnahmen vom Renngeschehen zu machen. Dann folgt Bad Ed with a Bad Head, der als

One-Man-Mediensupportteam - wir würden das Mannschaftskoch nennen - erst einmal ein Barbecue aus dem Nichts zaubert. Wenn hier sogar das Fernsehteam steht, verspricht der Standort interessant zu werden. Die drei Känguruwürstchen, die wir abgreifen können, kommen als Bonus dazu. Während wir warten, gehe ich in Gedanken den Teil der Strecke durch, den wir am Morgen abgefahren sind. Gestartet wird unten an der Abzweigung zu "The Tops". Es folgen schnelle Bergauf-Passagen und enge Haarnadelkurven, halb Schotter, halb zerfallener Asphalt. Bei Paul's Haus geht es rechts ab über die Lichtung und dann ab in den Wald. Der Weg ist steinig und staubig, später wird die Strecke immer gröber, die Steine immer größer, sodass wir mit unseren schweren Motorrädern umkehren müssen.

Endlich ist der erste Fahrer. Auf einer Honda XR 650 zu sehen. Gekonnt zirkelt er das Motorrad um die Ecken. Es folgen weitere schnelle Motorräder im Minutenabstand, dann die Autos und zum Schluss die langsameren Motorradfahrer, meist Privatfahrer. Jedes Mal legt sich eine dicke Staubwolke auf die umliegenden Bäume und auch auf uns. Eingepudert und voller Adrenalin im Blut ob des hautnahen Renngeschehens treffen wir unser TV-Team wieder. Sie fragen uns, ob sie eine Einstellung mit uns drehen dürfen, einfach so vor dem Hintergrund des australischen Buschs und mit einem Kommentar zum Rennen hier. Sie filmen uns erst von hinten, wie wir Arm-in-Arm den Motorrädern zuschauen. Dann blicken wir in die Kamera und es sprudelt nur so aus mir raus, wie toll das Rennen hier ist. Der Kameramann fragt, ob wir noch einen Take machen sollen, aber der Regisseur winkt ab: „Na, I think it's o.k." Wir haben wenig Hoffnung, dass wir es bis in die DVD schaffen, die es geben wird. Monate später meldet sich der mit uns befreundete Chefredakteur des neuen australischen Motorrad-Magazins „Trail Bike Adventure Magazine" per Email bei uns. Es hat ihn fast von Sofa gehauen, als er sich die DVD der Australian Safari 2004 angesehen hat. Stehen da doch zwei deutsche Motorradreisende und erzählen, was das für ein grandioses Erlebnis war. Das Adrenalin springt förmlich aus dem Bildschirm.

Dass eine solche Veranstaltung kein Kindergeburtstag ist, wird uns abends im Fahrerlager klar. Besonders bei den Autos zeigen sich die Belastungsgrenzen des Materials. Der Staub kriecht in die Lager, Steine lassen Federbeine brechen, Reifen oder Kühler werden von Ästen durchbohrt, Motoren platzen und Fahrer schwächeln. So wickelt sich Peter Brook vom Holden Werksteam um einen Baum. "Hit a tree ... had two punctures ... what else could a man want in the outback" (Habe einen Baum gerammt ... hatte zwei Platten ... was sonst könnte ein Mann im Outback wollen), kommentiert er gelassen seinen Tag.

Motorradfahren ist noch einmal eine Klasse härter. Paul Sinderberry bricht sich auf einer der späteren Etappen den Arm, als er vor ein Gatter fährt. Ralley-Ass David Fretigne, erfahrener Paris - Dakar Teilnehmer auf der Yamaha 2trac, verletzt sich kurz vor Etappenende an der Schulter und wird noch vor Ort operiert. Immerhin müssen die Fahrer täglich Strecken von 600 bis 800 Kilometer Länge absolvieren. Das ist selbst uns zu viel auf unseren bequemen BMW-Maschinen, auf gut asphaltierten Straßen. Doch keinem erging es so schlecht wie Shane Clulee aus Broken Hill, der sich den Fuß an einem Baumstumpf mit einem Ast durchbohrte - autsch.

Im Fahrerlager lernen wir Marc McCullagh aus Irland kennen. Bei ihm läuft alles wie am Schnürchen. Die Maschine wird von ihm selbst, seinem Sponsor und einem Freund gewartet. Dafür haben sie drei Stunden Zeit, dann geht das Fahrzeug in den Parc Fermé, dem Parkplatz, auf dem die Fahrzeuge für die Nacht weggeschlossen werden. Bei Fahrzeiten von Sonnenaufgang bis Sonnenuntergang, Spitzengeschwindigkeiten bis 170 km/h und schwierigen Geländepassagen, dient dies dem Schutz der Privatfahrer, deren Nacht um 04:00 Uhr morgens zu Ende ist.

Auch für uns beginnt der nächste Morgen früh, denn wir sind mit dem örtlichen Motorradverein verabredet. Für die erste Sonderprüfung auf dem vereinseigenen Gelände muss die Strecke präpariert werden. Wir dürfen dabei sein. Präparieren? Strecken absperren, Wege planieren? Nein, noch vor Sonnenaufgang wird sich im Gelände getroffen und dann wird so laut wie möglich über die Strecke geheizt, um die Kängurus zu verscheuchen, die sich gerade auf der Strecke ihr Frühstück pflücken. Eben alles etwas anders hier.

Nach fast 5000 Kilometern gewinnt Jamie Cunningham auf einer Honda XR 650. Die Autowertung gewinnt das Henderics/Williams-Team auf Holden Rodeo. Marc McCullagh wird übrigens Neunter. Wir sind begeistert. Treffender als der zweitplatzierte Adrian Channing kann man das Rennen nicht zusammenfassen: "I was pushing around 170 km/h on some of these sections this morning ... I've just got to keep it consistent and keep it upright." (Ich habe das Motorrad in manchen Sektionen bis auf 170 km/h getreten ... ich habe es gerade geschafft, beständig zu fahren und oben zu bleiben.)

Ulrike

Moree - Baden gegangen

Fast hätten wir es geschafft und wären Ehrenbürger von Moree in New South Wales geworden. Aber drei Wochen Aufenthalt waren dann doch zu kurz. Wir wollten uns kurz die Australian Safari anschauen. Plötzlich kommen schlagende, metallische Geräusche aus Kais Motorrad. Der Antrieb fällt aus und nichts geht mehr. Erster Verdacht: Kardanwelle gebrochen. Es sind ein paar Blokes (australischer Ausdruck für Typen) in der Nähe, so ist die Maschine schnell auf den Pritschenwagen geladen und ab geht es in die Stadt zum Motorradhändler. Col Thomas kennt uns schon gut, da wir Informationen von ihm über die Australian Safari bekommen und morgens gemeinsam die Kängurus von der Strecke vertrieben hatten.

Er ist wieder einmal sehr hilfsbereit. Innerhalb einer Stunde sind das Hinterrad und der Antrieb ausgebaut, es bestätigen sich unsere Befürchtungen. 140.000 Kilometer, davon viele auf Wellblechpisten, haben der Kardanwelle schwer zugesetzt. Ein Kardangelenk ist gebrochen. Trotz "Weltreiserabatt" sind die Ersatzteile in Australien immer noch sehr teuer. Col hat großes Verständnis für unsere Situation, und so können wir die Maschine erst einmal stehen lassen und in Ruhe überlegen, was wir am besten machen.

Per Email sind schnell die Freunde in Deutschland aktiviert, die für uns die Ersatzteilpreise in Deutschland heraussuchen und sich um die Beschaffung kümmern. Als eine Fügung des Schicksals empfinden wir es, dass wir im Internet eine Kardanwelle für 1/5 des Neupreises ersteigern können. Bis alle Ersatzteile in Deutschland zusammengesucht sind, vergeht mehr als eine Woche, bis alles in Moree ankommt, weitere zehn Tage. So haben wir nur ein Motorrad und viel Zeit. Jeden Tag sind wir in der Bibliothek, in der das Internet kostenlos genutzt werden kann. Ein Service, den wir oft in kleineren Städten in den Bibliotheken gefunden haben und der auch gut von der Bevölkerung angenommen wird.

Da Moree mit seinen 10.000 Einwohnern hier im ländlichen Umfeld die Metropole darstellt, weht hier abends weder das Steppengras durch die Straßen, noch quietschen die Saloontüren im Wind. Nein, hier ist richtig was los, jedenfalls für australische Verhältnisse. Es gibt einen Golfplatz, zwei Supermärkte und sogar ein Kino, in dem zwar nicht jeden Tag eine Vorstellung läuft, aber zwei verschiedene Filme pro Woche werden schon gezeigt. Außerdem schauen wir zu gern Fernsehen in der Campingküche. Wo hat man das schon, dass der Werbeblock voll mit Treckerreklame ist? Und das sind Riesentrecker hier, echt gigantisch. Aber die werden auch gebraucht, auf den Riesenfeldern. In Australien ist alles eben etwas größer als in Europa.

Die Umgehungsstraße ist noch in der Planungsphase. So können wir gut in einem der drei Straßencafés sitzen und zusehen, wie sich alles durch die Innenstadt quält. Sie ist mit ihren Supermärkten und vielen Fachgeschäften DIE Einkaufsstadt im Umkreis von 300 Kilometern. Kurzweilig ist es, die Viehtransporter zu zählen. Wir brauchen nicht einmal hinschauen, denn wir erkennen sie schon von Weitem am Geruch. Wir haben mal wieder Glück im Unglück gehabt, denn die gebrochene Kardanwelle hätte uns auch irgendwo im Outback festsetzen können, wo nun wirklich gar nichts, so total überhaupt nichts los ist.

Drei Wochen im 39° warmen Wasser heilt jeden Muskelkater.

Moree verfügt über thermische Quellen und auf unserem Campingplatz gibt es vier Pools, der Heißeste hat 39 Grad Celsius. So planschen
wir jeden Tag mit den Alten um die Wette. Denn eines ist klar. Das ist
hier DER Treffpunkt für alle Rheuma- und Arthritiskranken. Hier wird
regelrecht gekurt. Die Ersten gehen morgens schon um 7.00 Uhr baden,
die Letzten müssen abends um 22.00 Uhr aus dem Wasser in ihre
Wohnwagen gescheucht werden. Wir heben den Altersdurchschnitt
ungemein. Es hätte wahrlich schlimmer kommen können.

Kai

Die Wiederentdeckung der Schräglage

"Immer Richtung Osten und dann langsam nördlich halten, dann kommst du nach Killarney einer kleinen Gemeinde in Queensland, etwa 200 Kilometer südwestlich von Brisbane". Das hatte uns Ross Elliott, Herausgeber des neuen Trail Bike Adventure Magazins, geschrieben. Wir erwarten reine Kilometerfresserei, aber dann entpuppt sich die Tour schnell als Balsam für die Motorradseele.

Auf dem Weg von Broken Hill über Tamworth und Armindale, biegen wir kurz hinter Ebor Richtung Grafton ab und sind überrascht: das erste "15-Kilometer-kurvenreiche-Straße-Hinweisschild" und ein "45-km/h-Empfehlungschild". Und das sind erst die Ersten. Ja, das ist es, Kurven satt. Die Straße ist asphaltiert, wie angekündigt kurvenreich und führt durch dichten Wald. Und das immerhin über mehr als 100 Kilometer. Endlich das spüren, was der Westküste fehlt: Berge und Kurven.

In Grafton tanken wir Sonne und Benzin. Es ist Cornetto-Wetter. Weiter geht es über Coaldale, Baryugil, Tabulum, Bonalbo, Urbenville, Legume nach Killarney. Das Hinterland zeigt sich hier von seiner schönsten Seite. Die Hügelketten sind noch braun verbrannt vom letzten Sommer. In ein paar Wochen, wenn die Trockenheit aufhört und der lang ersehnte Regen kommt, wird hier alles saftig grün leuchten. Auf Weiden, deren Ausmaße wir Europäer kaum fassen können, suchen Kühe nach etwas frischem Gras, Koppeln warten auf das nächste Zusammentreiben der Rinder. Und immer wieder Bäume und Wälder, die Schatten spenden. Eine friedliche und ruhige Landschaft, durch die wir stundenlang fahren können.

Wie ich so in mich versunken auf meinem Motorrad dahingleite, merke ich, dass Ulrike gar nicht mehr hinter mir ist. Schnell gedreht und zurückgefahren, sehe ich sie am Straßenrand stehen: Diagnose Batterie leer. Nach Abbau des Gepäcks sehen wir, dass sich die Kabel zum Lichtmaschinenregler am Motorradrahmen aufgescheuert haben, was zu einem Kurzschluss geführt hat. Einige Kabelisolierungen sind regelrecht verschmort. Hoffentlich hat der Regler dabei keinen Schaden genommen. Obwohl es schon recht spät am Nachmittag ist und wir noch ein paar Kilometer zu unserem Camp fahren müssen, will ich die Reparatur diesmal ordentlich machen. In der nahen Stadt kaufe ich schnell etwas Lötzinn. Kabel und Isoliertape haben wir noch. Als Lötkolben setzen wir einen Eisenstab aus dem Bordwerkzeug ein, der normalerweise zum Zündkerzenschlüssel gehört. Er wird über der Flamme des Benzinkochers bis zur Rotglut erhitzt. So klappt das mit dem Löten recht gut. Während wir neue Kabel ziehen, hält eine Gruppe Australier mit Sportmotorrädern an. Ein Blick auf die breiten Hinterradreifen outet sie als Rennfahrer, die eine heiße Feierabendrunde drehen. Die Reifen sind klebrig gefahren und haften wie Kaugummi, was wir an den aufgelesen Steinchen und dem zu Spaghettigerollten Gummiabrieb erkennen. Sie bieten uns Hilfe an, doch wir sind schon so gut wie fertig mit unseren Arbeiten. Hier gibt es noch das gegenseitige Helfen unter Motorradfahrern.

In Killarney schlagen wir auf dem Campingplatz unser Lager auf. Das Gefühl, das sich hier die sozialen Absteiger treffen und die, die es werden wollen, gibt dem Ganzen das gewisse Etwas. Der Platz ist einfach cool.

Mit Helmut und Thomas, die wir schon in Alice Springs und auf der Gibb River Road getroffen haben, machen wir eine Tagestour über die Condamine River Road. Thomas, der (mittel-)alte Bayer, fühlt sich an das Allgäu erinnert, wären da nicht die 14 Wasserdurchfahrten, die es zu meistern gilt. Nach einigen Auf-und-Abs durch die Berge, kommen wir an eine Abbruchkante und der Blick in die Ebene lässt den Geist vor Ehrfurcht stillstehen. Die Straße hat jetzt ein abenteuerliches Gefälle, kaum vorstellbar nach unseren fast schnurgeraden 20.000 Kilometer durch West- und Südaustralien.

Auf dem Rückweg überqueren wir die Grenze zwischen Queensland und New South Wales. Hier verläuft der Dingo Fence, der hier Rabbit Fence (Hasen-Zaun) genannt wird. Allerdings weiß der Quarantänebeamte auch nicht, welche Seite des Zaunes vor Dingos und Karnickeln geschützt werden soll. Er ist nur froh, dass endlich mal jemand anhält, um sich mit ihm zu unterhalten. Er kommt aus dem Süden und macht hier zehn Tage Urlaubsvertretung. Eine echte Strafe in seinen Augen.
Es gibt hier im Hinterland von New South Wales noch jede Menge Straßen, teils geteert, teils geschottert, auf denen sich Motorradfahrer wochenlang durch den Wald winden können. Mitten in der Natur, doch niemals weit entfernt von der Zivilisation und einem kalten Bier.

Ulrike

Traveller Meeting einmal anders

"What is the problem with the Shveinehund?" Kai guckt und staunt. Hat es sich schon wieder auf dem ganzen Platz herumgesprochen, dass sein Motorrad mit gebrochener Kardanwelle in Moree bleiben musste? Anscheinend, denn jeder von den 40 Motorradfahrern auf dem Horizons Unlimited Meeting Australia wusste innerhalb kurzer Zeit, dass eine BMW doch nicht so unverwüstlich ist. Hier treffen sich die, die nicht nur von der großen weiten Welt träumen, sondern auch durch sie durchfahren. Horizons Unlimited, eigentlich eine, oder besser gesagt, die internationale Internet-Seite, auf der reisende Motorrad-fahrer Fragen stellen, aber auch Antworten geben können. Von Motorrad-fahrern, für Motorradfahrer. Da wir in der Nähe sind, sind wir auch dabei. Nähe, das heißt hier eine Anreise von 360 Kilometern und das auf einem Motorrad.

Lagerfeuergespräche gibt es hier nicht. Wir treffen uns, nein nicht im Bush, sondern in einem Hotel in Ulmarra südlich von Brisbane. Anscheinend sucht sich jeder für so ein Treffen eine ungewöhnliche Stelle aus. In Deutschland ist das eben ein Buschcamp, in Australien ein Hotel mit gesicherter Bierversorgung.

Das Topthema sind Koffer und Gepäck. Hier wird viel mit Softbags gefahren. Sicherlich eine gute Sache, wenn man durch Tiefsand fegt und jeden Moment damit rechnet, das Moped unter sich zu verlieren. Dann verbeult nur die Unterwäsche, nicht gleich die Box. Jeder fragt uns nach unseren Koffern. Meine Marke Bangkok Eigenbau wird bestaunt. Sie sind nicht gut, aber billig. Und halten nun schon 20.000 Kilometer. Empfehlen würde ich sie aber niemandem.

Sechs Ausländer sind auf dem Treffen, sechs, die den weiten Weg bis Australien fast ausschließlich auf dem Landweg zurückgelegt haben. Und alle kommen aus dem weltoffenen und reisefreudigen Deutschland.

Und während wir uns so mit den anderen Leuten unterhalten, finden wir endlich heraus, warum wir auf unserer Reise kaum Motorradreisende getroffen haben. Die sind bzw. waren alle in Russland. Selbst Ewan McGregor war schon mit seiner BMW dort. Ewan McGregor? Der Schauspieler der Obi-Wan Kenobi in Krieg der Sterne - Episode I gespielt hat. Obi-Wan Kenobi? Nun, ein paar Helden des ausgehenden 20. Jahrhunderts sollte jeder kennen, oder? Trainspotting war der Film, mit dem er berühmt geworden ist, wenn das jemandem mehr sagt …

Und warum Russland? Das ist das Land, in dem Abenteuer und Mücken warten. Gruselgeschichten werden zum Besten gegeben: Am Lagerplatz für die Nacht ankommen und noch den Helm auf dem Kopf erst mal ein Lagerfeuer starten. Und dann in die Flammen frisch vom Baum gerissene junge Birkenzweige werfen, um ordentlich Rauch zu machen. Warum nicht mal den ganzen Abend wie ein Mettendchen riechen, wenn man dafür von den Blutsaugern verschont wird. Von Wodka-Gelagen mit anschließendem kopfschmerzgepeinigten Erwachen wurde berichtet. Ob wir vielleicht nicht doch nach Wladiwostok verschiffen sollten?

Ulrike

Die fünften Drei – Der endgültige Schritt zum Homo Outdoorensis

Hatten wir das eigentlich schon mal gesagt? Uns geht es gut. So richtig gut oder besser noch saugut. 15 Monate auf der Straße und selbst der Regen schafft es nicht, uns die Laune zu verderben. Vielleicht bringt er ein wenig Unmut zutage, ein gemurmeltes „Ist das denn jetzt nötig?", wenn wir unser Zelt aufbauen. Wir merken erst jetzt, dass es ein ganzes Jahr gedauert hat, bis wir den westlichen Alltagsstress hinter uns gelassen haben. Ein ganzes Jahr, in dem wir in stressigen Situationen gestresst reagiert haben, uns über Dinge ereifert haben, die wir doch nicht ändern konnten.

Reisen mit Stil: Schminken ist fester Bestandteil von Ulrikes Morgenroutine.

Es ist keinesfalls so, dass uns alles egal ist. Wir lesen viel, informieren uns, was in Deutschland passiert. Vergleichen es mit den Ländern und Lebensverhältnissen, die wir während unserer Reise kennengelernt haben. Sehen, wo wir Deutschen unsere Stärken und Schwächen haben und dass unsere Stärken auch manchmal unsere Schwächen sind. Gründlichkeit, das ist sicherlich eine unserer Stärken. Probleme müssen im Kern gelöst werden. Alles und jeder soll bedacht werden. Nichts darf übereilt werden. Unser Steuersystem muss gründlich geändert werden, aber jede Änderung ist nur Flickschusterei, doktert nur an den Symptomen herum. Vorschläge gibt es genug. Keiner traut sich, das System zu vereinfachen. Und so haben wir eines der kompliziertesten Steuersysteme. 50% aller Steuerliteratur weltweit kommt aus Deutschland. Ist das eine besonders herausragende Leistung oder eher ein Armutszeugnis?

Ein anderes kleines Beispiel aus dem täglichen Leben: Datenbanken, eine der schlimmsten Erfindungen seit ZUSE1. Daten sammeln gut und schön. Zuerst soll eine einfache und schnelle Lösung her, dann könnte man noch dieses oder jenes einpflegen und am Ende hat man ein System geschaffen, das weder einfach noch schnell ist und nur von geschulten Mitarbeitern bedient werden kann. Kein Wunder, dass stresserprobte Programmierer weinen und erwachsene Projektleiterinnen Stuhlbeine annagen.

Vielleicht können wir Deutsche unsere Gedankenwelt soweit flexibilisieren, dass wir auch mal zweitbeste Lösungen akzeptieren, die einfach, verständlich und handhabbar sind. Und das ist eigentlich eine unserer Stärken.

Kai und ich haben uns mächtig flexibilisiert. Denn seit fünf Monaten sind wir Happy Camper. Nicht jede Nacht woanders, aber doch häufig nur ein bis zwei Nächte am gleichen Platz. Es ist einfach, wenn wir spät ankommen, denn dann wird nur schnell das Zelt aufgebaut und das Notwendigste für die Nacht ausgepackt. Manchmal müssen wir uns nicht einmal umziehen, da es so kalt ist, dass wir in unseren dicken Motorradsachen schlafen müssen.

Gefährlich wird es, wenn wir längere Zeit an einem Ort bleiben. Dann entleert sich auf mysteriöse Weise der Inhalt unserer Koffer innerhalb kürzester Zeit im Zelt. Und sucht sich dort immer wieder einen neuen Platz. Ich bin fest davon überzeugt, dass unsere Sachen Füße haben und nachts durch das Zelt huschen. Eines Nachts hätte ich schwören können, dass sich das Deo einige Zentimeter nach links bewegt hat. Kai glaubt mir nicht, da er genau weiß, dass ich links und rechts nicht auseinanderhalten kann. Am nächsten Morgen ist das Deo noch an seiner Stelle, aber wir suchen die Handtücher. Sie haben sich am Fußende versteckt, obwohl der von allen rechtmäßig anerkannte Platz das Kopfende ist - verflixte Luder.

Reisen wir ab, ist es eine wahre Herausforderung, alles wieder zu sortieren und einzupacken. Fast schlimmer als abspülen. Und das ist schon fies.

Ulrike

Wo liegt eigentlich Fidji?

Das dritte Mal verschiffen wir nun unsere Motorräder. In Sydney verlangt der Spediteur sie in Holzkisten, damit die Maschinen während des Transportes nicht beschädigt werden. In Nepal haben wir uns die Kisten noch bauen lassen, aber bei dem Preis- und Lohnniveau Australiens ist das nicht möglich. Von Steve bekommen wir den Tipp, beim BMW-Händler zu fragen. Da Steve zusammen mit seiner Frau eine ähnliche Reise plant, hat er schon mal Erkundigungen eingezogen. Seit ein paar Tagen wohnen wir im Gästezimmer bei Steve, Susan und Honey. Steve und Susan wollen in 6 Monaten aufbrechen und dann in 10 Monaten von London nach Sydney fahren. Länger wollen sie nicht unterwegs sein, denn so lange wollen sie Honey, die verschmuste Staffordshire Hündin, nicht bei den Freunden lassen. Mit der Familie kann man telefonieren, aber dem Hund fehlt der Daumen, um den Hörer zu halten. Steve und seine Frau haben wir beim Horizons Unlimited Treffen kennengelernt. Und nachdem wir den ganzen Abend Fragen beantwortet und Tipps gegeben haben, bietet er uns an, bei ihm und seiner Frau in Sydney zu bleiben.

Und so sitzen wir kurze Zeit später bei den beiden, kraulen den Hund und lassen uns nun Tipps geben. So fahren wir mit den Motorrädern zum nächsten Motorradhändler. Und tatsächlich, BMW versendet seine Motorräder immer noch in Holzkisten, die anschließend weggeworfen werden. Die Japaner verschiffen inzwischen in faltbaren Stahl-Mehrweg-Boxen. Das spart Holz und Geld. Denn die hohe Anzahl an verkauften Motorrädern hier in Australien macht das Ganze wirtschaftlich.

Also erscheinen wir mit Arbeitshandschuhen und einem Ute (sprich: juut; Utility Car, australische Eigenheit, Limousine mit Ladefläche, gut zum Transport der Schafe, aber auch fein zur sonntäglichen Kirche), zu Deutsch: Pritschenwagen, beim BMW-Händler und laden zwei Bodenplatten, vier Seitenwände, vier Front- und Rückwände und zwei Deckel auf. Dazu noch einiges an Holz für Reparatur- und andere Zwecke, und wir sind an diesem Tag die glücklichsten deutschen BMW-Fahrer auf Sydneys Straßen. Alte Nägel herausgezogen, Seiten- und Bodenteile verstärkt, so bringen wir die Einzelteile einen Tag, bevor wir die Motorräder verpacken zum Spediteur.

Dann heißt es wieder einmal, die Motorräder putzen. Zahnbürstenrein sollen sie sein. Wir geben unser Bestes. Aber es ist, wie sollte es anders sein, wie es immer ist. Es regnet in Strömen. So kommen wir klatschnass beim Spediteur an und trocknen erst einmal uns und dann die Mopeds.

Jetzt beginnt das bekannte Verpackungsprozedere. Die Motorräder sind zu hoch und so müssen bei beiden die Vorderräder herausgenommen werden. Die Maschinen verzurren wir gut auf den Bodenplatten, Gepäck und Reifen daneben und keine zwei Stunden später zimmern wir die Seitenteile drum herum. So, die Motorräder sind auf dem Weg. Nun müssen Kai und ich noch nach Auckland kommen. Flugtickets für die Aerolineas Argentinas haben wir schon im Internet gebucht. Jetzt müssen wir sie nur noch in der Innenstadt abholen. Und nun beginnt es, interessant zu werden.

Haben wir uns nicht gut genug informiert? Hätten wir das vorher alles wissen können? Haben wir die Neuseeländer mit ihrer Einwanderungsparanoia unterschätzt? Ein klares Ja.

Also, wir wollen ein One-Way-Ticket von Sydney nach Auckland kaufen. Aber die Fluggesellschaft verkauft nicht One-Way-Tickets an Nicht-Australier. Wir benötigen einen Flug aus Neuseeland heraus. Wir machen uns auf den Weg zur neuseeländischen Botschaft, denn es soll Ausnahmen geben. Ob wir dazugehören?

Die junge Frau in der Botschaft kann uns diese Frage nicht beantworten. Wir müssen erst ein mehrseitiges Formular ausfüllen, unsere Kreditwürdigkeit belegen und jeweils 110 AU$ (ca. 66 €) zahlen. Zwei Wochen später können wir mit einer Antwort rechnen. Wir schauen uns an. Wir fragen noch einmal nach. Es ist so, wie schon beim ersten Mal verstanden. Wir schauen uns wieder an, nehmen die Formulare interessehalber mit und gehen zum nächsten Reisebüro. Was kostet ein Rückflugticket nach Sydney?

Sonntagmorgen stehen wir voller Erwartung am Flugschalter, um einzuchecken. Haben wir ein gültiges Visum, um wieder mit dem Rückflugticket nach Sydney zurückzukommen, fragt uns die freundliche Dame am Schalter. Nicht jetzt, das wollen wir uns in Neuseeland besorgen. Rücksprache mit dem Vorgesetzten, Rücksprache mit dem Grenzbeamten.

Keine Möglichkeit, wir müssen ein Flugticket haben, das uns aus Neuseeland heraus in ein Land bringt, für das wir entweder ein Visum haben oder keines benötigen. Woher nehmen und nicht stehlen, sonntagmorgens 8.00 Uhr am Flughafen, 1½ Stunden vor Abflug. Wir werden nervös. Was nun? Die freundliche Dame geht noch einmal los. Gelegenheit, uns umzuschauen. Wir sind nicht die Einzigen mit Schwierigkeiten.

Für Neuseeland werden die Unterlagen der Passagiere besonders genau kontrolliert. Passt jemand nicht ganz genau in das strenge Regelwerk, kann er leider nicht mitgenommen werden. Der Fluggesellschaft drohen hohe Geldstrafen, falls sie Passagiere nach Neuseeland transportiert, die dort nicht einreisen dürfen.

Unsere freundliche Ticket-Bearbeiterin kommt wieder. So können wir nicht mitfliegen! Blankes Entsetzen! Und nun? Wir haben nur noch die Dollarzeichen in den Augen. Wenn wir nicht mitfliegen, verfällt das Ticket, inklusive der Rückflug. Wo bekommen wir so schnell ein Visum her, und wann bekommen wir endlich Frühstück?

Aber plötzlich lichtet sich dieser rabenschwarze Tag, denn die freundliche Dame hat eine Lösung. Sie bringt uns zum Quantas-Ticket-Schalter und erklärt dem Ticket-Verkäufer die Situation. Wir fragen nach einem Ticket Auckland-Bangkok. "Es ist nicht billig, bei mir ein Ticket nach Bangkok zu kaufen." Er schaut nicht einmal den Preis nach. "Am besten kaufen Sie ein Ticket nach Fidji. Das können Sie bei Quantas in Auckland wieder zurückgeben. Sie bekommen dann den Flugpreis abzüglich der 55 NZ$ je Ticket erstattet." Anscheinend sind wir nicht die Ersten, die mit diesem Problem vor ihm stehen. Kai schiebt seine Kreditkarte über den Schreibtisch und ist, mir nichts, dir nichts, 2000 AU$ / 1.200 € ärmer. Kreditkarten sind doch etwas Feines. Aber wo um alles in der Welt liegt eigentlich Fidji?

Während des Fluges ärgern wir uns, dass wir so schlecht vorbereitet waren. Wir hätten viel Geld sparen können. Es scheint, als ob wir das erste Mal auf Reisen sind. Nun ja, dieser ganze Papier- und Visakram war uns noch nie sympathisch.

Mit kleinen Rollenspielen versuchen wir, uns auf die möglichen Fragen der Beamten bei der Einreise vorzubereiten. Wir landen, verlassen das Flugzeug, die Hände werden feuchter.
Wir schauen uns an. Das schaffen wir schon. Und dann? Nichts, gar nichts. Wir bekommen die Visa in die Pässe gestempelt, beim Zoll nur Fragen, ob wir Essen dabei haben und dann sind wir drin. Keine Fangfragen, keine Verhöre, nicht mal Aufmerksamkeit oder persönliche Ansprache. Wir sind enttäuscht. Oder doch einfach nur froh?

P.S. Die Fidji-Inseln liegen 1700 Kilometer nördlich von Neuseeland im Pazifik und sind ein beliebtes Reiseziel hier unten.

Ulrike

Ankunft in Neuseeland bei Freunden

„Gut, dass ihr schon am Samstag ankommt, da könnt ihr unsere Katze versorgen. Den Haustürschlüssel findet ihr im Briefkasten, es ist der Zweite von oben. Wir kommen erst Sonntagabend zurück. Im Kühlschrank findet ihr Bier. Wir freuen uns auf euch."

So kurz und knapp antworteten uns Angela und Adam in einer Mail, als wir sie von Sydney aus anschrieben. Dabei kennen wir die beiden Weltreisenden mit Landrover, die von London nach Auckland gefahren sind, eigentlich nur flüchtig. Auf dem letzten Campingplatz vor dem Iran in Dogobayazit hatten wir 2003 Kais Geburtstag mit viel Bier und gutem Essen gefeiert. Dabei waren Agnes und Skip, die beiden Holländer, die gerade aus dem Iran zurückkamen und Angela und Adam, sie Kiwi, er Engländer, auf dem Weg in ihre Heimat. Angela verdiente unsere gesamte Bewunderung, als sie zu fortgeschrittener Stunde in eines ihrer in Istanbul erworbenen Bauchtanzkostüme schlüpfte und einen Geburtstagsbauchtanz erster Güte darbot. Die Frau hat Mut. Ein zweites Mal haben wir sie in Tabriz im Iran getroffen, als Angela verzweifelt versuchte, mit einer Kreditkarte Bargeld zu bekommen. Geht halt nicht in einem Land, das nicht an das internationale Kreditkartensystem angeschlossen ist.

Aber das war auch schon alles. Und jetzt stehen wir vor dem Briefkasten und der Schlüssel liegt tatsächlich drin. Das ist Vertrauen. Hier in Neuseeland besitzt Gastfreundschaft einen außergewöhnlich hohen Stellenwert.

Das Bier im Kühlschrank ist kalt, auf dem Küchentisch liegt ein Zettel, was die Katze zu fressen bekommt und wo die nächsten Supermärkte sind. Wir haben Glück, alles in Fußnähe. So kommen wir das dritte Mal in einem neuen Land ohne Motorräder an. Wir haben uns nach anderthalb Jahren doch ganz schön an die beiden gewöhnt. Als die beiden Sonntagabend wieder nach Hause kommen, müde und dreckig, denn sie renovieren gerade ein kleines Ferienhaus im drei Stunden entfernten Mangakino, ist das Hallo groß. Ich halte ein wenig inne: Hätte ich die beiden auf der Straße wiedererkannt? Aber die Fremdheit ist ganz schnell überwunden – Fernreisen verbindet.

Beim gemeinsamen Abendessen sind wir schon mitten drin in den Reisegeschichten. Schon vorher in der Wohnung hatten wir einige exotische Reiseandenken entdeckt: den großen fein ziselierten Silberteller aus dem Iran, die handgedruckte Tischdecke aus Indien. Autoreisende haben es doch manchmal gut. Wir haben nur ganz wenig unterwegs gekauft und dann nach Hause geschickt. Ob unsere handbedruckten Bettüberwürfe aus Indien schon angekommen sind?

Die beiden haben ihren Landrover von Indien aus nach Auckland verschifft, so sind sie nicht in den Genuss Südostasiens gekommen. Reisen mit dem Auto kann schnell die Reisekasse sprengen. War ich eben noch ein wenig neidisch wegen der Souvenirs, die die beiden eingesammelt haben?

Wir verbringen einige Zeit bei Angela und Adam, denn diesmal kommen uns das Wochenende und einige Behördenumständlichkeiten dazwischen, bis wir unsere Motorräder wieder fahren dürfen. Kai und ich versuchen uns so oft wie möglich mit guter deutscher Kochkunst erkenntlich zu zeigen, was sehr gern angenommen wird.

Als wir uns von den beiden verabschieden, um nun endlich Neuseeland außerhalb Aucklands zu erkundigen, bekommen wir noch einen Zettel mit der Adresse von einem befreundeten Ehepaar in die Hand gedrückt. „Wenn Ihr in Taupo seid, meldet euch bei Laurie und Carol, die beiden planen auch eine Weltreise".

Und so machen wir uns, nach einem Schlenker um die Nordküste der Nordinsel, auf nach Taupo. Wir haben uns vorher ordentlich per E-Mail angemeldet und bekommen die herzliche Aufforderung zurück, uns sofort bei ihnen zu melden. So führt unser erster Weg nicht wie üblich zum Campingplatz sondern zu den Beiden. Und wir werden herzlich aufgenommen: Uns wird nicht nur ein köstlicher Kaffee angeboten, nein, wir können auch noch bei ihnen in der Garage übernachten. Etwas abwartende Gesichter auf unserer Seite - in der Garage?

Da haben wir sofort die 5x3m Betonzellen vor Augen, wie sie in Deutschland üblich sind. Ganz schnell stellt sich aber heraus, dass sie eigentlich schon ihren gesamten Hausstand aufgelöst haben, da sie mit ihrem Jeep auf Weltreise gehen wollen. Zurzeit leben sie im Gästezimmer des Hotelinhabers, für den sie mal schnell noch drei Monate die „Urlaubsvertretung" machen. Und davor haben sie in einem großen Schuppen gelebt, in dem sie nebenbei noch den Jeep umbauen. Geschlafen wurde allerdings ganz komfortabel im Wohnmobil nebenan. Und hier ziehen wir jetzt ein. Auch dies wird wieder ein längerer Aufenthalt. Das Wetter ist schlecht, die Gastgeber sind nett und wissenshungrig. Und so werden aus ein paar Tagen schnell zwei Wochen. Kai revanchiert sich damit, dass er mit Laurie den Jeep weiter umbaut. Ich zeige mich erkenntlich, indem ich ihnen Visitenkarten für die Reise mache. Denn eines haben wir unterwegs gelernt. Der moderne Reisende hat Visitenkarten mit Bild, Reiseziel und Mail-Adresse. Laurie und Carol sind schwer beeindruckt und drucken sich schon mal hundert Stück aus.

Als ehemaliger Motocross-Rennfahrer besitzt Laurie heute noch eine feine vollverkleidete BMW. Er lädt uns ein zu einer kleinen Runde um den Taupo-See. Mit ein paar Freunden machen wir eine nette Nachmittagstour. Ich sitze hinter Kai und genieße den Trip. Kai muss schon ordentlich am Gas bleiben, um unseren neuseeländischen Freunden folgen zu können. Aber es kommt, wie es kommen muss, hinter einer Kuppe steht Peter neben seinem Motorrad. Da kam die Kurve doch schneller als erwartet. Laurie und Kai können gerade noch auf der Straße bleiben. In die Kurve schauen und nicht zu Peter, am Lenker festhalten und beten, dass alles gut geht. Es geht gut. Bis auf Mark, der als Letzter hinterher fährt. Kurve nicht gesehen und geradeaus neben Peter das Motorrad abgelegt. Dummerweise steht er aber nicht mehr auf und krümmt sich vor Schmerzen. Wir stabilisieren ihn, vermuten eine Schulterverletzung. So einfach einen Krankenwagen mit dem Handy rufen und das Motorrad abholen lassen, das geht hier mangels Empfang nicht. Laurie fährt zur nächsten Farm und telefoniert von dort aus. Das Motorrad wird kurzerhand in den eigenen Bus geladen, den er von Zuhause holt. Während wir auf den Krankenwagen warten, kommt die Farmerin mit Werkzeug vorbei und wir reparieren den Zaun der Schafweide. Hier in Neuseeland nimmt man und auch frau die Sachen selbst in die Hand.

Bei einer Potluck-Party, einer Art Studentenparty, bei der jeder etwas mitbringt, und man mit viel Glück (Luck) etwas Besseres im Topf (Pot) des Anderen findet als im Eigenen, müssen wir unseren Motorradausflug natürlich noch einmal Revue passieren lassen. Besonders die Tatsache, dass Mark immer wieder mantraartig wiederholte, dass er zu schnell war und die Kurve aus dem Nichts kam, führt doch zu einigen Lachern. Seine gebrochene Schulter kann er in zehn Tagen operieren lassen, dann kommt der Spezialist wieder nach Taupo.

So lernen wir Neuseeland sehr privat kennen. Wir werden wie Freunde aufgenommen, überall mit hingenommen und auch weitergereicht. Wir können viel fragen und werden viel gefragt. Die Neuseeländer sind interessiert, besonders was in Europa passiert. Zwar sind sie geografisch nah an Asien und die Kinder lernen ehr Japanisch als Französisch in der Schule, aber Europa ist doch noch immer ein wichtiger Bezugspunkt.

Ulrike

Neuseeland - das wohl nasseste Ende der Welt

Die Erwartungen sind hoch. Das letzte Land auf unserer Reise. Jeder hat es gelobt, viele uns beneidet, dass wir mit unseren Motorrädern das Land erkunden. Aber es ist nicht das Neue, das uns überrascht. Es ist die Kombination des Bekannten. Wir sitzen windgeschützt vor unserem Zelt in Okariro auf der Südinsel, und kurze Hose und T-Shirt sind fast zu warm. Hinter uns am Strand müssen wir den Fleece-Pullover überziehen. Es bläst der Südwester direkt aus der Antarktis. Auf der anderen Seite sehen wir die wolkenverhangenen Flanken der Southern Alps. Bis zu 10.000 mm Niederschlag fallen hier pro Jahr.

Hier ist er endlich – der wohl nasseste Campingplatz der Welt.

Die ideale Voraussetzung für die Entstehung des Franz-Josef- und Fox-Gletschers. Auch auf der Nordinsel fahren wir erst durch Landschaft, die uns an Schottland erinnert, dann kommen wir an weißen Sandstränden vorbei, um 10 Minuten später rechts abzubiegen und durchs liebliche Allgäu zu fahren.

So ist für uns Neuseeland die Zusammenfassung unserer Reise. Schneebedeckte Berge wie im Himalaja, Strände wie in Thailand, weite Hochebenen wie in Ladakh, mit Farn überhangene Straßen wie in Laos, Gastfreundschaft wie in Pakistan, Bier wie in Australien. Nur die Meat Pies, die Pasteten, haben wir so köstlich nur hier gefunden. "Ihr habt kein Fisch & Chips in Deutschland?" werden wir von einem Neuseeländer gefragt. "Was? Und wie schaut es mit Meat Pies aus? Nicht mal die?!" Das Entsetzen und Mitleid sind deutlich seinem Gesicht abzulesen.

Aber dafür haben wir in Deutschland den TÜV, und hier endlich wissen wir ihn wirklich zu schätzen. Wir haben es immer als kleinliche Spießerei empfunden, dass jede Auspuffanlage genau reglementiert ist, dass unsere Motorräder sich wie Rasenmäher anhören, weil wir keine ordentlichen Krachtüten dranschrauben dürfen. Und nun sind wir in einem Land, in dem abends ab 10.00 Uhr die nächtliche Stille einkehrt und man eine Stecknadel fallen hören kann.

Oder besser gesagt könnte, wenn die Jugendlichen nicht so viel Spaß an Beschleunigungsrennen von einer Ampel zur nächsten hätten. Die Auspuffanlagen sind monströs. Wir wundern uns, dass vor die Rohre keine Gitter geschraubt werden, damit die Possums nicht darin übernachten. Oder auch einfach mal auf dem Parkplatz stehen und den

Motor bis zum Drehzahlbegrenzer hochzujubeln, gehört zum abend-
lichen Unterhaltungsprogramm.

Es wird viel zum Zeitvertreib angeboten. Bungee Jumping, Skidiving,
Kajaking, Tramping, Jet Boating, alles kostet Geld. Recht viel Geld,
jedenfalls verglichen mit Asien. So beschränken wir uns darauf, die
Landschaft vom Motorrad aus anzuschauen.

Der Neuseeländer kennt sein Wetter – Indoor-Zelten bei Invercargill.

Und wir können viel schauen, denn es gibt recht wenig Zivilisation, da
das Land nur spärlich bevölkert ist. Knapp 4 Millionen Einwohner, und
die sind alle freiwillig hier, wie immer wieder betont wird, im Gegen-

satz zu den POMEs (sprich: Pommies) in Australien. Als "Prisoner Of Mother England" wurden die ersten Einwohner nach Australien zwangsverschickt.

Die Australier sind stolz auf Australien, die Neuseeländer auf Neuseeland. Keiner mag den anderen. Jeder hat die tollere Landschaft, die leckeren Weine, die besseren Ureinwohner etc. Wobei ich nicht weiß, ob der Begriff Ureinwohner auf die Maori zutrifft. Sie kamen erst vor ca. 1100 Jahren aus Französisch-Polynesien nach Neuseeland. Und haben gleich erstmal den Moa, den straußenähnlichen Vogel, ausgerottet. Dafür haben die Weißen dann 800 Jahre später Rinder, Schafe, Füchse, Igel, Hasen und sogar Damwild mitgebracht. Nun weiß Kai auch endlich, warum deutsche Discounter so günstig Hirschragout aus Neuseeland anbieten können. Die Tiere werden hier massenweise gezüchtet.

Moos! Moos muss der liebe Gott hier in Neuseeland erfunden haben. Und wahrscheinlich hat er gleich mehrere Versuchsreihen gefahren. Denn so viel, so unterschiedliches Moos, haben wir noch nie gesehen. Es ist dick und dünn und weich und hart und hellgrün und dunkelgrün und flach am Boden und hängend am Baum und ... Ob er sich hier auch das erste Mal am Wetter versucht hat? Neuseeland liegt in den "Roaring Forties", also dem 35.-47. Breitengrad und damit den mittleren Breiten der südlichen Hemisphäre. Vier Jahreszeiten an einem Tag, ja, das können wir bestätigen. Wenn es regnet, ist es kalt, kaum kommt die Sonne raus, verdampfen die Regentropfen regelrecht auf unseren Jacken. Sonnenschutzfaktor 30 ist ein tägliches Muss. Westwind gibt es ständig. Entweder bläst er stark oder sehr stark. Auch ein Ergebnis der Mittelbreiten. In Neuseeland campen ist gelebte Wetterkunde. Wir lernen viel, besonders über Regen. Der kann manchmal so lang und intensiv sein, dass wir einmal sogar unser Zelt in der Scheune aufschlagen. Indoor-Tenting nennt der wettergeprüfte Neuseeländer das. Hier darf man wirklich nicht den Tag vor dem Abend verfluchen.

Schluss mit Lustig - ab jetzt getrennte Wege

Kai

Abends liege ich im Zelt, kann keinen Schlaf finden, immer wieder geht mir die Situation von heute Nachmittag durch den Kopf. Wir stehen in Taupo vor dem Fish & Chips Laden und haben uns für die letzten Tageskilometer gestärkt. Als wir losfahren wollen, ist Ulrike noch nicht soweit und ich warte. Es ist heiß unter dem Helm. Warum kann sie nicht wenigstens einmal gleichzeitig mit mir aufsitzen und auch losfahren? Muss ich immer warten und unter dem Helm schwitzen? Das nervt. Ich fahre schon mal los, aber sie kommt nicht nach. Also wieder zurück und da steht sie noch. Mein Puls ist auf 180. Ich könnte platzen. Geht doch die verdammte Argumentiererei wieder los. Rechthaberisches Weib, denke ich. Wir wollten mit einem schönen Trip entlang der Coromandel Halbinsel unsere Reise beschließen. Und jetzt kommt eine Packung Stress vom Feinsten. Ulrike murmelt was von loser Schraube und festziehen. Aber in mir steigt die Wut. Irgendwann ist Ende mit Verständnishaben. Anziehen, aufsitzen, losfahren - das kann doch nicht so schwierig sein. Da hilft nur noch, die Spannung durch einen gezielten Energieaustausch abzubauen. Jedenfalls steckt mein Fuß in Ulrikes Koffer Marke Bangkok Eigenbau. Ich fühle mich regelrecht befreit, nur geht Ulrike jetzt steil. Leider verstehe ich kein Wort. Die Aufregung hat ihr die Stimme verschlagen und sie bekommt die Worte nicht mehr so richtig voreinander. Während ich noch schaue, ob mein Schuh Schaden genommen hat, steigt Ulrike auf ihre Maschine und lässt den Motor bei der Abfahrt so richtig schön jaulen. Äh, wollten wir nicht gemeinsam zurück nach Auckland fahren und die Motorräder nach Hause verschiffen? Nun gut, ich habe das Zelt und endlich mal Zeit für mich. Wow, ist die sauer. Aber was soll's, die kommt schon wieder …

Am nächsten Morgen kann ich endlich mein eigenes Tempo fahren, muss nicht nach 10 Kurven auf Ulrike warten. Tut auch mal gut, sage ich mir. Nur alleine essen gehen hat mir noch nie gefallen. Abends wieder ins Zelt und wieder allein essen gehen. Hätte mir das zwei Jahre lang Spaß gemacht? Ich sehe das Positive und genieße, mein eigener Herr zu sein. So fahre ich die Strecke allein ab, die ich eigentlich für uns beide ausgearbeitet hatte. Als ich um eine Kurve fahre und den Ausblick auf eine Bucht des Firth of Thames genieße, sehe ich von Weitem, wie jemand so ganz alleine nach Steinen sucht. Merkwürdig finde ich das, was sucht die dort? Ich komme und sehe ein Motorrad, etwa Ulrikes? Tatsächlich sucht Ulrike den Strand ab. Soll ich zugeben, dass bei mir Schmetterlinge im Bauch flattern? Langsam nähere ich mich, überlege mir schon eine gute Entschuldigung für den Tritt in den Motorradkoffer. Mit einem dicken Kuss vertragen wir uns. Entschuldigung angenommen und Versprechen gegeben, nicht mehr so schnell auszuflippen. Auch Ulrike sieht ihre Fehler ein und wir fahren gemeinsam nach Auckland. So kurz vor Schluss die Sache schmeißen, ist ganz einfach bescheuert. Wir haben zueinandergefunden und so soll es auch bleiben.

Ulrike

Kai hat wieder mal an meinem Motorrad geschraubt. Und als ich losfahren will, merke ich, dass eine Schraube nicht fest ist. Ich bin sauer, auf ihn und auf mich. Ich kann die Schuld nicht mal richtig auf Kai schieben. Ist ja mein Motorrad und eigentlich müsste ich mich drum kümmern. Die Stimmung ist gereizt. Er versteht nicht, was für ein Problem ich mit der Schraube habe. Sofort kommen die großen Reizwörter: immer, nie, ewig. Ich raste aus. Hab ich etwa die Schraube nicht angezogen? Es gibt ein Wort das andere und ich versuche tatsächlich auch noch, ordentlich zu argumentieren und auf ihn einzugehen. Aber das funktioniert auch nicht. Ich soll endlich aufhören, immer zu zitieren, was er gerade gesagt hat. Ich mache das, was ich sehr gut kann: Ich gebe nicht nach. Und auf einmal höre ich einen Knall und Kais Stiefel steckt in meinem Koffer. Und dann kommt da noch ein Typ lang, der die Vorgeschichte nicht kennt, nur das Loch in der Box sieht, und mir dann noch erklären will, dass ich das Motorrad nicht so schwer bepacken soll, sonst kippt es noch mal um und die andere Kiste geht auch noch kaputt. Ich dreh am Rad. So viel männliche Besserwisserei ertrage ich nicht. Ich setzte mich auf mein Motorrad und suche das Weite.

Und nun sitze ich allein auf dem Motorrad und weiß nicht so recht wohin. Schon nach Auckland zu unseren Freunden fahren und Beziehungskrisen diskutieren, dazu habe ich echt keine Lust. Ich fahre erst einmal zur Touristeninformation, um mir Kartenmaterial zu holen. Denn unsere Karten hat Kai. Abends finde ich eine nette kleine Farm, die Holzhütten vermietet. Ich quartiere mich neben zwei Frauen mit ihren 5 halbwüchsigen Kindern ein. Ganz in neuseeländischer Manier bittet mich einer der Jungs abends zu einem kleinen Drink herüber. Mutter hat ihn geschickt. Die Damen bewundern mich, dass ich so ganz allein mit dem Motorrad unterwegs bin. Ich kann es nicht lange verheimlichen, also erzähle ich von unserem Streit und dass ich nun erst einmal allein weiterreise. Die beiden lachen: „So eine Reise würde ich mit meinem Mann keine Woche aushalten, geschweige denn fast zwei Jahre." Ich lache mit und schon bald lauschen die beiden fasziniert, was Kai und ich zusammen erlebt haben. Mir wird klar. Allein sein ist auch mal schön, aber schöner ist es gemeinsam.

Ich lasse mir Zeit und fahre mein Tempo. Auch mal schön, nicht immer zu merken, wie langsam ich bin, weil Kai schon wieder nicht mehr zu sehen ist. Ich mache eine Pause und sammle Steine am Strand. Ich höre ein Motorrad kommen. Es ist eine BMW, den Sound kenne ich gut. Und tatsächlich. Kai kommt um die Ecke gepfiffen und hält auch. Was er wohl sagt? Was soll ich sagen? Egal, böse bin ich ihm nicht mehr, vielmehr freue ich mich wie ein Teenager, meinen Freund wiederzusehen. Wir gehen aufeinander zu und lachen. Wir nehmen uns in den Arm und alles ist gut. Er murmelt ein paar Worte der Entschuldigung, die ich gern annehme. Was soll's, eines habe ich gelernt auf der Reise. Es muss nicht jeder Streit bis zum Ende ausgefochten werden und manchmal ist es einfach gut, die Dinge auf sich beruhen zu lassen. Ich will nicht argumentieren, sondern meinen Mann küssen.

PS: Kai und Ulrike haben am 12.05.2006 geheiratet – 15 Monate nach der Rückkehr nach Deutschland.

Erinnerung an grandiose Landschaften wie hier auf der Südinsel Neuseelands.

Kai & Ulrike

Das kleine ABC der Tipps und Ratschläge

Einleitung

In diesem Kapital haben wir die Antworten auf die Fragen zusammengetragen, die uns immer wieder gestellt wurden. Da es unsere Antworten sind, können sie auch nur unsere Erfahrung wiedergeben. Und genau das wollten wir: Kurz erklären, warum wir was wie gemacht haben. Daher ist dies kein umfassender Reiseratgeber, aber doch immerhin ein guter Anfang.

Bekleidung – „Ein neues T-Shirt kommt nur mit, wenn ein altes geht." Eine Weisheit, die jeder sofort zustimmen wird, der die begrenzten Packmöglichkeiten auf einem Motorrad kennt. Und „je weniger, desto besser" gilt nicht nur fürs Wandern. Wir haben festgestellt, dass eine gute Garnitur Kleidung sehr nützlich ist. Es gibt immer wieder Situationen, in denen wir uns ordentlich anziehen, wenn auch nicht gerade schick, und so auch unseren Respekt dem Gastgeber erweisen. Natürlich ist nichts schlimmer, jedenfalls für den weiblichen Teil des Teams, als zwei Jahre immer wieder im gleichen guten Pfötchen-Fleece Pullover herumzulaufen. Aber Kleidung, die eine besondere Funktion erfüllen soll, wie zum Beispiel warmhalten, aber nicht zu schwer sein, atmungsaktiv, schnell trocknend, etc., gibt es in asiatischen Ländern nicht so einfach nachzukaufen. Und die Dinge, die halten sollen, müssen von bester Qualität sein und nicht vom freundlichen Discounter nebenan. Bunte T-Shirts und Hosen gibt es immer wieder unterwegs auf den Märkten zu kaufen. Eines noch: Gute Unterwäsche gibt es oft nicht nachzukaufen. Schon Socken sind schwierig zu kaufen.

Bücher vorher – gibt es viel, die lesenswert sind. Geschichten oder Ratgeber, für ein Land, einen Kontinent oder die ganze Welt. Hier ist sicherlich für jeden etwas dabei. Zwei Bücher sind uns in Erinnerung geblieben:
Chris Scott: Adventure Motorcycling Handbook, Worldwide Motorcycling Route & Planning Guide (Trailblazer)
Bernd Tesch: Afrika Motorrad Reisen. Ratgeber: Motorrad (Ver-) Führer für Fernreisen - Hiermit fing Kais Fernreisefieber an.

Bücher unterwegs – gibt es überall. Ob wir alle Reiseführer von Zuhause mitgenommen haben, wurden wir gefragt. Nein, nur für den ersten Teil hatten wir den Klassiker „Istanbul to Kathmandu" von Lonely Planet dabei. Ab Indien gibt es in den einschlägigen Backpacker Plätzen oft Buchtauschbörsen, in denen schon mal die Erstausgaben des Lonely Planet zu haben sind. Also auch hier wieder, so wenig wie möglich mitnehmen und sich von der Literaturvielfalt unterwegs überraschen lassen. Folgende Bücher haben wir unterwegs aufgelesen und es war besonders interessant, sie in dem Land zu lesen, indem die Handlung spielt.
Tschechei: Bruce Chatwin – Utz: Roman über einen Prager Porzellansammler, faszinierender Autor. (Fischer, Tb., Frankfurt; 10.Aufl., Dezember 2002, ISBN-10: 3596103630)
Türkei: Yashar Kemal – Mehmed mein Falke: Türkische Saga über das Leben in den abgelegenen Dörfern des anatolischen Taurusgebirges,

eindrucksvolle Beschreibung des Landlebens. (Unionsverlag; November 2005, ISBN-10: 3293203507)

Iran/Pakistan: Michael Moore – Stupid White Men: die Abrechnung mit dem Amerika unter George W. Bush, lässt auch an Clinton kein gutes Haar, zu recht lange in der Spiegel Bestsellerliste. (Piper; 16. Aufl., Oktober 2007, ISBN-10: 3492241271)

Iran/Pakistan: Peter L. Bergen: Holy War Inc. – Inside the Secret World of Osama bin Laden: Fakten und Hintergrundinformationen über den CEO Osama Bin Laden und das Terroristennetzwerk El-Qaida des CNN Terrorismus Experten, ein Augenöffner. (Oxford University Press; 27. März 2008, ISBN-10: 0195171314)

Iran/Pakistan: Robin Moore - The Hunt For Bin Laden - Task Force Dagger: Wer wissen will, wie eine kleine Gruppe Green Barets, eine der amerikanischen Eliteeinheiten, die Taliban und Al Qaida in Afghanistan in den Untergrund getrieben haben, ist hier richtig. Etwas sehr heroisch und blutrünstig geschrieben, Rache für den 11. September 2001 eben. (Macmillan; 1.Januar 2003, ISBN-10: 1405034068)

Indien: Alexander Frater – Chasing the Monsoon: Immer dem Regen nach, das Buch vermittelt einige Einblicke in die indische Seele. (Penguin Books Ltd; New edition, 28. März 1991, ISBN-10: 0140105166)

Nepal: Maurice Herzog – Annapurna: Die Erstbesteigung des Annapurna, abenteuerliche und sehr lesenswerte Pionierarbeit. (Lyons Pr; Auflage: First, Juni 1997, ISBN-10: 1558215492)

Myanmar: George Orwell – Tage in Burma: Bei 35 Grad und einer Luftfeuchtigkeit von 90% hat die Geschichte besonders Eindruck gemacht. (Diogenes Verlag; 12. Aufl., 1982, ISBN-10: 325720308X)

Thailand: Warren Fellows – The Damage Done: Drug Trafficking lohnt nicht in Thailand, die Gefängnisse sind ein Albtraum. Eindrucksvolle

Geschichte eines Australiers, der mehr als 10 Jahre in Bangkoker Gefängnissen verbrachte. Es soll in der Zwischenzeit menschlicher geworden sein. Wir haben es nicht getestet. (Mainstream Publishing Co; Auflage: New edition , 7. Oktober 1999, ISBN-10: 184018275X)

Laos: Christopher Robbins – Air America und The Ravens: Der CIA hatte seine eigene Airline und hat damit die Außenpolitik der USA in der Zeit des Kalten Krieges vor Ort umgesetzt. Die Ravens sind im geheimen Krieg in Laos (während des Vietnamkrieges) aktiv gewesen. Viele, unglaubliche Fakten. (Asia Books Co. Ltd., 2000, ISBN-10: 9748303411)

Kambodscha: Francois Ponchand – Year Zero: Tatsachenbericht über das erste Jahr unter den Khmer Rouge. Erschreckend. (Holts Rinehart and Winston; New York, 1978)

Indonesien: Simon Winchester – Krakatau: Ein faszinierender Bericht über den gewaltigen Ausbruch des Vulkans Krakatoa im Jahre 1883, bei dem 40.000 Menschen starben und dessen Auswirkungen weltweit spürbar waren. Gute wissenschaftliche Erklärungen. (btb Verlag; 1. Auflage, 24. Mai 2005, ISBN-10: 3442733367)

Australien: Nevil Shute – Eine Stadt wie Alice: Abenteuer, Dramatik, Romantik, ein älterer Klassiker über den roten Kontinent. (Büchergilde Gutenberg , 1954, ASIN: B0000BNWLN)

Neuseeland: Alan Duff – Once we were Warriors: Alan Duff -- selbst Maori -- berichtet mit diesem Roman hautnah aus dem Leben der Maoris im Ghetto von Pine Block. Wir sind dort gereist und finden das Buch hart an der Realität. Wer nicht gern liest, kann sich auch den Film anschauen, der ist knallhart. (Vintage Books; 16. März 1995, ISBN-10: 0099578417)

Ersatzteile und Reparaturen - tja, was man nicht dabei hat, geht kaputt; was dabei ist, verrottet unten im Koffer. Ist es nicht immer so?

Wir haben folgende Empfehlung: Gebrauchte Ersatzteile gibt es gut beim lokalen Mechaniker oder über das Internet zu kaufen. Legt euch einen kleinen Vorrat an solchen Teilen zu Hause an. Deutlich beschriften für die motorradunkundigen Daheimgebliebenen und sich im Bedarfsfall zuschicken lassen. Es kann auch sinnvoll sein, sich gebunkerte Ersatzteile in Länder schicken zu lassen, wo diese Ersatzteile sehr teuer sind. So sind wir in Australien lieber drei Wochen auf einem Campingplatz im Outback geblieben und haben uns die günstigen Ersatzteile aus Deutschland zuschicken lassen. Ein Reparaturhandbuch aus Papier, keine CD, und ein Reifenreparatur-Set mit Luftpumpe gehören immer ins Gepäck.

Fotografieren - Eine Weltreise ohne Fotoapparat, das können wir uns nicht vorstellen. Wie hieß es in einem australischen Werbespot: „If you don't tell your friends it hasn't happened" – „Wenn du es nicht deinen Freunden erzählst, ist es nicht passiert."

Folgende Fragen stellen sich:

1. Frage: Analog oder digital? Als wir 2003 losfuhren, waren 2 Megapixel der Standard bei digitalen Sucherkameras. Speicherkarten waren teuer. Inzwischen ist erst bei 12 Megapixel die Grenze der kleinen Chips erreicht. Speicherkarten sind billig, Internetcafés, in denen die Bilder heruntergeladen werden können, gibt es überall. Filme müssen gekühlt, trocken und dunkel transportiert werden. Außerdem stellt sich die Frage: Nach Hause schicken oder unterwegs entwickeln lassen. Wir wissen nicht, was der freundliche Tankwart empfiehlt, wir empfehlen eine kleine digitale Kamera, immer dabei, höchste Auflösung, minimale

Kompression und zusätzlich reichlich Speicherkarten. Die sollten auch rüttelsicher verpackt werden, z. B. in Schaumstoff, wegen der Vibrationen. Mit diesen Kameras lassen sich auch ganz ordentliche, kleine Filme drehen, die jede Website aufpeppen. Und die muss man und frau ja heute haben.

2. Frage: Sucherkamera oder Spiegelreflexkamera (SLR)? Für die SLR spricht die höhere Bildqualität. Das wird besonders bei großen Abzügen deutlich. Wechselobjektive und eine fast unüberschaubare Vielfalt an Kamerafunktionen ergeben ein hohes Maß an kreativer Freiheit. Hauptsache man kann mit soviel Freiheit umgehen. Klar, dass eine SLR mit Wechselobjektiven nicht zur Gewichts- und Platzoptimierung beiträgt.

Falls das Motorrad mal in eine tiefe dunkle Schlucht fällt, ist es gut, ein kleines Stativ dabei zu haben (klar, dunkle Schlucht, lange Belichtungszeiten, zittrige Hand, ob der Aufregung), um das Ganze zu dokumentieren. Das beeindruckt die Freunde zuhause. Für normale Landschaftsaufnahmen oder fetzige Videos während des Fahrens ist eine Halterung auf Basis eines Kugelgelenkes eine gute Alternative. Einfache Sonnenuntergänge und Nachtaufnahmen lassen sich so aber auch einfacher fotografieren. Nicht jeder Computer in den Internet-Cafés entlang eurer Reiseroute hat ein eingebautes Lesegerät für Speicherkarten. Deshalb gehört ein Kartenlesegerät mit USB-Anschlusskabel ins Gepäck. Was für das Motorrad gilt, gilt auch für die Kamera: Vorher üben und wissen, was möglich ist, denn in den meisten Kameras steckt mehr kreatives Potenzial als in manchem Fotografen. Eine Lomo tut es natürlich auch, außerdem ist man damit unter Garantie der erste Anwärter auf den Preis „trashigste Reisefotos des Jahres".

Wie in jeder guten Reisebenimmfibel beschrieben ist es problematisch, Personen ohne deren Einverständnis zu fotografieren. Wir haben festgestellt, dass sich Menschen selbst in vermeintlich etwas „zugeknöpfteren" Gesellschaften gerne fotografieren lassen, wenn wir vorher freundlich miteinander kommuniziert haben und dann zum Abschluss freundlich und respektvoll gefragt haben. Dabei hilft das Motorrad ungemein, Kontakt zu bekommen. Zur Verdeutlichung konstruieren wir ein kleines Beispiel: Du hockst im Garten auf allen Vieren und jätest Unkraut. Ein freundlicher Weltbürger, z. B. aus Schwarzafrika, kommt vorbei und fotografiert dich ungefragt. Deine Reaktion? Wahrscheinlich verärgert. Gut, er fotografiert nicht einfach, sondern fragt dich: „Hello Mister, darf ich sie fotografieren?" Auch falsch, wir sind doch nicht im Zoo. Stellt sich dieser freundliche Weltbürger aber zu dir an den Zaun, fragt dich, was du machst, welche Blumen das sind, ob du auch Pferdeäpfel als Dünger nimmst, kommt es zu einem netten Gespräch, du lernst vielleicht noch was dazu, und wenn er dann zum Abschluss fragt, ob er noch ein Foto zur Erinnerung schießen darf, hast du bestimmt nichts dagegen.

Gepäck - Immer wieder ein Thema, gern am Lagerfeuer diskutiert. Wir sind nach wie vor Verfechter von Alukoffern und stabilen Gepäckträgern. Sie sind gut zum Sitzen am Lagerfeuer geeignet, bei waagerechter Montage am Motorrad kann man darauf kochen und sie schützen auch bei Unfällen. Wer die ultimativen Koffer samt Gepäckträger sucht, landet bei Bernd Tesch. Daniel, ein junger Schweizer, allein unterwegs, erzählte uns, dass er öfters sein Motorrad an dem Tesch-Gepäckträger aus dem Dreck gezogen hat. „Und das hat gehalten!" Nur Plastikkoffer taugen nichts, da man sie auf Reisen nicht reparieren kann, so erging es jedenfalls uns. Wasserdichtigkeit versteht sich von selbst.

Ordnung in Koffern schaffen übrigens sogenannte Cubes. Das sind kleine Taschen, oft aus Netzmaterial, in die man Kleidung und andere Dinge sehr praktisch verstauen kann. So dauert das Einpacken nicht so lange wie bei unserem Freund Rick aus England, der schön jedes Teil aus dem Koffer auspackte und am nächsten Morgen alles wieder einpackte. Zen oder die Kunst ein Motorrad zu packen. Alles Wichtige und Teure wie Papiere, Geld, Schlafsack, Laptops, Kameras oder MP3-Player sollte so verpackt werden, dass es einen Sturz bei Wasserdurchfahrten trocken übersteht. Unser japanischer Freund Tomo durfte im australischen Outback schon einmal seinen Reis in der Sonne trocknen. Der war zwar nicht teuer, aber überlebensnotwendig.

Grenzübergänge – waren für uns immer unproblematisch. Wichtig ist es allerdings, die richtigen Papiere dabei zu haben. Für uns natürlich die Pässe mit passenden Visa. Der Pass für das Motorrad ist das Carnet de Passage. Das ist ein Zolldokument, das sicherstellt, dass das Motorrad wieder ausgeführt wird. Das funktioniert wie folgt: In Deutschland wird Geld beim ADAC hinterlegt. Dafür bekommst du ein großes Dokument, das die Zollabfertigung für beide Seiten erleichtert. Der durchreisende Motorradfahrer muss sein Motorrad bei der Einreise nicht verzollen und bei der Ausreise sein Geld zurückverlangen. Der Zollbeamte, und damit das Land, kann sich sicher sein, dass das Motorrad wieder ausgeführt wird, ansonsten ist die beim ADAC hinterlegte Sicherheit weg. Ein Dokument, das wir wie unseren Augapfel gehütet haben und jedes Mal zugesehen haben, dass es wirklich vollständig abgestempelt wurde, und zu manch netter Unterhaltung in der Zollstation geführt hat. Nach dem fünften oder sechsten Grenzübergang konnten wir den Zöllnern genau sagen, wohin die Stempel kommen. Nach Einreise in Deutschland, ob über Land, Wasser oder zu Luft, sollte man das Motorrad beim Zoll vorführen und sich die Einfuhr nach Deutschland im Carnet bescheinigen lassen. Dadurch weiß der ADAC, dass das Motorrad wieder daheim ist. So steht einer Rückzahlung der hinterlegten Sicherheit nichts mehr im Wege. So ein Carnet hat eine Gültigkeit von einem Jahr und wird vom ADAC auch verlängert, wenn man im Ausland ist. Das ist wichtig für mehrjährige Reisen. Wir haben uns ein neues Carnet nach Bangkok ins Guesthouse schicken lassen.

Handy – „Wer wegfährt will weg sein." Besser als Ulrikes Freundin hätten wir es nicht ausdrücken können. Also hatten wir das Handy nur für den Notfall dabei. Einfach mal zuhause anrufen, das kann schnell so viel kosten, wie sich eine Woche in Laos zu vergnügen. Einmal am Tag oder vielleicht sogar nur einmal die Woche eingeschaltet, um neue SMS abzurufen, das gibt den Lieben zuhause das Gefühl, uns erreichen zu können, und uns die Freiheit, das lesen zu können, wann wir es wollen. Die Mailbox bleibt natürlich abgeschaltet. Außer im Iran waren unser deutsches Handy überall auf unserer Route kompatibel.

Informationen – kann man nie genug haben.
Im Internet steht heute alles, aber welchen Seiten können wir vertrauen? Wir haben uns kreuz und quer durch das Netz bewegt und hier eine Auswahl zusammengestellt.
www.horizonsunlimited.com: Englischsprachige Motorrad-Traveller-Seite, viele Informationen zu Ausrüstung und Motorradreisen allgemein, aktuelle Länder-Informationen, Motorradversand, Grenz-

übergänge, lebendiges Forum mit Leuten, die gerade unterwegs sind, mehrmals jährlich erscheinendes E-zine mit kleinen Geschichten von unterwegs.

www.berndtesch.de: Internetauftritt des deutschen Urgesteins der Fernreiseszene, gigantische Zusammenstellung von Berichten von Motorradweltreisen auf allen Kontinenten der Welt, Ausrüstungen, viele Informationen und Tipps, riesige Reisebuchdatenbank, viel gelobtes Survivaltraining und alles zum jährlichen Motorrad-Treffen für Fernreisende seit 1978.

www.motorradkarawane.de: Viele, nützliche Informationen zu Ländern und Reisen, aktives Forum in Deutsch.

Lesen und Surfen sind das eine. Aber es geht nichts über das persönliche Gespräch. Das ist am einfachsten zu finden auf einem der Motorrad-Fernreise-Treffen. Auf den verschiedenen Treffen ist es einfach, Kontakte zu knüpfen und die Leute direkt anzusprechen. Spaß macht es auch, die interessantesten Um- und Anbauten der Motorräder anzuschauen und die Besitzer direkt nach den Bauplänen zu fragen. Hier gibt jeder gerne Auskunft.

Kleiner Kleidungsknigge für die Dame im Iran, Pakistan und Indien
– Muss ich es wirklich sagen? Hochgeschlossen reist es sich einfach besser. Im Iran gibt es klare Kleidervorschriften, da brauchte ich nicht zu überlegen, was ich abends, runter vom Motorrad und frisch gewaschen, anziehen sollte. Ein Kopftuch hatte ich bereits in der Türkei gekauft. Schwarz musste es nicht sein, ich fand mir stand beige-grün besser, jedenfalls im Sommer. Eine Jacke, knielang und züchtig geschlossen habe ich mir erst im Iran gekauft. Beige war die Farbe des Jahres, im Jahr davor lief jede iranische Dame in Hellblau herum. Auf

dem Motorrad trage ich meine Jacke bis über den Po oder ein langes Motorradhemd. Wenn wir anhalten, setzte ich eine Kappe auf, die meisten erkennen nicht, dass ich eine Frau bin und deswegen ein Kopftuch tragen sollte. Das Kopftuch kommt aber doch oft zum Einsatz: Abends, wenn wir essen gehen oder einfach ein wenig bummeln, oder auch tagsüber, wenn wir eine längere Pause machen. Es ist für mich auch ein Zeichen des Respekts. Ich respektiere die Regeln und Sitten des Landes, auch wenn es mir bei 40 Grad im Schatten platzen könnte. Als wir in das Haus einer Familie eingeladen werden, um mit ihnen zu essen, darf ich das Kopftuch abnehmen, die Hausdame wird aber auch hinter verschlossenen Türen das Tuch aufbehalten, weil ein fremder Mann im Haus ist. Mit uns Ausländerinnen ist jeder etwas großzügiger. In Pakistan bleibe ich unauffällig. Was bleibt mir auch anderes übrig, in einem Land, in dem es praktisch keine Frauen in der Öffentlichkeit gibt. Auch hier, viele Menschen können sich nicht vorstellen, dass ich eine Frau bin und wenn doch, dann nicht, dass ich Motorrad fahre. Ich trage kein Kopftuch, aber oft ein Tuch, um meinen Körper einzuhüllen. Kai und ich müssen einiges lernen, denn uns erscheint es höchst unhöflich, dass mir niemand hilft, als mein Motorrad umfällt und Kai nicht da ist, um mir zu helfen. Jedem Pakistani gebietet es die Höflichkeit, mir nicht zu helfen, bis mein Mann kommt, und es ihnen erlaubt. Dass ich im Restaurant meine Bestellung aufgebe und dann Kai gefragt wird, ob ich das bestellen darf, amüsiert Kai mehr als mich. Aber er ist großzügig und ich bekomme, was ich möchte.

In Indien hat meine Züchtigkeit nichts mit der Religion zu tun. Aber in einem Land, in dem blonde Frauen eh Seltenheitswert haben und die westlichen Filme ein nicht besonders positives Image über westliche Frauen verbreiten, schaut Kai sehr genau, wer mich wie taxiert und gibt auch schon mal laut seine Meinung kund: Seine Frau starrt niemand an, Punkt. Ich sehe zu, dass ich auch bei heißem Wetter etwas Weites und Verhüllendes trage. Etwas, was sich eh bei dem Wetter anbietet. Knall-enge Trägertops gehören nach Ibiza und nicht nach Indien.

Aufmerksame Männer werden auch feststellen, dass die Einheimischen nicht in Bermudas und Muscle-Shirt herumlaufen sondern sich auch bei großer Hitze ordentlich kleiden.

Landkarten oder GPS – Wir sind Kartenleser. Ob wir mit einem GPS besser gefahren wären, wissen wir nicht. Aus diesem Streit halten wir uns heraus. Wir können Karten lesen und fanden es auch oft hilfreich und amüsant, mit den Einheimischen zusammen über einer Karte zu hocken und zu erleben, wie sie das erste Mal auf eine Landkarte schauten. Aber um es klar zu sagen, wer über Pisten fahren will, sollte ein GPS zusätzlich zu gutem Kartenmaterial dabei haben und schon mindestens einen Geo-Cache gefunden haben. Es ist absolut über-lebensnotwendig, in unbekanntem Gelände abseits der Hauptrouten seine Position bestimmen zu können. So hilft ein GPS auch, mit der Track-Back-Funktion wieder sicheres Terrain zu erreichen, wenn man sich einmal verfahren oder verlaufen hat.

Es kommt auch immer mehr in Mode, gute Unterkünfte für Welten-bummler direkt mit GPS-Koordinaten in den einschlägigen Foren zu empfehlen. Ein unschlagbarer Vorteil für den GPS-Besitzer, da sich so eine lange, mühsame Suche ersparen lässt. Denn das ist auch anders in anderen Ländern, Hinweisschilder sind nicht das, was dem Ein-heimischen als notwendig erscheint.

Medizin und Vorsorge – Impfungen haben wir uns vorher über die verschiedenen Reisezentren geholt. Dort gibt es ausführliche Beratungen, was für welches Land wichtig ist. Aber wir konnten oder wollten uns nicht im Vorhinein vor allem schützen. Wichtig ist es, Vor-ort zu fragen, welche Krankheiten es gibt, wann die letzte Malaria-erkrankung aufgetreten ist, usw. Wir haben bei Malaria der Stand-By-Medikation vertraut. Schlimmer als Malaria ist aber Dengue-Fieber. Es gab eine Reihe von Dengue-Fällen während unseres Aufenthaltes in Delhi / Indien. Dagegen kann man sich nur schützen, indem man nicht gestochen wird. Also ist ein guter Anti-Mückenschutz in den meisten Ländern das Wichtigste. Und hier haben wir auf die Mittel in den ver-schiedenen Ländern vertraut.

Der Besuch beim Frauenarzt (natürlich nur für die weiblichen Reisenden) gehört auch dazu. Wenn wir schon bei Frauenthemen sind: Zwischen der Türkei und Bangkok wird es schwierig, Frauenhygiene-Artikel in der Qualität zu bekommen, wie wir es hier kennen. Gesichts-creme immer mal wieder, aber Tampons können eine echte Heraus-forderung werden.

Motorrad – Welches ist das Richtige? Eine schon fast philosophische Frage. Denn diese Frage scheidet die Motorradwelt in mindestens zwei Lager. Die einen wollen eine leichte Maschine mit guter Gelände-gängigkeit für abenteuerliche Touren und landen bei KTM oder japanischen Enduros; die anderen sind etwas mehr sagen wir komfort-orientiert und fahren Maschinen wie BMW GS, Honda Transalp, Africa Twin und Varadero, Triumph Tiger und andere.

Für uns ist diese Frage leicht zu beantworten. Für uns ist das Motorrad am besten geeignet, auf dem man sich wohlfühlt. Das kann, muss aber keine Enduro sein, eine Straßenmaschine tut es auch. Und wer meint, unbedingt seiner Harley die Welt zeigen zu müssen, findet im Netz genügend Beispiele, dass auch das geht. Nur von allzu viel Plastik am Motorrad in Form von Verkleidungen raten wir ab. Es kommt der Moment, da will das Motorrad fallen, und dann hilft bei Plastik anschließend nur noch Klebeband und das sieht nicht so toll aus. Gut ist es auf jeden Fall, zwei identische Maschinen zu fahren. Das hilft bei der Fehlersuche und der Ersatzteilmitführung.

Es sollte preislich ins Budget passen, eine gute Gebrauchte mit wenig Kilometerleistung und guter Pflege; eine Maschine eben, die ich zwar lieb gewonnen habe, der ich aber keine Träne nachweine, wenn ich sie verlassen muss, um mein eigenes Leben zu retten. Nichts Exotisches, gängige Modelle, die sich im rauen Motorradalltag über Jahre bewährt haben, sind allererste Wahl.

Motorradumrüstung – Wir haben unsere Motorräder mit folgenden Teilen aus- und aufgerüstet:

- Motorschutzbügel und Motorschutz aus Aluminium
- Handprotektoren
- Gepäckträger aus Stahl und Alu-Koffer
- größerer Tank, mindestens 400 Kilometer Reichweite
- neue Batterie, am besten Gelbatterie
- laute Hupe
- für die Partnerin heizbare Griffe (die 5 Euro in die Machokasse zahle ich gerne)
- Verschleißteile erneuern wie Bremsbeläge, alle Öle und Filter, Kettenkit, Lenkkopflager
- motorradspezifische Schwachpunkte beheben, soweit bekannt
- zwei kleine Tipps noch: Kabelverbindungen immer löten, bei Muttern flüssige Schraubensicherung verwenden

Motorradkleidung – Wer kann es sich vorstellen, dass wir den Helm in der Wüste geschlossen haben, weil der Fahrtwind so heiß war? Über 40 Grad ist heiß, richtig heiß. Wir hatten Safety-Jackets dabei. Das sind Netzjacken mit aufgenähten Protektoren auf dem Rücken, Brust, Schultern und Ellenbogen. Darüber haben wir noch ein dünnes Motocross-Hemd getragen, um gegen Steinschlag und UFOs ein bisschen besser geschützt zu sein. Dazu leichtere Hosen Typ feuerfeste Jeans mit Kevlareinlagen, darin war es einigermaßen erträglich. Sonst trugen wir unsere normalen Motorradjacken. Hightechjacken mit verschiedenen Layern waren schon auf dem Markt, als wir losfuhren, aber so teuer, dass es für uns uninteressant war. Unsere Motorradstiefel haben wir in Nepal zurückgeschickt und sind mit unseren sehr festen Wanderstiefeln weitergefahren. Beides ging nicht, und so haben wir uns für die Kombimethode entschieden. Beim Helm würden wir inzwischen einen Klapphelm wählen. Zu oft mussten wir den Helm absetzen, um nach dem Weg zu fragen. Auf der einen Seite gut, mal anzuhalten und mit den Leuten zu sprechen, aber manchmal wollten auch wir nur eine kurze Frage stellen und eine kurze Antwort bekommen und da wäre ein Klapphelm schon besser gewesen. Von Jethelmen raten wir ab. Wer will schon nach einem Sturz seinen Unterkiefer von der Straße aufsammeln. Der Handschuh ist ein Ausrüstungsgegenstand, der nicht zu unterschätzen ist. Wir hatten immer zwei Paar dabei; eines für heißes Wetter und ein Paar wasserdicht und warm.

Reifen – ein Thema, das überschätzt wird. So haben wir uns jedenfalls immer rausgeredet, wenn wir keine Auswahl hatten und einfach das nehmen mussten, was es gab. Wir sind in Deutschland mit dem Continental TKC-80 losgefahren, ein guter Kompromiss zwischen

Straßen- und Geländetauglichkeit sowie Verschleiß. Ein fernreise- und wettbewerbserprobtes Multitalent, das wir kennen und der unser Vertrauen hat. Auf dem Stück vom Osten der Türkei bis nach Bangkok einschließlich Laos und Kambodscha hielt der Reifen über 20.000 Kilometer. Danach war er allerdings ohne Profil, aber immerhin noch nicht bis auf die Karkasse herunter gefahren. Klar, der Reifenverschleiß hängt vom Fahrstil ab. Viele schaffen in Europa nicht einmal 10.000 Kilometer mit einem Satz Reifen. Aber wer langsam fährt (und das haben wir in Asien gemacht, um nicht ständig Vollbremsungen hinlegen zu müssen), der kommt weiter.

Wenn absehbar war, dass wir längere Zeit bei Geschwindigkeiten oberhalb von 120 km/h fahren würden, haben wir den Reifendruck um 0,3 bis 0,5 bar erhöht.

Als es keine Reifenauswahl mehr gab, habe wir den Michelin Anakee, einen Regenreifen aufziehen lassen und sind damit durch die Kimberleys und die wildesten Wasserdurchfahrten gekommen. Geht alles. Es hat keinen Zweck, in anderen Städten Südostasiens nach Teilen oder Reifen zu fragen, kommt alles aus Bangkok oder Singapur. In Bangkok lassen sich auch technisch etwas schwierige Reparaturen wie Überarbeitung einer Getriebewelle oder Kupplungswechsel mit Aufnieten neuer Beläge preisgünstig durchführen.

Verschleißteile – Da es zwischen Istanbul und Bangkok keinerlei Versorgung mit Reifen, Ersatz- sowie Verschleißteilen gibt, empfehlen wir folgende Verschleißteile dabeizuhaben.

- Ölfilter (haben wir nur jeden zweiten Ölwechsel gewechselt)
- Bremsbeläge

- Zündkerzen (am besten langlebige wie Platin- oder Iridium-Kerzen)
- Kettenkit mit zusätzlichem Ritzel und Kettenschloss
- Birnen, Draht, Sicherungen, kleine Auswahl an Schauben und Muttern, Kabelbinder, Isolierband, Gewebetape

Wer Zweifel hat, dass es im vermeintlich unterentwickelten Asien kein gescheites Motorrad-Motoröl für das geliebte Vehikel gibt, dem sei gesagt, das stimmt. Es gibt nur gemeines Motoröl für Automotoren, dafür aber auch die bei uns bekannten guten Sorten.

Versicherungen – kann man nie genug haben, denkt sich jedenfalls der freundliche Versicherungsvertreter von neben an. So haben wir nicht gedacht und unsere Policenausstattung auf ein Minimum begrenzt. Die Teilkaskoversicherung zahlt maximal bis Iran, wir haben sie einfach auslaufen lassen. Eine Auslandskrankenversicherung hatten wir abgeschlossen, hier ändert sich häufig das Angebot und eine umfassende Recherche im Internet kann viel Geld sparen. Eine private Haftpflicht haben wir uns gegönnt. In einigen Ländern muss für das Motorrad eine Versicherung abgeschlossen werden, die bei Personenschäden zahlt. Singapur und Australien (Third Party Compensation Contribution - eine Versicherung von Personenschäden Dritter, also keine Motorradhaftpflichtversicherung eures Motorrades) hatten diese Anforderungen. Und das war's.

Vorbereitung – der eine Teil der Vorbereitung ist die Reiseplanung. Aber es gibt auch ein paar weitere Dinge zu bedenken. Was gebe ich alles zu Hause auf? Wo lagere ich die Möbel ein oder kann ich die

Wohnung untervermieten? Das sind all die Dinge, wenn für eine gewisse Zeit das altbekannte Leben aufgegeben wird.

Aber beim Planen denken wir nicht nur an die glücklichen Momente, die hoffentlich vor uns liegen. Wir sprechen auch über den schlimmsten Fall. Einem oder sogar beiden passiert etwas und wir versterben unterwegs. Was passiert dann? Was passiert mit den Überresten, wer bekommt was. Wir haben das alles durchgesprochen. Und dann haben wir uns hingesetzt und jeder hat ein Testament aufgesetzt. Nichts schlimmer, als wenn das Schlimmste im Leben eintritt, und die geschockten Hinterbliebenen sich dann auch noch durch Papierstapel durchkämpfen müssen, um die richtigen Unterlagen zu finden. Und wenn es nicht zum Schlimmsten, sondern nur zum Zweitschlimmsten kommt - einem schweren Unfall, nach dem einer nicht mehr bei Bewusstsein ist - sollte auch Vorsorge getroffen werden. Es war nicht der schönste Teil der Vorbereitung, aber für uns war es im Anschluss sehr beruhigend.

Werkzeug – Wer bisher sein Motorrad zur Inspektion immer zum Kundendienst bringt, sollte spätestens bei Beginn der Planung der Reise einen Schrauberkurs machen oder dem Kumpel mal über die Schulter schauen. Dies gilt auch für den weiblichen Teil einiger Teams. Ulrike hätte es nicht so witzig gefunden, immer die dreckige Wäsche machen zu müssen, weil ich mich ja um die Motorräder kümmern musste. Und wenn während der Reise nicht nur die Kardanwelle bricht, sondern auch die Freundschaft, muss sich eh jeder um sein eigenes Motorrad kümmern können. Wichtig ist es, vorher zu wissen, welches Werkzeug immer wieder gebraucht wird. Und davon wird die beste Qualität gekauft und mitgenommen. Bei der Verpackung ist es immer noch am sinnvollsten, eine Werkzeugrolle zu nehmen, da die Teile weniger gegeneinander reiben – Stichwort Vibrationen. Ihr werdet immer wieder gute Mechaniker finden, aber eher selten gutes Werkzeug. Eine dicke Zange, ein Hammer und ein „Engländer" sollten immer dabei sein.

Aus der gleichen Reihe ...

Moto Libre
Mit Motorrädern durch Südamerika – sieben Monate Freiheit vom Alltag
Martin Muziol
Sieben Monate Südamerika - viel Zeit, nicht nur Land und Leute sondern auch sich selbst kennenzulernen. Kolibris im Regenwald oder Schamanenzauber in Chiclayo, die unendliche Weite der Atacamawüste, Geisterstädte in den Anden - all dies erfährt, im wahrsten Sinne des Wortes, Martin Muziol auf dieser Reise weit weg vom Alltag zu Hause. Sieben Monate Freiheit, 24.000 Kilometer voller Erlebnisse und die Erkenntnis, dass der schwierigste Teil einer langen Reise das Losfahren und nicht die Reise selbst ist.
256 Seiten, zahlreiche Karten sowie S/W- und Farbfotos
ISBN 978-3941760189   **19,95 Euro**

Horizonte
Motorrad-Reise-Tagebuch einer unglaublichen Reise durch 3 Kontinente
Jasmin und Philipp Matzinger
Zusammen erfuhren sie Grenzen: politische, kulturelle, technische, körperliche und psychische. Zweisamkeit, Krankheit, Einöde, Lust, Stolz, Hoffnung, Freude - dies alles weckte Gefühle in den zwei Reisenden. Gefühle, die sie dem Leser durch ihre offene Art sowie durch die intime Darstellung ihrer Geschichten, Erlebnisse und Gedanken nahebringen.
394 Seiten , Karten sowie zahlreiche S/W- und Farbfotos
ISBN 978-3941760158   **19,95 Euro**